W0053396

Christoph Süß

Ich denke, also bin ich verwirrt

Christoph Süß

Ich denke, also bin ich verwirrt

Meine liebsten Welterklärungen

Mit 20 Abbildungen

Piper München Zürich

Mehr über unsere Autoren und Bücher:
www.piper.de

Mix
Produktgruppe aus vorbildlich bewirtschafteten
Wäldern und anderen kontrollierten Herkünften
www.fsc.org Zert.-Nr. GFA-COC-001223
© 1996 Forest Stewardship Council

ISBN 978-3-492-05297-9
© Piper Verlag GmbH, München 2009
Satz: psb, Berlin
Druck und Bindung: CPI – Clausen & Bosse, Leck
Printed in Germany

Für Dagmar

»Mit zunehmendem Alter
wird man immer mehr eine Komödie.«

Friedrich Dürrenmatt

Inhalt

Abb. 1] Spaziergänger mit immer weniger Haaren.

Warum denken? Na, weil's schön macht

Ist das nicht ein schönes Bild? Die Entwicklung des Menschen. Kennt man ja noch aus dem Biologieunterricht. Da sind sie, wacker ausschreitend, die Herren der Schöpfung in ihren unterschiedlichen Entwicklungsgraden – also mehr oder weniger behaart oder mehr oder weniger gebückt, mehr oder weniger beschränkt –, wie sie immer aufrechter den Impuls des Fortschritts in die Welt hinaustragen, um dort ihren gefühlten Evolutionsauftrag zu erfüllen und sich die Welt untertan zu machen. Spätestens ab dem Neandertaler haben die stolzen Post-Affen auf solchen Bildern auch gern mal einen Faustkeil oder eine Keule dabei, um sich in ihrer ökologischen Nische gehörig Respekt zu verschaffen und dem Mammut bei Bedarf kraftvoll auf den Rüssel zu klopfen.

Wer dieses Bild dereinst im Biologieunterricht gesehen hat, der weiß, was Fortschritt heißt. Fortschritt heißt Aufstieg. Es geht voran. Immer geschicktere Hände und immer größere und komplexere Gehirne machen sich munter daran, die Welt, in der sie leben, so umzuformen, wie es ihnen passt. Und das Gehirn, das der Letzte in der Reihe, der Homo sapiens, (also der, der wir sind) sein Eigen nennt, das ist das komplexeste Ding im Universum, von dem wir wissen. Ja, meine Damen, auch das Gehirn Ihres Mannes ist komplexer und geheimnisvoller als das gesamte bekannte Universum. Schade, dass er es so selten benutzt? Na ja, immerhin hat er eines. Das muss genügen. Schließlich sieht man ja auch, die abgebildeten Männer haben einen Auftrag. Sie sind unterwegs. Und da sollte man sich von allzu viel Gegrübel wirklich nicht kirre machen lassen.

Allein, was fehlt im Bild? Den männlichen Lesern ist es bestimmt sofort aufgefallen. Die Penisse. Die sind nicht zu sehen. Obzwar sich die Urmenschen noch im paradiesischen Zustand der Unschuld befinden, ist ihre Nacktheit verhüllt. Wahrscheinlich einfach Zufall. Denn die Penisse sind ja da. Nur, weil die evolutionierenden Herren, ganz schamhaft, ihr rechtes Bein in den Vordergrund geschoben haben, ist das Zeugungsorgan verdeckt. Aber was fehlt wirklich? Die meisten Männer könnten wohl stunden- und tagelang auf das Bild schauen, ohne dass es ihnen auffallen würde, deswegen bin ich behilflich – die Frauen.

Mädels gab's auf derlei Bildern nie zu sehen (meines Wissens bis heute nicht), entweder, weil die Frauen von der Evolution ausgeschlossen sind und sich in den letzten drei Millionen Jahren nicht entwickelt haben. Oder vielleicht auch aus eher praktischen Gründen. Denn wenn man Bilder nackter Frauen in ein Klassenzimmer hängt, dann können sich die Jungs überhaupt nicht auf den Unterricht konzentrieren, weil alles Blut aus dem Denkorgan raus in die Zeugungsorgane hineinläuft – und welche Biologielehrkraft könnte das wollen? Wären die Damen dann auch noch mit Speeren oder Keulen bewaffnet, müssten die adoleszierenden Jungs zusätzlich zu ihrer ohnehin belastenden Pubertät auch noch mit schlimmer Kastrationsangst fertig werden.

Gleichwohl, ganz so harmlos ist die Frauenlosigkeit auf diesem Bild jetzt vielleicht auch nicht. Hinter diesem lustigen Aufstiegsbild ohne Weibchen steckt möglicherweise schon immer noch der Gedanke, die Männer hätten's erfunden: das Feuer, das Rad und selbstverständlich auch die Demokratie und natürlich auch das Internet und den anderen Technik-Plunder, den kein Mensch mehr begreift. Die Frauen aber seien im Wesen verzichtbar. Schließlich war der Mann doch der stolze Jäger, der heroischen Blickes über die Savanne schaute – dem Feind ins Auge, der Beute auf die Losung, dabei immer den Wind des Fortschritts im Gesicht. Die Frauen waren ja in der Zwischenzeit nur Pilze sammeln, nach Wurzeln buddeln und Kinder stillen. Also zivilisationsmäßig eher unspektakulär und vernachlässigbar.

Selbstverständlich verhält es sich entwicklungsgeschichtlich gesehen genau andersherum. Die Männer sind verzichtbar. Deswegen konnte man die auch auf gefährliche Jagdmissionen, Kriege oder andere Verschleißeinsätze schicken. Denn ein paar Männer reichen aus, um die Art zu erhalten. Wenn die Frauen wegsterben, dann wird's evolutionsmäßig ernst. Das zeigt ein simples Gedankenspiel. Denken Sie sich mal eine gut gelaunte Urhorde. Zwei Familien vielleicht. Insgesamt ist man zu vierzigst. Sagen wir der Einfachheit halber: zwanzig Jungs, zwanzig Mädels. Von den Herren sind 15 im zeugungsfähigen Alter. Von den Damen 15 empfängnisbereit. Jetzt gehen zwölf Jungs zur Jagd; aber weil sie sich eben anstellen wie die ersten Menschen (wer könnte ihnen das vorwerfen?), werden sechs von einer wütenden Mammutherde zertrampelt. Zwei frisst der Säbelzahntiger. Die restlichen vier streiten sich, wer schuld an dem Debakel hat, und schlagen sich gegenseitig den Schädel ein. Selbst, wenn die Mathematik erst in ca. 10 000 Jahren erfunden werden wird, ist klar: Von der Expedition kommt keiner der Männer zurück.

Was bedeutet das jetzt für das Überleben der gesamten Gruppe? Sicher, man ist traurig. Vielleicht erfindet man Legenden und Geschichten über das Verbleiben des tragischen Dutzends. Aber ganz ehrlich – die restlichen drei zeugungsfähigen Männer haben jetzt viel Spaß im Leben und sorgen als Witwentröster munter für Nachwuchs. Würde der Gruppe aber durch umgekehrte Rollenverteilung – oder auch durch ein Unglück – auf einmal ein Dutzend Frauen abhanden kommen, dann stünden 15 zeugungsfähige Männer drei Frauen gegenüber. Nicht nur, dass so etwas zu sozialen Spannungen führt; die drei könnten vielleicht nicht genügend Nachwuchs zur Welt bringen, um die Gruppe insgesamt im Dasein zu halten. Es ist also klar: Frauen sind für das Überleben der Gruppe wichtiger als Männer. Deswegen sind auch bis heute alle gefährlichen Berufe traditionelle Männerberufe: Schutzmann. Soldat. Feuerwehrmann. Barmann (gefährlich für die Leber).

Und freilich waren die Damen auch bestimmt froh, wenn sie die Jungs auf Selbstmordmission geschickt hatten; denn dann hatten sie wenigstens kurzzeitig mal ihre Ruhe und wurden nicht ständig sexuell belästigt. Jetzt war Zeit für Naturkunde, Kindererziehung und Sprachentwicklung. Frauen reden ja bis heute nachweislich mehr als Männer. Weil sie mehr zu sagen haben. Das war wohl schon damals so und deswegen haben die Frauen die Sprache, wenn schon nicht erfunden, dann doch maßgeblich entwickelt.

Um aber nun die offensichtliche Tatsache der eigenen relativen Bedeutungslosigkeit geschickt zu verschleiern, haben sich die Alpha-Affen der Schöpfung immer schon mächtig was einfallen lassen. Man hat Weltreiche gegründet. Männliche Schöpfungsgottheiten ersonnen. Gerne auch mit Bart. Man hat die Geschichte erfunden als »History« – »his story«, also als »seine« Geschichte nicht ihre. Und man hat – unter anderem – die Philosophie erdacht. Fast ausschließlich eine Männersache. Angeblich, weil Frauen nicht logisch denken können, was aber für hochgeistige philosophische Gespräche bei Kerzenschein und rotem Wein als unabdingbar gilt. Aber es gibt noch ein paar andere mutmaßliche Gründe für die Erfindung der Philosophie. Wie gesagt, der erste Grund ist, die Herren wollten unter sich sein, um sich in diesem frauenfreien Raum gegenseitig gut zu finden. Vor allem jeweils jeder Einzelne sich selbst. Aber nur über

Fußball und Frauen zu reden, ödet. Zumal die Abseits-regel im antiken Griechenland vor 2500 Jahren noch gar nicht erfunden war. Und ein bissel intellektuelle Heraus-forderung möchte schon sein. Also musste etwas Hoch-geistiges her. Und schon hat Mann die Philosophie er-funden.

Aber noch mal ein paar Jahrtausende zurück: Als der letzte auf unserem Bild abgebildete Herr – der Homo sapiens – die affenähnliche Verwandtschaft aus dem Dasein gemendelt hatte und nachdem er nach ein paar 10 000 Jahren sinnlosen nomadischen Herumirrens auf der Welt ordentlich Blasen an den unbehaarten Füßen hatte, da erfand er die Sesshaftigkeit, verbunden mit dem klugen Plan, durch kundige Arbeitsteilung Zeit zu schaffen, um mal den ein oder anderen Nachmittag ohne lästige Daseinspflichten (Nahrungsbeschaffung, Zeltbau und dergleichen) den Kopf frei zu haben, um letzte Fra-gen zu klären. Warum bin ich da? Warum sind die ande-ren da? Warum gehen wir uns gegenseitig so dermaßen auf die Sandalen? Etc.

Nun, so einfach war es freilich nicht. Denn immer-hin – wenn man allzu tief grübelt, das weiß ein jeder, kann das ein Hamlet-ähnliches Aktionshemmnis herbei-führen. Wer sich immer darüber im Klaren ist, was er anrichtet, wenn er etwas tut, der macht am Ende mög-licherweise gar nichts mehr.

Es gibt so viele Theorien über das Aussterben des Neandertalers, da will ich auch mal eine in die Welt hineinraten: Unser haariger Verwandter mit den groben Gesichtszügen hat sich ja einige Jahrtausende mit uns Oberschlaumenschen die ökologische Nische geteilt und ist dann aus letztlich ungeklärten Gründen von der Bildfläche verschwunden. Jetzt weiß man aber Folgendes über den Neandertaler: Er verfügte nicht nur über größere körperliche Kraft als wir heutigen Menschen, er hatte auch einen größeren Kortex. Die Forscher meinen aber, dass er trotzdem nicht so schlau war wie unsereiner, weil sein großer Kortex über weniger Schleifen, Schlaufen und komplexe Verknüpfungen verfügt habe als unser Schädel. Warum das die Forscher meinen? Nun, weil er eben ausgestorben ist. Und wer ausgestorben ist, ist ein Evolutionsversager und damit dämlich. Q. e. d.

Was aber, wenn es genau andersherum war? Der Neandertaler ist ausgestorben, *weil* er so megaschlau war? Man könnte sich das so vorstellen: Eine Horde Neandertaler sitzt friedlich ums Lagerfeuer, denkt über den Sinn des Daseins nach und singt einen traurigen Blues. In dem Song geht es darum, dass man auf ordentliche Zahnbehandlungen und zentralgeheizte Räume möglicherweise noch über 30 000 Jahre warten muss, was die Gruppe insgesamt recht traurig stimmt. Da kommt der Homo sapiens vorbei; jung, dynamisch und voller Ideen zeigt er der haarigen Verwandtschaft seine neueste Erfindung: den Knüppel. Der wäre absolut prima, denn man würde damit aufgrund der Hebelgesetze (die in absehbarer Zeit entdeckt werden würden) die Kraft des Armes enorm vergrößern und könnte damit Schweinen und anderem Getier prima den Schädel einschlagen. Die Neandertaler sind angemessen beeindruckt und der Homo sapiens geht seiner Wege, um irgendwem oder irgendetwas den Schädel einzuschlagen. »Ja, da haben wir ihn doch, den Fortschritt«, sagt einer der Neandertaler. »Ist doch prima.« »Na ja,« meint ein anderer, »aber wo führt das hin? Knüppel. Speer. Schwert, Schild. Rüstungswettlauf. Krieg. Völkermord. Atomraketen. Satellitenabwehrsysteme. Terrorismus. Ich will das nicht.« Die anderen nicken zustimmend und beschließen auszusterben.

Einschub Ende

Also, wer zu viel denkt, der handelt möglicherweise gar nicht mehr. Wer aber nicht handelt, der überlebt nicht. Warum also denken wir freiwillig über Probleme nach, über die wir gar nicht nachdenken müssten?

Friedrich Nietzsche, einer der ganz großen Rechthaber der Denkgeschichte, macht die gemeine Rechthaberei für die Erfindung der Philosophie verantwortlich. Man muss sich das so vorstellen: Person A kann Person B nicht leiden. Aus Prinzip nicht. Schon immer. Eigentlich schon seit der Zeit nicht, als B in der Bronzezeit in die Siedlung gezogen ist. Und jetzt äußert B eines Abends am Lagerfeuer die These b. (Völlig wurscht welche. Halt irgendeine These. Irgendetwas wie: Die Erde ist flach und steht auf dem Rücken einer Riesenschildkröte.) Das nervt A. Möglicherweise gar nicht deswegen, weil B unrecht hätte. Ob es sich so verhält wie B sagt, weiß A ja auch nicht. Vielleicht stimmt die These b ja sogar. Aber generell soll B sich nicht so wichtigmachen und einfach irgendwelche Thesen b absondern. Also widerspricht A. Und äußert die These a. Und schon gibt es Streit. Man denkt sich Argumente aus. Ersinnt Systeme. Macht die Gedanken des anderen madig und siehe: Die Philosophie ist erfunden. Sozusagen aus dem Geist der Abgrenzung gegen Mitmenschen, die man nicht riechen kann. Man behauptet einfach etwas, um seine soziale Position gegenüber anderen zu behaupten. Es ginge dann nicht in erster Linie um Wahrheit, Sinn, Weisheit oder so etwas, sondern ausschließlich darum, wer das letzte Wort in einer Debatte hat. Und darum, dass man im Wesen weniger gegen den Inhalt einer These hat, als gegen den, der sie absondert.

Bei den alten Griechen wurde aber noch ein anderer Grund gemutmaßt, warum Einzelne sich zum Opinionleader hochdiskutieren: Die intellektuelle Aufplusterung einzelner Oberdenker sei der Tatsache geschuldet, dass der Philosophieunterricht den Meistern Gelegenheit gebe, hübschen Jünglingen zwischen einer Mathestunde und der Ontologie-Vorlesung mal die Hand unter die Toga zu schieben. Sozusagen um mit ihnen die Vorzüge und Nachteile einer platonischen Beziehung auf der Basis von authentischer körperlicher Erfahrung zu diskutieren. Philosophie macht offenbar sexy. So mancher tiefe Denker, der die Schönheit liebt, aber aussieht wie ein Pfund Gehacktes, mag so erotisch doch ins Schwarze getroffen haben.

Aber nicht nur griechische Jünglinge werden fügsam, wenn jemand immer das große Wort führt, ständig recht behält oder wenigstens das letzte Wort. Es gibt eben unter uns nackten Affen mehrere Möglichkeiten, die Statusleiter nach oben zu fallen und so attraktiv für potenzielle Geschlechtspartner zu werden. Erstens: Man(n) ist sportlich, waschbrettbebaucht und grundgesund. So etwas kommt immer an. Dafür steht schon die Biologie. Unser vegetatives System erkennt am wohlgestalten Äußeren die vielversprechenden Gene unter der knackigen Hülle. Da dann mal das ein oder andere X mit dem ein oder anderen Y lustvoll zusammenzuschmeißen, liegt nahe. Der andere Weg, um im Geschlechterwettbewerb zu reüssieren, ist der banale Reichtum. Auch da steht die Biologie Pate. Wer über reichlich Produktionsmittel verfügt, kann sich um die Brut kümmern und sorgt mit hoher Wahrscheinlichkeit für deren Überleben. Das scheint zwar deutlich pragmatischer und romantikfreier gedacht als oben genanntes Begehren der Schönheit, aber nur oberflächlich. Letztlich ist ja – wie schon erwähnt – das Streben nach Schönheit und Gesundheit das Streben nach gutem Genmaterial. Und das ist nur deswegen romantischer, weil uns dieser ebenfalls klar materialistische Teil unseres Begehrens einfach nicht bewusst ist.

Was aber, wenn man weder reich noch schön ist? Nun, für Affen, die an der materialistischen Front nichts zu bieten haben, läuft es meist aufs Zwangszölibat hinaus. Aber wir sind eben Affen-Plus. Und dieses Plus ist der Geist. Wer schlau und unterhaltsam ist, kann so manches Defizit kompensieren. Das könnte überhaupt einer der Hauptgründe sein, warum manche Menschen so viel mehr auf dem Kasten haben als andere. Sie müssen einfach irgendein Defizit ausgleichen. Die Ursache-Wirkungskette könnte dabei folgendermaßen aussehen:

Einer (oder auch eine) fühlt sich aus objektiven oder auch aus nicht nachvollziehbaren Gründen defizitär. Man hat Komplexe, fühlt sich seiner sozialen Gruppe nicht richtig zugehörig und verbringt deswegen ein gut Teil der Jugendzeit mit Schmollen und alleine Herumhängen. Jetzt hat man freilich viel Zeit zum Lesen. Und man liest die Geschichten von anderen, denen es irgendwie ähnlich ergangen ist. Da man es meist aber nicht gut aushält, sich konsequent schlechter vorzukommen als alle anderen, dreht man irgendwann das Ganze einfach um. Man entscheidet: Ich bin nicht schlechter als die anderen, die immer Spaß haben und auf Partys gehen, auf die ich nicht eingeladen werde, und am See rumknutschen, während ich allein zu Hause in mein Kissen weine. Ich bin besser. Ich bin viel tiefschürfender und poetischer. Man adelt sich also aufgrund eines Komplexes in die Welt des Geistes hinein. Und wenn man die Rolle erst einmal für sich entdeckt hat, dann füllt man sie tatsächlich mit Gelerntem. Dafür hat man ja Zeit, weil man ja wirklich nicht auf Partys eingeladen oder am See zum Rumknutschen gebeten wird. Und schon ist man Denker (oder eben Denkerin). Aber die ganze Denkerei und tiefe Empfinderei hat freilich nur den einen Zweck, sich schlussendlich doch noch irgendwie von hinten linksherum auf die oberen Stufen der Nahrungskette (und ergo im erotischen Ranking) hochzuarbeiten.

Wir fassen zusammen: Geistesmensch wird man aufgrund von chronischer Rechthaberei, Sexbessenheit und/oder Minderwertigkeitskomplexen. Aber das Schöne ist, was immer auch die ursprüngliche Motivation gewesen sein mag, um über die großen Fragen des Lebens nachzudenken, es kann mitunter enorme Freude bereiten und das eigene Dasein deutlich intensiver und schöner machen. Oder es ist zumindest komisch. Denn, schauen Sie doch bitte noch einmal auf unser Bild am Anfang: Die Entwicklung des Menschen. Nämliche brachte es nun mal mit sich, dass wir haarlosen Affen, schwach wie wir halt mal sind und aufrecht stehend (unsere empfindlichen inneren Organe bieten sich dem angreifenden Raubtier regelrecht zum Aufschlitzen an), etwas anderes entwickeln mussten, um eine ökologische Nische zu finden. Gruppenbildung und Technik. Das zeichnet uns aus – komplexe Wesen mit komplexen Gehirnen und geschickten Händen entwickeln Techniken, um ihre körperlichen Defizite auszugleichen. Das hat auch prima funktioniert. Und die vielleicht wichtigste Technik, die zum Überleben der Spezies entwickelt wurde, ist die Sprache. Die ist für das gemeinsame komplexe Agieren eines Vereins von Mängelwesen absolut unerlässlich. Hat aber einen großen Nachteil. Wenn man die Sprache erst einmal entwickelt hat – eigentlich um den anderen Sachen zuzurufen wie: »Nein, linksherum Urgo! Das Mammut kommt von da drüben!« –, dann stellt sie nach einiger Zeit einfach Fragen aus sich selbst heraus. Und zwar auch möglicherweise Fragen, die gar nicht sinnvoll zu beantworten sind und die wir, wären wir nur auf den Bäumen geblieben, auch nie so dumm gewesen wären zu stellen. Fragen wie: Was war am Anfang? Was kommt am Ende? Gibt es die Unendlichkeit? Was ist der Sinn des Lebens? Ja, sind solche Fragen erst einmal auf der Tagesordnung, müssen sie auch so gut wie möglich beantwortet werden.

Dieses Buch wird sich ein paar der Antworten, die über die Jahrtausende gegeben worden sind, ansehen. Dabei will und kann dieses Buch keine Lebenshilfe sein, denn Denken macht das Leben komplizierter, nicht einfacher. Trotzdem hat es seinen Wert. Und sei es nur als Zeitvertreib.

Sie bemerken, der Autor nimmt die lässige Pose eines Laien ein, der er auch ist. Das bedeutet, sollten echte Experten dieses Buch lesen, werden sie es bestimmt in Teilen oder auch insgesamt ärgerlich finden. Aber das macht nichts. Das wilde und schlampige Denken ist das Vorrecht des Laien.

Sie können nun auf den nächsten Seiten sehen, welchen Denker ich am besten missverstanden habe und welche meiner Schlussfolgerungen und eigenen Ideen, die aber von denen derer, die ich lesend übernommen habe, kaum noch zu trennen sind, am abwegigsten erscheinen. Und alles das unter dem Motto: Wenn man im Wort kosmisch das »s« weglässt, dann wird's komisch – was aber bedeutet: seltsam und lustig.

1]

Fest oder flüssig?
Der Aggregatzustand der Welt

So. Hallo. Sie denken vermutlich jetzt gerade, Sie hielten ein Buch in Ihren Händen und würden in selbigem lesen. Stimmt doch, oder? Und während Sie lesen, schlägt Ihr Herz, Ihre Neuronen feuern, inspiriert von meinen Worten, munter und reichlich herum. Die Säfte Ihres Körpers fließen und verstoffwechseln die Nahrung, welche Sie vorhin gierig in Ihren Leib geschlungen haben, um sich den für die erfolgreiche Lektüre notwendigen Blutzuckerspiegel zu verschaffen – und überhaupt: Flugzeuge fliegen, Kinder werden gezeugt, Planeten kreisen, die ewigen Gezeiten lassen das Meer an den Strand schlagen, zermahlen so Steine zu schönem Sandstrand und die Winde zerbröseln langsam mit erodierender Kraft den Himalaja, alldieweil die Alpen millimeterweise weiter in den bayrischen Himmel wachsen, weil die afrikanische Kontinentalplatte nicht ablässt, aufdringlich gegen die Europäische Platte zu wummsen. All das passiert gerade jetzt, während Sie hier lesen. Kurz: Die Welt ist in Bewegung. Ein sich ständig verändernder Prozess (mit immanenter kafkaesker Angst vor dem Urteil am Ende).

Mag sein. Aber wäre ich der griechische Philosoph Parmenides, der vor mehr als 2500 Jahren in Elea, Italien, das Licht der Welt erblickte, dann würde ich sagen: Da täuschen Sie sich aber gewaltig. Wenn Sie sich jetzt pikiert fragen, »über was genau?«, würde die Antwort des Parmenides lauten: Über alles. Ganz schlicht, über einfach alles. Sie lesen nicht, Ihr Herz schlägt auch nicht, nichts feuert im Hirn, nichts wird verstoffwechselt, die Planeten kreisen erst recht nicht, es wehen definitiv keine Winde und Wellen schlagen schon gar nicht erodierend an irgendwelche wie auch immer gearteten Küsten. All das ist ein großer Irrtum, denn die Welt ist unbeweglich. Starr. Ein regungsloser opaker Block, in dem alle Materie dicht an dicht gedrängt ist und so zu vollständiger Regungslosigkeit verurteilt. Jegliche Bewegung und jegliches Werden sind Illusion. Sagt Herr Parmenides.

Gut, heute würde man vermutlich empfehlen, die Medikamentendosis des offensichtlich verwirrten Griechen zu erhöhen und seiner Wege gehen. Und auch damals rief die Theorie des Denkers bei seinen griechischen Grübelkollegen hauptsächlich Kopfschütteln hervor. Aber so einfach wollen wir es uns jetzt erst einmal nicht machen. Denn immerhin ist diese offensichtlich abwegig scheinende Theorie eine der einflussreichsten in der Geschichte des abendländischen Denkens. Warum? Nun, weil sie zunächst einmal in sich logisch ist und damit eine stimmige, deduktiv ersonnene Theorie über die

Welt darstellt. Und zum anderen, weil sie ein grundsätzliches Misstrauen gegenüber der sinnlichen Wahrnehmung als oberstem Denkgebot postuliert.

Aber kommen wir zunächst zur inneren Stimmigkeit des parmenideischen Gedankens. Passen Sie auf, die Gedankenkette erscheint tatsächlich zunächst ebenso simpel wie überzeugend.

Gedanke 1) Es gibt ausschließlich das, was es gibt.

Ja, diese These des Parmenides kann man so stehen lassen. Was sollte es auch sonst geben? Daraus folgt sogleich

Gedanke 2) Das, was es nicht gibt, was nicht existiert, gibt's nicht.

Auch gut. Bissel langweilig vielleicht, so etwas völlig Offensichtliches auch noch aufzuschreiben. Da merkt man gleich, dass das Philosophengesindel über deutlich zu viel Zeit verfügt. Und es geht auch so banal weiter:

Gedanke 3) Da wo nichts ist, ist Leere.

Jetzt werden Sie langsam sagen: gut, es reicht. Das ist doch blöd. Aber Geduld, die Pointe kommt gleich. Denn wenn 1) stimmt und es nur das geben kann, was existiert und 2) auch stimmt, dass das, was nicht existiert, nicht da ist, dann muss der Gedanke, der unter 3) formuliert wurde eben falsch sein, denn aus 1) und 2) folgt, dass es eben *keine* Leere geben kann! Weil ja nichts existiert, was es nicht gibt. Und damit folgt unbarmherzig und notwendig *Gedanke 4) Die Welt ist bis zum Rand gefüllt.* Es gibt keine Lücken und keine Abstände zwischen irgendetwas, die kann es nicht geben, weil es ja auch das Leere nicht geben kann und daraus folgt dann selbstverständlich

Gedanke 5) Es gibt keine Bewegung. Rums! Der Kosmos ist zubetoniert. Alles Seiende lückenlos dicht an dicht gedrängt, ohne die Möglichkeit einmal Luft zu holen.

Das Ganze noch einmal schematisch:

1] Nur das, was da ist, ist da.
2] Das, was nicht da ist, gibt's nicht.
3] Leere existiert nicht, weil ja nichts existiert, was es nicht gibt.
4] Die Welt ist voll,
5] und Bewegung eine Illusion.

Das muss man sich jetzt einmal bildlich vorstellen: Da steht ein durchgeknallter Togaträger unter antiken Säulen (die damals freilich noch recht neu sind) und erzählt seinen Kollegen allen Ernstes, er hätte erkannt, dass es ihn, die andern, die antiken Säulen und überhaupt die Welt, in der sie da herumstehen, gar nicht gibt. Und alles, was sie bislang über den Kosmos geglaubt haben, sei totaler Mumpitz. Die gelehrte Konkurrenz wird recht gelacht haben. Denn Parmenides widerspricht ja seiner These über den Kosmos mit jedem Wort. Allein schon dadurch, dass er überhaupt spricht, weil er ja, wenn er recht hätte, eigentlich überhaupt nichts sagen könnte.

Aber das ist Parmenides wohl egal, weil er sein eigenes Dozieren und auch den darauf folgenden Spott der Fachkollegen, wie alles andere in der Welt, für eine bloße Illusion seines Wahrnehmungsapparates hält. *Er nimmt die Wahr-nehmung eben nicht für wahr.* Seine Erkenntnis mag zwar klaustrophobisch und bedrückend sein und anscheinend nicht zu den erlebten Tatsachen passen – aber was soll's, umso schlimmer für die Tatsachen.

Einstein und Parmenides teilen sich eine Meinung

Falls Sie sich jetzt fragen, warum beim Zeus Sie sich für solche offensiv unrichtigen Theorien von alten Griechen interessieren sollen – hier kommen die Gründe dafür. Zum einen passiert bei Parmenides und seinen Kollegen, den anderen sogenannten Vorsokratikern, etwas wirklich Epochales in der Welt des Denkens. Denn die Welt ist für die Griechen *frag-würdig* geworden. Zumindest für die, die Zeit haben über nämliche nachzugrübeln. Das an sich ist schon ungewöhnlich. Immerhin gab es ja zur gleichen Zeit auch florierende Hochkulturen zum Beispiel im Zweistromland und in Ägypten und auch dort verstanden die Menschen viel von Mathematik, Astronomie und Architektur. Doch grundsätzliche Fragen über die Welt, und was sie im Innersten zusammenhält, wurden nicht gestellt. Für die Menschen dort waren nämlich alle relevanten Fragen zum Thema Kosmos schon beantwortet. Mythen von Göttern und Halbgöttern erklärten die Welt und ihre Erscheinungen lückenlos. Zumindest muss man das annehmen, denn falls auch in Babylon oder Luxor die Welt in logischen Grübeleien zerkrümelt wurde, dann ist das zumindest nicht überliefert.

Sicher, auch von den »Vorsokratikern«, diesen Pionieren des westlichen Denkens, weiß man nur Bruchstückhaftes. So ist von Parmenides zum Beispiel nur ein kurzer Text erhalten geblieben. Welche Bedeutung der in dessen Gesamtwerk hatte, muss ungeklärt bleiben. Doch eines scheint klar zu sein. Die allein auf das Wirken der Götter zurückzuführenden Welterklärungen reichen diesen frühen Wissenschaftlern nicht mehr aus. Zwar bevölkert auch in Griechenland ein lebenslustiger Götterreigen den Himmel, doch diese Mythen scheinen für Parmenides und Kollegen ihre Überzeugungskraft verloren zu haben. Nicht, dass man die Götter jetzt insgesamt geleugnet hätte, aber man fischt nun im Meer der Antworten auch noch mit neuen Netzen. Man versucht nämlich erstmals, die Welt auch rational zu erklären.

Und zum anderen könnte man, wenn es um die Frage von Sinn und Unsinn der parmenideischen »Betonwelt« geht, anmerken, dass ca. 2400 Jahre später ein recht berühmter Physiker aufgrund seiner theoretischen Überlegungen zu erstaunlich ähnlichen Ergebnissen wie Parmenides kommt. Nämlich Albert Einstein. Auch der hielt das Universum für unveränderlich und unbeweglich, denn seiner Meinung nach ist Zeit eine, »wenn auch«, wie er sich einmal in einem Brief ausdrückte, »hartnäckige« *Illusion*.

Albert Einstein betrachtete also die allgemein akzeptierte Tatsache, dass die Zeit vergeht, als einen Irrtum. Und wenn es die Zeit nicht gibt, dann gibt's auch keine Veränderung. Keine Bewegung. Genau wie bei Parmenides. Deswegen nannte der Philosoph Karl Popper Herrn Einstein bei ihren Streitgesprächen gern Parmenides. Ob wiederum Einstein Herrn Popper mit »du Fiktion du« angesprochen hat, ist nicht bekannt.

Wie kommt der berühmteste Physiker aller Zeiten zu seiner parmenideischen Weltsicht? Nun, im Einstein-Universum (und da leben wir ja angeblich drin) steht bei Lichtgeschwindigkeit die Zeit still. Das aber bedeutet, jeder Augenblick, den wir erleben, ist nicht *vergangen*, er ist nur *weg*. Also räumlich weg. Denn relativ zum Beobachtungsstandpunkt ist Ihre Gegenwart, Ihr jetzt erlebter Augenblick, nicht auf ewig vorbei – er macht sich nur gerade mit Lichtgeschwindigkeit auf ins All. Da aber gibt es ihn noch.

Also wenn ich jetzt zum Beispiel ein Lichtjahr weg wäre und über ein phantastisches Riesenteleskop verfügen würde, dann könnte ich mit nämlichem Teleskop Ihnen bei dem zusehen, was Sie vor einem Jahr gemacht haben. Ich müsste nur durch mein Teleskop auf Sie gucken, sagen wir, von einer Raumstation aus irgendwo im Nirgendwo zwischen hier und Alpha Centauri, und ich könnte Ihnen bei dem zusehen, was für Sie schon längst Vergangenheit ist. Ihr Jetzt von vor einem Jahr wäre dann also bei mir angekommen – wäre meine Gegenwart.

Und hätten Sie ein Riesenteleskop, dann könnten Sie mir auf meiner Raumstation zusehen, wie ich da rumhänge und mir das Fernsehprogramm von vor einem Jahr ansehe, das ja ebenfalls mit Lichtgeschwindigkeit ins All gesendet wird und gerade bei mir ankommt. Meine Gegenwart wäre Ihre Vergangenheit und gleichzeitig auch wieder Ihre Gegenwart. So gesehen ist in der vierdimensionalen Raumzeit, in der wir leben, immer Jetzt. Also insgesamt. Und wo immer Jetzt ist, da vergeht die Zeit nicht, und wo die Zeit nicht vergeht, da ist Stillstand (oder Mathematikunterricht).

Und schon wären wir wieder bei Parmenides. So total abwegig scheint der Gedanke von der vollkommen vollen und ob dessen vollkommen bewegungslosen Welt doch nicht zu sein. Dennoch widerspricht diese These so sehr der alltäglichen Wahrnehmung, dass das auch Parmenides aufgefallen sein muss. Wieso kann er die ständige Erfahrung von Bewegung und Veränderung überhaupt in Zweifel ziehen?

Parmenides guckt in den Mond

Wie sein berühmter Nachfolger Einstein war Parmenides nicht nur ein begabter theoretischer Denker, sondern auch ein Sternenkundiger. Ein sehr erfolgreicher dazu. Er erkannte zum Beispiel, dass der Abendstern und der Morgenstern ein und derselbe Stern sind. Dass die beiden Sterne, die eigentlich ein Stern sind, in Wirklichkeit gar kein Stern sind, sondern ein Planet (die Venus, die von der Sonne hell bestrahlt wird), das hat er noch nicht erkannt. Aber immerhin. Parmenides entdeckt dafür etwas bahnbrechend Ähnliches.

Er stellt nämlich fest, dass der Mond eine Kugel ist. Ein echter wissenschaftlicher Durchbruch. Hatte man doch bis dahin geglaubt, der Mond sei eine aus sich selbst leuchtende Scheibe. Und warum auch nicht? Er

Abb. 2] Lunadiät mit Jo-Jo Effekt. Und der Mond scheint nur scheinbar.

sieht schließlich so aus, wenn auch mal halb, mal voll, mal sichelförmig, mal so gut wie ganz weg. Um diese unterschiedlichen Mondphasen zu erklären, haben sich die Zeitgenossen von Parmenides allerlei phantasiereiche Geschichten einfallen lassen. Aber Parmenides erkennt: Wenn ich eine Kugel von einer Seite beleuchte und aus unterschiedlichen Positionen ansehe, dann entspricht das genau dem Bild der Mondphasen. Der Mond ist also keine aus sich selbst leuchtende Scheibe, sondern eine von der Sonne beleuchtete Kugel. Bestimmt ein recht eindrucksvoller Moment der Erleuchtung für Herrn Parmenides. Denn wenn man immer zum Himmel aufsieht (gerade wenn man das wie Parmenides beruflich macht) und alldorten am Firmament des Nachts immer eine Scheibe sieht (weil halt alle glauben, dass das, was man da sieht, eine Scheibe ist, und auch, weil einem ja beigebracht worden ist, dass das, was man da sieht, eine Scheibe zu sein hat) und dann plötzlich die Einsicht hat: Moment mal, das Ding ist nicht zweidimensional, holla die Waldfee, das ist ja dreidimensional! Das ist ja eine Kugel! Und es leuchtet nicht, es wird beleuchtet. Dann ist das zweifellos ein Moment echter intellektueller Beglückung.

Jetzt denkt Parmenides konsequent weiter. Wenn der Mond eine Kugelform hat, dann hat vielleicht auch die Erde eine solche?

Sein Lehrer Xenophanes war diesem Gedanken schon auf der Spur gewesen, als er die Erde frei schwebend im Raum verortet hatte. Bislang hatte man gedacht, die Erde sei eine Scheibe, die auf dem Urmeer schwimmt. Doch Xenophanes fand diese Erklärung etwas dürftig, weil – worin befindet sich dann das Urmeer? Wer die Welt auf irgendeinen Untergrund setzt, ob fest oder flüssig, kommt gedanklich in Schwulitäten. Da tut sich nämlich sogleich ein infiniter Regress auf, man benennt sozusagen einen Anfang ohne Ende: Die Welt steht auf einer riesigen Schildkröte. Und worauf steht die Schildkröte? Auf einer anderen noch riesigeren Schildkröte. Und worauf steht die? Auf einer weiteren Schildkröte etc. So kam man also nicht weiter. Deswegen war Xenophanes' schlaue Idee, die Erde einfach in die Mitte der Welt zu hängen. Statt einer Kugel dachte er allerdings noch an eine säulenförmige Erde. Wir leben auf der Oberseite und die auf der Unterseite haben entweder starke Arme oder nichts zu lachen.

Parmenides entwickelt dieses Konzept nun weiter zur Erde in Kugelform. So kugelförmig wie der Mond. Und bis zu dieser Stelle stimmen wir ja auch alle zu. Aber dann übertreibt er. Da man nämlich den Mond auch nicht als Kugel sieht – als Kugel *wahrnimmt* –, sondern mal als Sichel, mal als Halbkreis, mal gar nicht, versteigt er sich zu einer in der Philosophie im Folgenden sehr einflussreichen Behauptung: *Traut nicht euren Sinnen!* Die führen einen nur in die Irre. Gut, das weiß jeder, der in Bangkok einen Abend lang mit einem schönen Mädchen geflirtet hat, um dann im Hotelzimmer festzustellen – ups, das ist ein Mann. Aber deswegen gleich, bloß weil man sich mal täuschen kann, eine regungslose Betonwelt anzunehmen?

Na gut, sehen wir uns erst einmal die gegenteilige Behauptung über die Welt an, die Heraklit zugeschrieben wird. Alles fließt. Alles befindet sich in ständiger Veränderung. Wenn Sie sich gütigst an meinen rhetorischen Ausbruch am Anfang des Kapitels erinnern wollen (Neuronen feuern, Planeten kreisen, Wasser schwappt etc.), dann würde man zunächst einmal intuitiv sagen, ja, da ist etwas dran. Nur, wenn das so ist, wie Heraklit sagt, wie kann dann überhaupt jemals irgendetwas *sein*? Wie können Sie mit sich identisch sein, wenn Sie sich ständig verändern? Wenn sich alles an Ihnen in jedem Moment verändert, wie schaffen Sie es dann, dabei gleichzeitig immer Sie selbst zu sein?

Also wenn Sie jetzt nicht zufällig einen beredten Systemtheoretiker an der Hand haben, der sofort weise (wenn auch unverständliche) Worte über Autopoesis und selbstidentische Prozesse vom Stapel lässt, dann stehen Sie jetzt erst mal nass da. Man könnte freilich sagen, manche Dinge verändern sich eben so langsam, dass man die Veränderung gar nicht bemerkt. Dann gäbe es aber gar kein Sein der Dinge, sondern nur noch »gefühltes Sein«. Das klingt ziemlich lahm, oder? Denn wer postuliert, dass sich alles ständig verändert und »im Fluss« ist, dem zerfließt die Wirklichkeit gedanklich fast genau so sehr, wie demjenigen, der sagt, alles steht immer still und es gebe keine Veränderung.

Parmenides jedenfalls hat sich dafür entschieden, dass es die Wirklichkeit, die wir mit unseren Sinnen wahrnehmen, einfach nicht gibt. Das klingt zwar abgedreht, hat aber auch zum Beispiel in östlichen Philosophien eine hübsche Tradition. Der Dalai Lama verkündet als fröhlicher Buddhist ja auch immer: »Die Welt ist nur Illusion.« Man sieht übrigens sofort, dass so eine Haltung auch enorme Vorteile hat. Sie ist zwar im praktischen Lebensvollzug komplett bescheuert, aber nimmt einem doch eine Menge unersprießlicher Ängste, die uns Veränderungsgläubige fast ständig plagen. Wenn es die Wirklichkeit nicht gibt, dann sind auch hässliche Falten im Gesicht, der Tod, Schmerz und Dieter Bohlen bloße Einbildung. Ein durchaus tröstlicher Gedanke.

Parmenides aber fand seine Theorie vom regungslosen Kosmos möglicherweise gar nicht so tröstlich. Er fand sie *zwingend*. Ein strenger Logiker, der nur seinem Verstand vertraut und der sinnlichen Wahrnehmung gegenüber durch und durch misstrauisch ist. Kein Wunder, hatte er doch noch weitere logische Argumente zur Hand. Ein berühmter Schüler des Parmenides namens Zenon hatte sich zur Untermauerung der These von der regungslosen Blockwelt ein Gedankenexperiment aus-

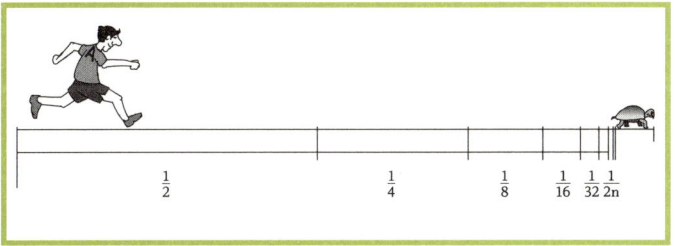

$\frac{1}{2}$ $\frac{1}{4}$ $\frac{1}{8}$ $\frac{1}{16}$ $\frac{1}{32}$ $\frac{1}{2n}$

Abb. 3] Mensch gegen Bestie. Wer wird gewinnen?

gedacht, das bis heute ebenso verzwickt wie berüchtigt
ist. Und das geht so: Es soll ein Wettrennen veranstal-
tet werden. Achill, der schnellste Mann der Welt, Held
von Troja, kühnster aller Streiter, der durchtrainierteste
Haufen Testosteron der antiken Welt tritt an. Gegen eine
Schildkröte. Es dürfen Wetten angenommen werden.
Klar ist, dass der, der auf die Schildkröte wettet, Super-
quoten bekommt, wenn er gewinnt. Allein, das scheint
äußerst unwahrscheinlich. Und doch – Sie ahnen es.
Zenon setzt voll auf die gemütliche Panzerechse. Warum?
Nun, die Schildkröte hat ein paar Meter Vorsprung.

Zenon denkt sich jetzt Folgendes: Wenn der Start-
schuss gegeben ist, dann muss Achill, bevor er die Schildkröte erreicht, doch in jedem Fall zunächst die Hälfte
der Strecke bis zu dem kleinen Kriechtier zurücklegen.
Eine auf den ersten Blick ganz harmlos scheinende Feststellung. Bevor ich am Ziel bin, muss ich die Hälfte des
Weges zurückgelegt haben. O. K. Warum nicht? Wenn
ihm das erst einmal gelungen ist, freilich in Rekord-kur-
zer Zeit, dann hat er nur noch die halbe Stecke vor sich.

35

Bevor er die Schildkröte aber nun wirklich eingeholt hat, muss er wiederum die halbe Strecke dieser Strecke zurücklegen. Klar. Jetzt hat er noch die *viertelte* Strecke vor sich, dann hat er sie. Aber auch diese kurze Entfernung lässt sich noch einmal halbieren, und auch jetzt muss Achill wieder erst die Hälfte zurücklegen, um am Ziel anzukommen. Sie merken schon, worauf das hinausläuft. Er kommt nie an. Denn wie nah er seinem Ziel auch kommt, die Strecke, die noch zurückzulegen ist, kann wiederum halbiert werden.

Lassen Sie sich jetzt nicht von der Tatsache irritieren, dass Achill selbstverständlich ohne jedes Problem eine Schildkröte überholen könnte, weil das ja jeder kann. Darum geht es nicht. Der Wettlauf ist nur ein ironisches Bild, das Zenon benutzt, um seine Gedanken süffiger zu machen. Und die kreisen um ein rein logisches Problem. Denn wenn man die durchaus einleuchtende Prämisse akzeptiert, dass man, will man von A nach B kommen, zunächst die Hälfte der Strecke AB zurücklegen muss, dann kommt man (gedanklich) in Schwierigkeiten. Man kann nämlich jede Strecke, wie kurz sie auch sein mag, immer noch einmal halbieren. Bis in die Unendlichkeit. Und das ist der springende Punkt. (Oder eben nicht, denn folgt man Zenons Gedanken, kann man nicht springen, weil die Unendlichkeit jegliche Bewegung verhindert.) Warum? Nun, weil die Unendlichkeit nie aufhört. Überhaupt gar kein bisschen. Deswegen heißt sie ja Unendlichkeit. Auch wenn die Entfernungen immer kleiner und kleiner werden, es bleiben winzige und immer winzigere Abstände bis zum Ziel. Und da das Aufsummieren

der immer kleineren Entfernungen *nie* aufhört (Unendlichkeit!!), kommt Achill nie an. Denn wenn man eine
auch noch so winzige Summe mit Unendlich multi-
pliziert, kommt wieder Unendlich heraus. Der Abstand
zwischen Achill und der Schildkröte wird also unter dem
kundigen Blick des Logikers unendlich groß.

Kleiner Einschub Unendlichkeit

Zenon hatte da etwas ganz Ähnliches entdeckt wie im
20. Jahrhundert der Mathematiker Georg Cantor. Der
Erfinder der Mengenlehre hatte ebenfalls tief in den Ab-
grund der Unendlichkeit geblickt und unter anderem die
verwirrende Tatsache bewiesen, dass die Menge der
natürlichen Zahlen (1, 2, 3, ..., n) nicht nur natürlich
unendlich groß ist, sondern damit auch genau so groß
wie die Menge der rationalen Zahlen (die Brüche: 1/2,
1/4, 1/8, ... 2/2, 2/3, 2/3, ... n/n). Die ist zwar auch unendlich groß, trotzdem scheint die Anzahl der Brüche
größer zu sein, als die Anzahl der natürlichen Zahlen.
Das hat aber, beweist Cantor, für die »Mächtigkeit« oder
Äquivalenz der beiden Zahlenmengen keine Bedeutung.
Sie sind gleich groß, auch wenn das nicht so ganz in
unser Hirn hinein will.

Die Grundlage dieser gleichen Großheit ist eine der
seltsamen Eigenschaften der Unendlichkeit. Wenn man
nämlich von der unendlichen Anzahl der natürlichen
Zahlen zum Beispiel unendlich viele Zahlen abzieht,
sagen wir, alle geraden Zahlen, dann bleiben immer

noch unendlich viele ungerade Zahlen übrig. Unendlich minus Unendlich ergibt also Unendlich.

Der Mathematiker Hilbert erläutert das am Beispiel des sogenannten »Hilbert Hotels«. Nämliches Hotel verfügt über, Sie ahnen es schon, unendlich viele Zimmer. Jetzt kommen Sie müde von der Reise an und verlangen eines, aber das Hotel ist ausgebucht. Komplett. Alle der unendlich vielen Räume sind vergeben. Das ist aber gar nicht schlimm, denn alles in der Welt ist doch nur eine Frage der Organisation. Sie schlagen dem Hotelmanager also vor, sämtliche Hotelgäste sollten bitte einfach einen Raum weiterziehen. Dann wird Raum 1 frei und es bleibt auch am Ende keiner zimmerlos zurück, weil das Hotel ja unendlich viele Räume hat. Und vermutlich ist Zimmer 1 auch deutlich dichter an der Lobby als Zimmer unendlich.

Weil das so schön funktioniert hat, kommen Sie zum nächsten Besuch des »Hilbert Hotels« gleich mit einer unendlich großen Reisegruppe. Wieder ist der Laden ausgebucht. Abermals weist jedoch die besondere Eigenschaft des Hotels den Ausweg aus der drohenden Zimmerkrise. Sie bitten den Manager diesmal, alle anderen Hotelgäste in Zimmer mit ungeraden Nummern umzubuchen. Da das unendlich viele sind, findet jeder einen Platz. Und außerdem sind gerade unendlich viele Zimmer für Sie und Ihre Reisegruppe frei geworden, nämlich die mit geraden Zimmernummern. Sie merken, wenn man sich auf die Unendlichkeit einlässt, droht schlimme Hirnverknotung.

Doch so richtig merkwürdig wird es erst noch. Denn

Cantor erkennt einen wesentlichen Unterschied zwischen der Unendlichkeit der natürlichen und der rationalen Zahlen auf der einen Seite und der Unendlichkeit der sogenannten reellen Zahlen auf der anderen. Erstere nennt er »abzählbar«, weil man sie in eine geordnete Reihenfolge bringen kann wie die Zimmer im Hilbert Hotel. Die reellen Zahlen aber (0,019838739…, 0,98379899…, 0,00029873492…, …0,nnnnn…), die sind in keine sinnvolle Ordnung zu bringen. Schreibt man irgendwelche reellen Zahlen auf einen Zettel, dann lassen sich daraus immer neue reelle Zahlen bilden, die man vorher nicht hatte. Die Zahlen zwischen Null und Eins auf dem Zahlenstrahl sind *ungeordnet*! Versucht man da eine Struktur hineinzubringen, dann ergeht es einem wie Achilles bei der Verfolgung der Schildkröte. Man kommt nicht vom Fleck. So kann schon die Frage, welche kleinste Zahl nach der 0 folgen soll, nicht beantwortet werden. 0,0000000…000001? Man sieht sofort: Die erste 1 kommt nie, denn immer, wenn man sie gesetzt hat, könnte man genauso gut vorneweg noch eine 0 setzen. Konsequent nennt Cantor diese Zahlen denn auch »unabzählbar« unendlich. Und deren »Mächtigkeit« ist größer als die der natürlichen Zahlen oder die der Brüche, obwohl doch alle unendlich sind.

Seit Cantor gibt es also unendliche Mengen, die unterschiedlich groß sind. Kein Wunder, dass der arme Herr Cantor, der das alles herausgefunden hat, immer wieder mal von den Herren mit der weißen Weste abgeholt werden musste. Zur Kur.

Einschub Ende

Zurück zu Zenon. Während dessen Vorträgen zur logischen Unmöglichkeit von Bewegung sollen übrigens die Kyniker, eine Art von hellenistischen Philosophen-Punks, immer demonstrativ auf und ab gegangen sein, um den armen Mann zu verarschen. Man kann sich bildlich vorstellen, wie der entnervte Zenon seine ungezogenen Zuhörer mehrmals bittet, Platz zu nehmen, um seinen klugen Ausführungen doch bitte schön konzentriert zuzuhören. Worauf die Kyniker sicher zynisch erwiderten, dass sie es leider aus logischen Gründen nicht zu ihren Plätzen schaffen könnten. Sie seien schließlich keine Schildkröten.

Aber was hatte denn nun Zenon da eigentlich entdeckt oder bewiesen? Bewegung war und ist ja offensichtlich möglich. Aber rein logisch hat er recht. Es dürfte eigentlich nicht gehen, dass man geht. Wie geht das also? Der Schlüssel zum Problem liegt in der Unendlichkeit. Eine Schlussfolgerung, die man aus Zenons Gedankenexperiment ziehen kann, ist: *Das unendlich Kleine existiert nicht!* Es ist offensichtlich irgendwann Schluss. Zwar kann man gedanklich die Strecke AB immer wieder und wieder halbieren bis in alle Ewigkeit. Aber in der realen Welt der Dinge offensichtlich nicht. Das ist übrigens auch die Sichtweise der modernen Physik: Es gibt sowohl für zeitliche wie auch für räumliche Abstände eine Untergrenze, je benannt nach dem bedeutenden Physiker Max Planck, unterhalb derer keine sinnvollen Aussagen mehr zu machen sind. Also kürzer als die Planck-Länge oder die Planck-Zeit geht nicht.

Zenon hatte also eine höchst bedeutende Entdeckung

gemacht, sie aber falsch interpretiert. Er wollte herausgefunden haben, dass die Unendlichkeit Bewegung generell unmöglich macht. Dazu musste er aber die letztlich unhaltbare These aufstellen, dass jegliche sinnliche Wahrnehmung ein völliger Irrtum ist. Tatsächlich hatte er entdeckt, dass Raum und Zeit eben nicht unendlich teilbar sind. Auf dem Grunde des Seins gibt es eine Begrenzung. Eine unteilbare kleinste Einheit.

Als nun der Denkkonkurrent Demokrit des Weges schlendert, und die Gedanken von Parmenides und Zenon aufnimmt, kommt er auf eine durchaus plausible und moderne Sicht auf die Welt: Es gibt offensichtlich Bewegung. Das zeigt die alltägliche Erfahrung, immerhin laufen wir ja den ganzen Tag hektisch in der Gegend herum. Ferner ist die totale Verneinung der sinnlichen Wahrnehmung von Parmenides abzulehnen (auch wenn der Mond keine Scheibe ist). Folglich muss es das Leere doch geben (in so manchem Kopf kann man sie immer vorfinden). Aber etwas übernimmt Demokrit von Parmenides: den Kugel-Gedanken. Nur anstatt zu sagen, die ganze Welt (also der ganze Kosmos) sei eine *einzige* opake, unteilbare Kugel, sagt er, die Welt besteht aus dem Leeren und *sehr vielen* kleinen opaken, unteilbaren Kugeln. Den Atomen.

Hier treffen also schon die beiden miteinander immer im Zwist liegenden Elemente des modernen westlichen Denkens aufeinander. Die Theorie und die Anschauung. Aus dem Spannungsverhältnis zwischen diesen beiden streitsüchtigen Schwestern wird bis heute wissenschaftliches »Wissen« geschaffen. Und in den unterschiedlichen Sichtweisen von Parmenides und Zenon auf der einen und der von Demokrit auf der anderen Seite spiegeln sich auch schon die beliebtesten Streitfragen der Philosophie, welche die westliche Geisteswelt die nächsten 2500 Jahre bis heute beschäftigen wird: fest oder flüssig? Determiniert oder immanent? Schicksal oder Wille? Gerechtigkeit oder Freiheit? Zwei einander je ausschließende Weltsysteme, die von nun an immer wieder, in unterschiedlichen Gewändern, die Bühne des Denkens betreten werden.

Sieht man die Welt mehr parmenideisch, dann ist sie determiniert, unfrei und kommt ohne die intentionalen Akte von uns Individuen aus. In dieser Welt gibt es, da es keine Freiheit gibt, auch nichts Böses, da die Freiheit die Bedingung für das Böse ist. Aber dafür ist das Leben in so einem totalen hermetischen Apparat auch deprimierend sinnlos.

Sieht man den Kosmos mehr auf Demokrits Art, dann gibt es Freiheit, dann ist die Welt prinzipiell gestaltbar, aber dann gibt es das Böse. Und meistens ist man auch noch selbst daran schuld. Diese beiden Positionen werden, wenn man die in den nächsten Jahrhunderten folgenden Welterklärungen *sehr ungenau* betrachtet, im großen Ganzen die wesentlichen Positionen sein, die man so einnehmen kann.

Da fragt man sich schon, warum ausgerechnet die Griechen so dermaßen schlau und in ihren Denkmodellen so erstaunlich modern gewesen sind? Ich will mal eine gewagte Vermutung wagen: Es könnte an dem klugen Lehrer des Parmenides, dem oben schon erwähnten

Xenophanes gelegen haben. Der nämlich war sozusagen der Erfinder des undogmatischen Denkens. Xenophanes war ein weit gereister Mann. Und auf seinen Reisen war er auch nach Afrika gekommen. Alldorten hatte er aber festgestellt, dass die afrikanischen Gottheiten aussehen wie Afrikaner. Bis dahin hatte er wohl die griechischen Götter für die einzigen gehalten. Und die sahen selbstverständlich aus wie Griechen. Da hatte Xenophanes eine ebenso tiefgreifende wie humorvolle Einsicht: Wenn Pferde Götter hätten, hätten die Pferdegötter wohl vier Beine. Pferde sind freilich zu doof zum Götterhaben. Pferde sind überhaupt der Inbegriff von doof, sonst würden sie sich nicht von strengen Damen mit roten Jacken, weißen Hosen und albernen Hüten schikanieren lassen und sich Namen geben lassen wie »Morgenröte«. Aber die Menschen sind nicht viel schlauer, hatten sie doch ihre Gottheiten nach ihrem allzu menschlichen Bilde erschaffen und nicht umgekehrt.

Xenophanes' Einsicht geht aber noch tiefer. Er erkennt, dass dadurch das eigentliche Wesen der Götter überhaupt nicht erkennbar ist. Weil wir sie ja nach unserem Bilde erschaffen haben, oder die Pferde nach dem ihren. Aber selbst, wenn irgendjemand zufällig mit seiner Meinung über die Götter (oder auch über die Welt oder sonst irgendetwas) total richtigläge, und sie so auch richtig abbilden könnte – er könnte nie wissen, dass er richtigliegt, weil menschliches Wissen niemals vollständig sein kann. Das führt zu einer ständigen Suche nach der Wahrheit, die nur leider prinzipiell nie gefunden wird. Aber genau dadurch erzeugt die ständige kritische

Überprüfung des »Wissens« unablässig bessere Theorien über die Welt.

Der berühmteste aller griechischen Philosophen wird diese Erkenntnis zu seinem Credo erheben und die einzige sichere Erkenntnis formulieren, über die wir bis heute verfügen. Ein wenig Ehrfurcht bitte. Hier kommt das Einzige, was wir Menschen sicher wissen: Ich weiß, dass ich nichts *weiß*. Und die Rede ist selbstverständlich von Sokrates.

2]

Die Welt wirft Schatten

Süß] Herr Sokrates, wie fühlt man sich als ehemals lebendiger Mann, der jetzt nur noch als literarische Figur bekannt ist?

Sokrates] (*lacht*) Ach, eigentlich ganz gut. Sicher bin ich stark verfälscht worden. Aber das ist das Schicksal von Figuren der Literatur. Mit denen kann jeder machen, was er will.

Verfälscht? Werden Sie jetzt gerade verfälscht?

Sicher. Ich existiere ja nicht wirklich. Also schon wirklich, *meiner* Ansicht nach. Aber nicht so wie Sie existieren. Ich bin jetzt von Ihnen ausgedacht. Ich bin ein Begriff geworden. Und als Begriff existiere ich schon. Jetzt halt als Begriff in Ihrem Kopf.

Und dem der Leser.

Und dem der Leser. Hallo Leser. (*winkt*)

Ist das eine schöne Art zu existieren?

Schon. Man hat zum Beispiel keinen Mundgeruch mehr. Oder Rückenschmerzen. Oder Beschwerden mit der Prostata. Das sind echte Vorteile. (*lacht*)

Aber das sind doch auch Begriffe?

Freilich. Aber Begriffe, die nur etwas mit dem lebenden Sokrates zu tun hatten. Jetzt als reiner Begriff berührt mich das alles nicht mehr.

Sie sind jetzt, so wie Sie da vor meinem geistigen Auge sitzen, ein reiner Begriff?

So ist es. Aber den sehen Sie ja nicht. Sie sehen nur Ihre Vorstellung von mir. Nicht die Wahrheit, sondern nur das, was wir zu meiner Zeit »doxa« nannten. Meinung. Und da Sie mich jetzt gerade schreiben, antworte ich so, wie Sie das wollen.

Also, das was ich von Ihnen im Kopf habe und auch das, was sich die Leser jetzt vorstellen, das ist nur Projektion? Seiendes aber kein Sein?

Genau. Das Sein können Sie nicht sehen. Denn das Sein ist die Wahrheit eines jeden Dinges. Und die Wahrheit kann man nie sehen. Zumindest nicht vollständig. Das war immer mein Leitsatz. Und ich bin doch recht zufrieden, dass das auch inzwischen der Grundsatz aller modernen Wissenschaft geworden ist.

Inwiefern?

Nun, das moderne wissenschaftliche Denken ist, so wie ich das im Jenseits mitverfolgt habe, ja immer kritisches Denken; es muss kritisches Denken sein. Man stellt Theorien über die Welt auf und dann schaut man in Experimenten, wie sie sich zur Wirklichkeit verhalten. Aber sogar wenn sie perfekt passen, wie die berühmte Relativitätstheorie, die Deutung der Quantentheorie von Bohr und Heisenberg oder auch Darwins Evolutionstheorie, sogar dann sind sich die Wissenschaftler immer im Klaren, dass diese Theorien eben doch nur, wenn auch wohlbegründete Meinungen über die Welt sind. Und dass man diese, wenn sie nicht mehr zu den Beobachtungen passen, anpassen oder sogar verwerfen muss.

Also diese Theorien, das sind Begriffe wie Sie. Und die lassen die Welt erscheinen?

Teile der Welt. Aber nie die ganze. Da war man zu meiner Zeit deutlich zu optimistisch. Da meinte man noch, es gebe tatsächlich ganz und gar wahre Begriffe. Die es in der Mathematik ja auch wirklich gibt. Aber diese Begriffe, diese Abstraktionen, lassen immer nur Teile der Welt erscheinen. Das Ganze bleibt verborgen.

Obwohl es das Ganze als Begriff gibt?

Schon. Aber das ist ja ein so allgemeiner Begriff, dass er recht nichtssagend ist.

Es stimmt also immer noch Ihr Satz: Ich weiß, dass ich nichts weiß.

Ich weiß. (*lacht*) Da fällt mir immer dieser schöne Bilderwitz ein, wo der weiße Mann zu einem Neger sagt: Du schwarz. Und der entgegnet: Ich weiß.

Um genau zu sein, fällt mir der Witz ein. Und weil ich Sie ja gerade schreibe ...

Sie sehen, Sie bekommen so wieder einmal nichts über mich oder gar über die Welt heraus, sondern nur etwas über sich selbst.

Warum, wenn Sie dem eigentlich so kritisch gegenüberstehen, kommen Sie denn dann nur in Dialogen vor?

Erstens habe ich nicht darum gebeten. Das wird seit Platon, der mich als Erster geschrieben hat, halt immer wieder gemacht. Ich kann mich ja nicht wehren. Und zweitens war diese Form des philosophischen Textes damals einfach in Mode.

Aber ist das denn redlich? Immerhin kann man in einem fiktiven Dialog doch jeden Teilnehmer der Debatte so dumm oder gescheit schreiben, wie man will.

Nein, so dumm und vor allem so gescheit, wie man kann. Sie können mich beim besten Willen nichts Gescheiteres sagen lassen, als Ihnen so einfällt. Und nehmen Sie es mir nicht übel, Platon war deutlich schlauer als Sie. Aber Sie haben im Grunde sicher recht, ein Dialog hat immer etwas hochgradig Manipulatives.

Von Ihnen sagt man, Sie hätten, als Sie noch wirklich am Leben waren, ja echte Gespräche mit Menschen geführt. Ist das dann deutlich weniger manipulativ?

(*lacht*) Naja, wenn man es richtig macht ... Aber es stimmt schon. Die Dialoge von Platon sind Manipulationen, so wie jeder Dialog von dem, der ihn schreibt, in die Richtung gelenkt werden kann, die er will. Aber zur Ehrenrettung meines Schülers Platon sei gesagt – es sind eben bis in Ihre Zeit nur die Texte erhalten geblieben, die er damals veröffentlicht hat. Die andern Texte – die sogenannten esoterischen Texte, die für die reine Wissenschaft geschrieben wurden und nicht für den populärwissenschaftlichen Diskurs, sind verschollen. Bei Aristoteles, dem Schüler Platons, ist es umgekehrt.

Aha. Dann vielen Dank. Ich werde Sie jetzt als Vorstellung wieder loslassen, wenn's recht ist.

Ist mir sehr recht. Sobald ich aus Ihrer Vorstellungswelt verschwunden bin, werde ich sofort wieder weiser, tiefer und schlauer.

Weil meine Idee von Ihnen nur eine begrenzte ist?

Sehr begrenzt. So, und nun entgrenzen Sie mich bitte. Wiedersehen.

War Sokrates noch ein Guerillakämpfer des Denkens gewesen, der seine Sparringspartner auf öffentlichen Plätzen und Partys fand, um dort ihre Welt- und Selbstbilder ins Wanken zu bringen, immer mit der Absicht, als Geburtshelfer des Geistes neue Denkwege aufzuzeigen, hatte sein Schüler Platon das Denken zur Institution gemacht. Über dem Eingang zu seiner Grübelschule in Athen stand in Großbuchstaben gemeißelt: »Lasset hier keinen eintreten, der nicht der Geometrie kundig ist.« (Gut, dass da tatsächlich über der Eingangstür der platonischen Akademie so etwas Ähnliches gestanden haben soll, ist erst ab dem 6. Jahrhundert n. Chr. behauptet worden. Aber ich finde das nett und glaub's jetzt einfach mal.) Für Platon ist die Mathematik die zentrale Leistung des griechischen Denkens und da freilich besonders die Geometrie. Euklids axiomatisches System wird gut 2000 Jahre unangefochtene mathematische Wahrheit sein, bis man im Deutschland des 18. Jahrhunderts herausfindet, dass sie nur ein Spezialfall von weiteren möglichen Geometrien ist. Die heißen dann aber auch ehrenhalber nichteuklidische Geometrien.

Mathematik stinkt nicht

Die Griechen hatten das Rechnen von den Ägyptern und den Babyloniern gelernt. Die hatten da schon jede Menge Nützliches herausgefunden, waren aber wie schon erwähnt hauptsächlich an der praktischen Nutzung der Mathematik bei Handel, Architektur und Landvermessung interessiert. Die Griechen aber wollten doch deutlich tiefer in diese abstrakte Welt der Zahlen und Formen hinabtauchen.

Der große Mathematiker Pythagoras zum Beispiel (den kennen Sie noch aus der Schule. Sie erinnern sich, Satz des Pythagoras $a^2 + b^2 = c^2$), der gründete eine Mathematikerschule, die mehr einer esoterischen Sekte glich. Hier war man nicht auf der Suche nach Nutzanwendung. Hier wollte man den Geheimnissen des Kosmos auf die Spur kommen. Die Sektenmitglieder glaubten, sie könnten direkt aus der logischen Welt der Zahlen einen verbindlichen Verhaltenskodex ableiten. Und sie verehrten die Zahlen als heilig, sie waren das Maß aller Dinge. So stand die 1 für die Schöpfung, da man aus 1 jede andere natürliche Zahl durch Addition erzeugen kann. Die 2 stand für den Gegensatz, weil sich da eins und eins gegenüberstehen. Die 3 stand für Harmonie etc. Die 10 war eine besonders heilige Zahl, weil sie für die Mathematikfreaks das Universum symbolisierte: $1 + 2 + 3 + 4 = 10$. Die 1 steht dabei für den Punkt (0 Dimensionen), die 2 für die Linie (1 Dimension), die 3 für die Fläche (2 Dimensionen) und schließlich die 4 für den Körper (3 Dimensionen). So gesehen enthält die 10 die ganze Welt.

In diese heilige und harmonische Weltsicht brach nun eines schönes Tages das Chaos ein. Und die Pythagoreer wären beinahe eines wichtigen Glaubensinhalts verlustig gegangen. Das Übel verbarg sich hinter der Quadratwurzel aus 2. Die ergibt sich im Umkehrschluss ja nun mal aus der Formel $a^2 + b^2 = c^2$ – und ist eine irrationale Zahl. Das bedeutet, Quadratwurzel 2 ist eine Zahl mit unendlich vielen nicht wiederkehrenden Stellen hinter dem Komma. Dieses Einbrechen des Chaos in die schöne gerade Welt der Mathematik machte die Pythagoreer ziemlich wuschig. Deswegen sollte die Existenz der Zahl Quadratwurzel 2, wenn man sie schon nicht wegdenken konnte, so doch zumindest nach außen geheim gehalten werden. Als einer der Schüler gegen dieses Schweigegebot verstieß, wurde er von seinen versammelten Mathematikerfreunden entweder lebendig verscharrt, erdrosselt oder ertränkt. Da gehen die Quellen auseinander.

Warum diese fanatische Begeisterung für die Mathematik? Ganz einfach. Die logische Welt der Abstraktion ist verstehbar. Sie passt in Teilen zur Wirklichkeit, die sich durch Mathematik recht gut beschreiben lässt und am wichtigsten – Mathematik stinkt nicht. Die Welt ist doch, geben wir es zu, eine einzige Schweinerei. Irrational. Voller schwer oder nicht verstehbarer Ereignisse – und dann erst die Mitmenschen. Man ist auf sie angewiesen, aber sie sind behämmert, bösartig oder langweilig und drängen einem ihre kümmerlichen Bedürfnisse auf. Sie sind peinlich. Und manchmal verstörend gewalttätig. (Mitunter sogar Mathematiker. Siehe oben.) All das hat man in der reinen, abstrakten und körpergeruchfreien Welt der Mathematik hinter sich gelassen. Und dann ist sie auch noch so dermaßen interessant, dass man die wirkliche Welt darüber glatt vergessen kann. Das ist ja bis heute so.

Ich fürchte, die Physiker, die in CERN unten am Teilchenbeschleuniger sitzen und Datenreihen auswerten, werden auch nur an hohen Feiertagen in die wirkliche Welt entlassen. Aber das ist ja gerade das Schöne am Forscherberuf. Die echte Lebensrealität kann einem gestohlen bleiben. Vielleicht fragt man sich ab und an: »Ob oben wohl schon Krieg ist?«, und sucht dann weiter nach dem Higgs-Teilchen.

Das Schöne verbirgt sich hinter dem Schönling

So viel erst mal zum soziopsychologischen Aspekt der Mathematikbegeisterung. Obwohl der ja vielleicht auch für Platon nicht gänzlich unwichtig war. Denn angeblich war er ja von der Idee des Knaben-Habens recht angetan. Doch anstatt die Buben ordentlich mit Leidenschaft zu beliegen, erfand er die nach ihm benannte platonische Liebe. Das ist Liebe ohne Anfassen. Nur gucken. Besser: nur schauen. Nur das Schöne schauen, also den abstrakten Begriff, der sich als Sein hinter seiner jeweiligen nur seienden Manifestation eines hübschen Bengels verbirgt. Wer so etwas schon einmal versucht hat, weiß, das ist schwierig. Der Körper ist so biologisch. Und wenn er etwas erspechtet hat, was ihm als lustvoll erscheint, dann reicht ihm Gucken meist nicht, dem gierigen Ding.

Dass aber Platon nur Spanner von reinen Begriffen sein wollte, legt den vulgärpsychologischen Verdacht nah, dass er eigentlich mehr wollte, aber mehr nicht bekommen konnte. Entweder weil er Komplexe hatte. Oder weil die anderen ihn nicht wollten. So oder so erscheint die philosophische Überhöhung des Schauens der reinen Schönheit als Sublimation von nicht erfüllten Wünschen. Nicht erfüllte Wünsche aber führen zu Leidenschaften, die Leiden schaffen und ob dessen Selbstekel. Und wer sich vor sich selbst ekelt, der ekelt sich auch vor der Welt. Denn wir erschaffen uns ja unsere Welt im Kopf für uns selbst.

Und damit wären wir wieder bei der Mathematik, die nun gar als Lösung des Problems erscheint. Man verschwindet einfach in die Welt der abstrakten Begriffe und vergisst so die Unlust der unlustigen Körperwelt mit ihren Demütigungen. Und wenn man sich dann erst einmal eingehender mit zum Beispiel den Zahlen beschäftigt, dann kriegt man heraus, dass es unter den Zahlen mannigfaltige interessante Beziehungen gibt. Da gibt es Primzahlen, die bei aufsteigender Zahlenfolge immer seltener werden, doch nie ganz verschwinden. Es gibt lustige Zahlenreihen wie die berühmte Fibonacci-Folge, in der jede Zahl die Summe der beiden vorangehenden Zahlen ist (1, 1, 2, 3, 5, 8, 13, 21 ...) und bei der der Quotient zweier aufeinanderfolgender Zahlen sich langsam dem Goldenen Schnitt nähert. Und freilich noch einen ganzen Kosmos von anderen Beziehungen. Die für Platon aber interessante oder besser entscheidende Frage war:

Sind die mathematischen Beziehungen erfunden oder gefunden?

Um diese Frage im wahrsten Sinne des Wortes etwas plastischer zu machen, sei Folgendes erzählt: Man hatte dereinst Michelangelo einmal gefragt, wie er es denn immer fertigbringe, so dermaßen schöne Figuren aus dem Marmor zu wuchten. Die Antwort des Genies war simpel: »Die Figur ist im Stein bereits drin. Ich musste nur den überschüssigen Marmor weghauen.« Das ist reinster Platonismus. Die Figur – ihre Form – ist im noch Formlosen bereits latent enthalten, sie muss nur befreit werden.

Die Antwort ist freilich irreführend. Denn es mag ja sein, dass es für das Bildhauergenie Michelangelo ganz klar war, dass die Figur so und nicht anders zu sein hat. Dass seine Statuen so zwingend aussehen, macht ja bis heute mit ihren Reiz aus. Aber das stimmt eben nicht für jeden. Ein anderer Bildhauer hätte einen anderen Moses erhämmert. Und ich? Ich könnte vielleicht mit viel Mühe einen Marmorblock zu Klump hauen, aber ein Moses käme da niemals bei heraus.

Bei der Mathematik sieht die Sache da schon anders aus. Hier ist es tatsächlich so, dass eine Beziehung, sobald sie gefunden ist, schon immer da war. Weil sie ja nur so und nicht anders sein kann. Eine mathematische Wahrheit muss notwendigerweise so sein, wie sie ist, weil sie logisch sein muss. Und wenn etwas logisch ist, dann ist es das immer und überall (Spock Ende). Deswegen gilt die Mathematik ja auch nicht als Naturwissenschaft, sie ist ein Teilbereich der Philosophie. Denn die Mathematik beschäftigt sich nicht mit der Welt. Sie beschäftigt sich ausschließlich mit sich selbst.

Innerhalb der Mathematik gibt es deswegen auch keine Theorien – es gibt Vermutungen – aber wenn eine Vermutung erst einmal bewiesen ist, ist sie ein »Satz«. Ein Gesetz. Und das ist der Unterschied zu den anderen Wissenschaften, die sich tatsächlich mit der Welt beschäftigen. Da kann man aus Prinzip nicht über die Theorie, die wohlbegründete, im Experiment bestätigte Vermutung, hinauskommen. Deswegen ist es ja auch mitunter so verwirrend, dass sich mit mathematischen Sätzen die Wirklichkeit überhaupt beschreiben lässt. Die Mathematik beschäftigt sich zwar manchmal mit den Tatsachen (in der Physik, der Statistik, Wirtschaftswissenschaften etc.), aber eben nur als Anwendung. Die reine Mathematik ist tatsachenfrei.

Und genau diese Unabhängigkeit von der wirklichen Welt war jetzt wiederum für Platon das Argument (und ist es für Platoniker bis heute), dass es eine unsichtbare und ewige Welt des Abstrakten tatsächlich *gibt*. Ja, für Platon existiert diese Welt nicht nur einfach – sie ist der Himmel. Denn in der Mathematik gilt der sokratische Satz, dass man niemals über sicheres Wissen verfügen kann, *nicht*. Die Mathematik ist tatsächlich der Hort der Wahrheit. Freilich nur der mathematischen Wahrheit. Aber immerhin. Diese »göttliche« Eigenschaft der Welt der abstrakten Formen löst bei den Mathematikern bis heute eine Begeisterung aus, die für all jene, die immer nur fragen, wozu das denn alles zu gebrauchen sei, nicht verständlich ist. Vielleicht waren Sie auch eine/-r derer, die irgendwann mal den Mathematiklehrer mit der Frage molestiert haben: Und wozu brauche ich das später mal? Vermutlich hat er (oder sie – mittlerweile hat man ja auch Mathematiklehrer/-innen.) aber nur mit den Augen gerollt und Ihnen keine wahrhaftige Antwort auf Ihre unoriginelle Frage gegeben. Die hätte nämlich lauten müssen: Das brauchen Sie alles gar nicht. Wir lernen hier abstraktes logisches Denken, das kommt in der Wirklichkeit nicht vor. Und in der Lebenswirklichkeit schon überhaupt gar nicht.

Die Welt ist also wieder einmal zweigeteilt: in die wirkliche Welt, in der es keine letztgültigen Antworten gibt und in der ob dessen immer eine Restunsicherheit bleiben muss. Und in die Welt der Begriffe, die klar, logisch und sicher ist. Tatsächlich ist diese Zweiteilung der Welt in die übel riechende Welt des »Seienden«, in der wir zu leben genötigt sind, und in die strahlende Welt der Abstraktion, die kaum einer versteht, das Vorbild für Himmel und Erde schlechthin. Nietzsche nannte deswegen das Christentum auch »Platonismus fürs Volk«. »Oben« sitzt der Herr im Himmel mit den Engeln und überblickt das Treiben seiner erschöpften Schöpfung, die sich »unten« im Schweiße ihres Angesichtes abmüht. »Am Anfang war das Wort«, heißt es im Johannesevangelium, »und das Wort war bei Gott.« Hier treffen Platon und Christentum freundschaftlich aufeinander. Denn bei Platon ist es die reine Welt der Begriffe und Formen, die die Welt des »Seienden« erst ermöglicht. Man merkt, beide Vorstellungen sind, was die Hierarchie betrifft, asymmetrisch. Oben schön. Unten Scheiße.

Und weil die Mathematik eben nicht *erfunden*, sondern von den Mathematikern *gefunden* wird, kann Platon auch postulieren: Jegliches Lernen ist Erinnern. Eine wie auch immer geartete Erkenntnis ist für Platon also kein schöpferischer Vorgang im eigentlichen Sinn, sondern ein Sicherinnern an das, was man vor seiner Geburt, als man selber noch Teil der schönen abstrakten Begriffswelt war, schon einmal gesehen hat. Denn hätte man es nicht schon einmal gesehen, könnte man sich nicht daran erinnern. Was aber wiederum ein Argument dafür ist, dass die Seele unsterblich sein soll.

In seinem wohl berühmtesten Dialog »Phaidon« stirbt Sokrates (wie immer auch hier Platons Hauptfigur), weil die Athener ihn wegen jugendgefährdendem Gerede zum Tode verurteilt haben. Aber bevor er den Schierlingsbecher zu sich nimmt, ist noch Zeit für eine Philosophiestunde mit Freunden und Schülern. Freilich ist die Stimmung insgesamt eingetrübt, weil der Meister ja gleich zu Wurmfraß werden soll. Nur Sokrates ist bester Laune. Da er ja weiß, dass er, und das teilt er den andern auch sogleich tröstend mit, nicht stirbt, sondern nur seinen hässlich-fetten Begierdenleib ablegt, um endlich wieder heimzukehren ins Paradies der klaren schönen Zahlen und Formen.

Das Kinogleichnis

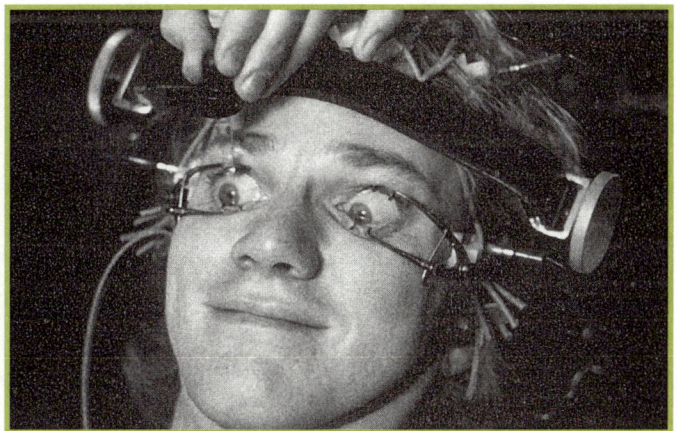

Abb. 4] Zum Glotzen gezwungen: echt Horrorshow.

Dieses Bild kennen Sie vermutlich aus dem Film »Clock-work Orange« von Stanley Kubrick. Der böse Bube Alex wird einer radikalen Aversionstherapie unterzogen, um ihn von seiner chronischen Gewalttätigkeit zu heilen. Dazu fixiert man ihn vollständig und zwingt ihn, sich auf einer Leinwand schlimme Bilder anzusehen. Kennen Sie? Gut. Jetzt fragen Sie sich vielleicht, was aber hat das mit Platon zu tun? Nun, Platon verkündet in seinem Werk »Der Staat«, dass es uns allen so ähnlich geht, wie dem armen Alex in der berühmten Szene aus »Clockwork Orange«. Und das ständig. So beschreibt er im »Höhlen-gleichnis«, der Schlüsselszene der platonischen Onto-logie, die condition humaine.

Wir Menschen (also generell alle, auch Sie jetzt) sind in diesem Gleichnis von Kindesbeinen an in einer Höhle an Stühlen fixiert, sodass wir den Kopf nicht bewegen können. Hinter uns brennt ein Feuer und geheimnisvolle Wesen tragen Dinge vorbei; vor uns befindet sich eine Wand. Die Dinge aber, die hinter uns ihr Unwesen treiben, sehen wir nicht (wir können ja den Kopf nicht drehen), sondern nur deren Schatten an der Wand vor uns. Da wir Angebundenen aber von unseren Fesseln nichts bemerken, weil wir sie seit jeher gewohnt sind, nehmen wir die Schatten an der Wand vor uns als die tatsächliche Wirklichkeit der Dinge wahr. Die Welt um uns herum ist also nichts anderes als ein verrücktes Schattenspiel?

Jetzt bringt Platon den Philosophen ins Spiel, also sich selbst. Der Philosoph ist in dem Gleichnis nämlich einer, der sich vom Fixierungsstuhl in der Höhle losmachen kann. Er sieht, was tatsächlich passiert. Dass die Welt, die wir wahrnehmen, in Wirklichkeit nur ein lächerliches Schattenspiel ist. Und dass die Wirklichkeit hinter der scheinbaren Erscheinung der Dinge um uns herum viel mehr ist als nur »zweidimensionale« Schatten. Als der Philosoph dann auch noch aus der Höhle herausgeht, wird er vom Licht des Tages erst mal ordentlich geblendet. Aber als seine Augen sich an die strahlende Wahrheit gewöhnt haben, ist er freilich angemessen überwältigt. Selbstverständlich geht er nun zurück in die Höhle, um seine festgebundenen Mitmenschen an seinem Erkenntnisglück teilhaftig werden zu lassen. Die aber halten ihn notwendigerweise für komplett verrückt.

Wir alle kennen diese Szene, die Platon in seinem Höhlengleichnis erschaffen hat, überraschend genau. Vom letzten Kinobesuch. Hinter uns ist der Projektor und wirft Bilder an die Leinwand. Die werden, untermalt mit kraftvollem Dolby Surround Sound, schnell zur erlebten Wirklichkeit. Wir vergessen unsere Kinosessel und die anderen Kinobesucher (außer sie haben ihre Handys nicht ausgeschaltet oder sie haben kurz vor dem Kinobesuch Zwiebeln gegessen und lassen dennoch nicht davon ab auszuatmen, dann fallen sie einem wieder ein). Wir fiebern mit der Handlung mit. Leiden, lachen und lieben mit den Helden. Kurz wir *er*-leben die scheinbare Wirklichkeit des Regisseurs bis hin zu körperlichen Sensationen. Überraschend ist nur, dass Platon schon 2500 Jahre vor den Gebrüdern Lumière das Kino gedanklich erfunden hat. Für ihn aber ist dieses Gleichnis ein Fanal für die Unzulänglichkeit des Lebens.

Die Schatten an der Wand in Platons Daseinskino sind das »Seiende«, die Dinge, die uns umgeben. Das Buch, das Sie in der Hand halten, die Couch, auf der Sie liegen oder auch Sie selbst. All das entsteht und kann nur entstehen aufgrund einer Verbindung mit dem wahren Sein der Dinge, das hinter dem Schleier der Wirklichkeit verborgen liegt. Das Sein ist sozusagen der Projektor im Kino des Lebens, das die Dinge überhaupt erst erscheinen lässt. Das Sein eines jeweiligen Dinges aber ist sein abstrakter Begriff. Bleiben wir bei der Couch, auf der Sie mutmaßlich liegen. Woher wissen Sie, dass das eine Couch ist? Nun, weil Sie eben wie eine Couch aussieht. Aber sieht nicht jede Couch anders aus? Sie unterscheiden sich in Farbe und Form. Sie sind aus unterschiedlichstem Material gefertigt. Sie fühlen sich unterschiedlich an. Und trotzdem können Sie sofort eine Couch von – sagen wir – einem Sessel unterscheiden. Warum? Platons Antwort auf diese Frage wäre: Weil Sie dereinst, in der Zeit vor Ihrer Geburt, als Sie noch glücklich und zufrieden in der Welt der reinen Begriffe anwesten, die »Couchheit« als reinen Begriff »geschaut« haben. Es gibt nämlich, so Platon, für alle seienden Dinge in der Welt, in der Welt des Seins, ein dazugehörendes reines Urbild. Einen Urbegriff. Und davon abgeleitet ist es überhaupt erst möglich, die seienden Dinge zu sehen, zu begreifen und voneinander zu unterscheiden.

Um zum Höhlengleichnis zurückzukommen. Die Schatten an der Wand, die wir sehen, das Seiende, das ist einfach nicht der wahre Jakob. Den Dingen hier fehlt, um im Bild zu bleiben, eine ganze Dimension. Wir sehen an der Höhlenwand zweidimensionale Schatten. In Wahrheit aber, meint Platon, seien die Dinge um uns herum viel reicher. Genauer: Die Gegenstände, die hinter uns durchs Licht getragen werden und die das wahre Sein der Dinge im Gleichnis repräsentieren, sind um mindestens eine ganze Dimension reicher, als die uns erscheinenden Schatten an der Wand.

Na? Erinnert Sie das Ganze nicht auch an Parmenides? Der hatte ja die Dreidimensionalität des Mondes erkannt und dessen zweidimensionale Scheibenform, die am Nachthimmel zu sehen ist, als Trugbild enttarnt. Dieser Gedanke dürfte für Platons Daseinskino im Höhlengleichnis Pate gewesen sein. Die doofen Normalmenschen in der Höhle, die nicht einmal mitbekommen, wie sie an ihre metaphysischen Knechtungsstühle gekettet sind, halten gedankenstarr die zweidimensionalen Abschattungen der Dinge für die Wirklichkeit. In Platons Gleichnis aber wird die wirkliche Wirklichkeit der Dinge durch dreidimensionale Gegenstände repräsentiert, die von hinten beleuchtet werden. Und während Parmenides erkannt hatte, dass nicht der Mond aus sich selbst heraus leuchtet, sondern nur von der Sonne beleuchtet wird, da geht Platon noch einen Schritt weiter – die Höhlenmenschen im Gleichnis sehen nicht einmal das Licht, das hinter ihnen das Schattenspiel, das sie für die Wirklichkeit halten, möglich macht, sie halten schon die Schatten für echt. Sie begnügen sich mit den Umrissen. Dem Fehlen von Licht. Duster. Zappenduster.

Sie merken, die für die platonischen Überlegungen zentrale Sinneswahrnehmung ist die optische. Die philosophische Kontemplation wird als »schauen« verstanden. Obgleich es weitgehend unausgesprochen bleibt, scheint es, als ob die anderen, offenbar niederen Körpersensationen vermieden werden sollen. Geruch, Gefühl, ja sogar das Hören wird mehr der sinnlichen Körperwelt zugeordnet. Und ist somit verdächtig. In seinem Werk »Der Staat«, in dem sich Platon gegen die Demokratie und für die Regentschaft von speziell ausgebildeten »Philosophenkönigen« ausspricht, empfiehlt er denn auch, bei deren Erziehung auf das Hören von Musik weitgehend zu verzichten. Allein optimistische Marschmusik sollen die idealen Herrscher der Zukunft hören. Da spürt man doch gleich das Misstrauen gegen überwältigende körperliche Erfahrungen. Musik hat ebenso wie die Geruchswahrnehmung die Eigenschaft, uns zu umhüllen. Gerüche können Erinnerungen wachrufen, die einen für Momente ganz und gar körperlich in vergangene Zustände versetzen. Musik kann uns so vollkommen durchströmen, dass für Augenblicke der Verzückung die Grenzen zwischen Innen und Außen durchlässig werden. Diese Erfahrungen der Auflösung des Ich (die der junge Nietzsche »dionysische« nennen wird) werden als gefährlich empfunden.

Der Blick aber trennt das Individuum von der Außenwelt ab. Das schauende Ich ist vom Objekt der Beobachtung klar unterschieden. Das hörende, fühlende, schmeckende oder riechende Ich kann diese Trennung zwischen Innen und Außen nicht so eindeutig vornehmen. Ja, in ekstatischen Momenten kann sie gar ganz verschwimmen. Eine Erfahrung, der Platon offensichtlich misstraut, da sie eine genuin körperliche ist. Seine platonische Liebe will ja auch nur gucken, denn Sex ist die Erfahrung der Auflösung schlechthin (wenn es gut läuft zumindest).

Diese Unterscheidung zwischen »guten« und »schlechten« (oder sogar »bösen«) Sinneswahrnehmungen wird sich die nächsten Jahrhunderte durch die Philosophiegeschichte ziehen. Und wer es mehr mit dem Gucken hat, wird Platon näherstehen, als diejenigen, die sich auf die anderen Erfahrungen des Körpers einlassen. Doch diese mehr immanenten als transzendenten Philosophien werden zu ganz anderen Ergebnissen kommen als Platon und Nachfolger. Die »umhüllenden« Erfahrungen des Körpers werden die Trennung zwischen Welt und Ich nicht zulassen und so die Existenz einer ewigen Seele und des Himmels zweifelhaft erscheinen lassen.

Was ist die »wahre« Welt?

Die platonische Sichtweise ist möglicherweise einem Missverständnis über die Sprache zu verdanken. Am lakonischsten hat es mal wieder Herr Nietzsche auf den Punkt gebracht, als er da schrieb: »Wir werden nicht aufhören an Gott zu glauben, solange wir noch an die Sprache glauben.« Denn die Grundthese des platonischen Denkens, dass die abstrakten Begriffe erst die seienden Dinge der Welt erzeugen, ist doch sehr zu bezweifeln. Bäume zum Beispiel gibt es jetzt schon seit vielen Hunderten von Millionen Jahren. Und die ganze Zeit sind sie völlig ohne den sie bezeichnenden Begriff ausgekommen. Sie wuchsen, gediehen und starben, ohne je den Begriff »Baum« auf irgendeine Art für ihr Dasein gebraucht zu haben. Dass eine metaphysische »Baumheit« diese ganze Zeit über das Werden und Vergehen von seienden Bäumen verursacht hat, scheint also recht weit hergeholt.

Tatsächlich brauchen nur wir den Begriff »Baum«, damit wir wissen, unter was wir uns bei Gewitter nicht stellen sollen. Außer freilich man ginge so weit, die DNS des Baumes als Sprache (mit vier Buchstaben) zu bezeichnen. Die in den Erbanlagen des Baumes gespeicherte Information wäre dann das Korrelat zu Platons Begriff. Tatsächlich lässt die »Sprache« der DNS einen Baum ja nun erst entstehen. Gut. Schön. Aber wie passt jetzt ein Stein da rein? Für Platon wäre die Bedingung der Möglichkeit für die Existenz eines Steins die ihn erzeugende Macht des Begriffes der »Steinheit«. Und einem Stein liegt nun wirklich kein wie auch immer gearteter Bauplan zugrunde. Ein Stein ist nur deswegen ein Stein, weil wir ihn als solchen bezeichnen.

Darüber hinaus mag die Sprache zwar alt sein, aber sie ist nicht ewig. Und sie muss keineswegs so sein, wie sie ist. Wir sprechen dergestalt, dass wir Substantive haben und Prädikate und Adjektive. Da scheint es schon feste überzeitliche Entitäten zu geben, die den Dingen ihren Namen geben. Aber das ist ja nur »ausgedacht«. Sprache ist immer ein letztlich kontingentes Sprachspiel, eine Vereinbarung, die historisch so geworden ist, wie sie jetzt ist. Die aber auch anders sein könnte. Deswegen gibt es ja nicht nur eine Sprache, sondern viele, weil sich an je unterschiedlichen Orten unterschiedliche Sprachspiele entwickelt haben. Sicher, die meisten der uns bekannten Sprachen gehen im Satzbau von Subjekten, Objekten und Prädikaten aus. Da scheint es schon zugrunde liegende Wahrheiten zu geben. Das platonische Sein manifestiert sich sozusagen in den Substantiven, die den Dingen ihre scheinbar ewige (sprachliche) Form geben. Aber eben nur scheinbar. Nicht wirklich, sondern nur in der Sprache. Gut, die ist auch wirklich. Besonders in dem Sinn, dass das wirklich ist, was wirkt. Und Sprache hat selbstverständlich Wirkungen in der Welt. Aber ihre Struktur ist nicht der Wirklichkeit nachgebildet, sondern nur unserer Auffassung von Wirklichkeit. Denn dass die Wirklichkeit der Struktur der Sprache nachgebildet sein soll, ist absurd.

Die Platoniker waren freilich überzeugt von einem dem Seienden zugrunde liegenden Sein. Deswegen waren sie auch schlichtweg begeistert von Definitionen. Eine schöne stimmige Definition war sozusagen ein Blick hinter die Kulissen der Schattenwelt des Seienden hinüber in das schöne Reich der ewigen Wahrheit. Darin begründet sich auch der Glaube an die magische Macht der Worte. Begriffe geben der Wirklichkeit Gestalt. Freilich nur geistige Gestalt, aber wenn man das einmal kurz vergessen hat, dann ist der Weg nicht weit zu glauben, dass magische Formeln tatsächlich in der wirklichen Welt wirken könnten. Doch schon die Definitionen, die in der platonischen Akademie erbrütet worden waren, stellten sich alsbald bei kritischer Betrachtung als heikel heraus.

Als man dort beispielsweise Menschen als »zweibeinige Wesen ohne Fell, Federn oder Schuppen« definierte, fühlten sich die Kyniker, die schon Herrn Zenon das Leben schwer gemacht hatten, zu einem grausamburlesken Tierversuch veranlasst. Man rupfte einen Hahn bei lebendigem Leib und ließ die federlose zweibeinige Kreatur, die jetzt per Definition zum Menschen geadelt war, in der Akademie herumspazieren. Grausam ist er, der Weg zur Wahrheit.

Interessant ist aber doch, dass die platonische Gedankenwelt heute aktueller geworden ist als je zuvor. Denn was ist das Eintauchen in virtuelle Welten, um sich alldorten möglichst körperlos in digitalen Bits und Bytes zu tummeln, anderes als die Verwirklichung des platonischen Traums von einem geruchsfreien Himmel der reinen Formen und Zahlen? Eines gar nicht allzu fernen Tages werden direkt mit Großrechnern verdrahtete Gehirne von lichtscheuen Computer-Nerds vielleicht tatsächlich als körperlose Programme über den Daten schweben und sagen: Es werde Licht! Der von Platon inspirierte Traum der totalen Unabhängigkeit von der Welt könnte also wahr werden. Wenn auch nur als Simulation.

Man sieht – ob jetzt Platons Erkenntnisprogramm am Ende Mumpitz ist oder nicht –, es hat sich über die Vorstellung von einem Himmel (Sein) und der Erde (Seiendes) tief in unsere Phantasie eingegraben. Ein leistungsfähiges Prinzip. Falsch vielleicht, aber doch wirkungsmächtig. So wirkungsmächtig, dass es vielleicht in naher Zukunft tatsächlich eine Entsprechung in der Realität der Computerfreaks bekommen könnte.

Aristoteles – Bitte in die Mitte gehen

Abb. 5] Eine Baumheit. Am telos angekommen.

Wenn Sie sich da oben diesen Baum ansehen und ein cooler Profi sind, so ein neoliberaler Wirtschaftsversteher, wie wir sie heutzutage so zu Recht nicht mehr leiden können, dann werden Sie ganz klar auf den ersten Blick sehen: Der oben abgebildete Baum ist quasi tot. Warum? Wie warum? Das ist doch offensichtlich. Der wächst nicht mehr. Und nach unserer derzeit herrschenden Wirtschaftsideologie ist das, was nicht mehr wächst, mindestens schwer krank. Vermutlich aber schon todgeweiht, quasi eingrabefertig. Wenn es aus mit dem Wachstum ist, dann geht es bergab, dann kommt die böse Rezession und alle müssen leiden.

Wir normalen Menschen aber haben in unserem

Leben die Erfahrung gemacht, dass, wenn das Wachstum aus ist, dann sind wir ausgewachsen. Und darauf folgt im wirklichen Leben nicht sofort das Hinscheiden. Man lebt, wie oben abgebildeter Baum, dann doch noch eine ganze Weile, halt nur, ohne weiterzuwachsen. Was ja auch Sinn macht, denn würden wir immer so weiterwachsen wie im Säuglingsalter, man wäre mit zwanzig ja haushoch und tonnenschwer. Solchermaßen erwachsen aber leben wir munter und mehrwertschaffend die meiste Zeit unseres Lebens, bis uns schlussendlich im Alter der Tod hinrafft.

Wirtschaftsfachleute scheinen diese grundsätzlichen Lebenserfahrungen nicht zu machen. Denn die Wirtschaft muss immer wachsen. Oder haben die Wirtschaftsleute nicht nur ihren Marx nicht gelesen, sondern auch die Aristoteles-Lektüre verschmäht? Möglich ist es. Denn hätten sie den alten Übergriechen einigermaßen aufmerksam gelesen, wüssten sie, dass ihre »immer Wachstum, sonst Tod«-Ideologie mit Riesenschritten ins Unglück führt.

Mit Aristoteles wird die Philosophie erst einmal wieder deutlich bodenständiger. Man landet gedanklich aus dem luftigen Reich des Seins wieder in der Welt. Genauer, in deren Mitte. Warum aber war Aristoteles so begeistert von der Mitte? Wir heutzutage finden den Mittelweg ja doch meist eher mittelmäßig. Sicher, man soll seine Mitte finden. Für jemanden wie mich ist das auch gar nicht so schwierig. Ich deute einfach auf meinen Bauchnabel (oder auch mal knapp darunter – je nach Stimmung) und sage: Gefunden! Aber das ist ja gemeinhin nicht gemeint. Man soll ausgeglichen sein, um sich für die Mitmenschen sozial verträglich zu machen. Darüber hinaus soll man sich mit den anderen »committen«. In der U-Bahn in die Mitte gehen. Und von statistischen Bundesämtern werden Mittelwerte ermittelt, die als Rahmendaten unsere Leben erfassen. So Sachen. Aber tatsächlich sind wir doch nicht auf der Suche nach mittelmäßigen Mittelwegen. Wir sollen und wollen etwas Besonderes sein, aus der Masse herausstechen. Wir wollen Rausch. Wir wollen Extreme. Und Ekstase. Und wir wollen mehr und immer mehr.

Bei den Griechen wird das nicht recht viel anders gewesen sein. Denn am Anfang seiner »Nikomachischen Ethik«, die Aristoteles für seinen Sohn Nikomachos schreibt (ein Geschenk zum vierzigsten Geburtstag; denn dann war man bei den Griechen erwachsen), stellt er die Frage, was denn wohl das Glück sei? Wobei allerdings zu beachten ist, dass bei den Griechen schon das Wort für Glück ambivalenter ist als bei uns. Glück heißt *eudaimonia*, was man wohl so ähnlich wie »sei nett zu deinem Dämon« übersetzen könnte. Oder »sich mit seinem Dämon gut stellen«. Wobei der Dämon (*daimon*) bei den Griechen nicht, wie bei einem wackeren katholischen Exorzisten, eine Emanation des Satans ist, der den Körper einer unschuldigen Seele übernommen hat, um nämliche zu verschlingen. Der *daimon* der Griechen ist nichts Böses. Also bissel böse – oder ein Hang zum Dämonischen –, kann schon sein. Aber er bedeutet eher so etwas wie »das Wilde«, die irrationale Seite unseres

Selbst, die uns zwar immer wieder in peinliche Schwierigkeiten bringt, aber eben auch für unsere Lebensfreude mitverantwortlich ist. Vermutlich würde man also *eudaimonia* heute übersetzen mit: »Kontakt mit dem inneren Kind aufnehmen und sich mit selbigem aussöhnen«.

Am Anfang der »Nikomachischen Ethik« stellt Aristoteles also die Frage: Was ist *eudaimonia*, was ist Glück? Und findet zunächst viele Antworten (vor). Wer Schmerzen hat, der denkt, glücklich ist, wer keine hat. Wer arm ist, denkt Reichtum sei eine Lösung. Wer hässlich ist, wünscht sich Schönheit um glücklich zu werden. Etc. Kurz, die Griechen waren wohl wie unsereiner, jeder wollte etwas anderes. Aristoteles aber sortiert nun die Antworten und stellt fest: Wer das Glück in Reichtum, Schönheit, Gesundheit und dergleichen sucht, der leidet offensichtlich einen Mangel. Eben an Reichtum, Schönheit, Gesundheit und so weiter. Aber jetzt hat man ja immer einen Mangel an irgendetwas. So, was jetzt? Gibt es kein Glück? Aristoteles meint schon. Aber man findet es nur, wenn man versucht, die Wurzel allen Übels zu finden und dem Gefühl des Mangels im allgemeinen zu Leibe rückt.

Also fragt sich Aristoteles: Was ist der natürliche Zustand der Dinge, was ist wirklich erstrebenswert? Wo findet man diesen ausgeglichenen Zustand im Leben, der einem das Gefühl gibt, es mangele einem an gar nichts? Bei der Beantwortung dieser Fragen kommt ihm die Kosmologie zu Hilfe. Denn wohin strömt alles, was strömen kann? Wohin fällt das, was fallen kann? Der kluge und genaue Naturbeobachter Aristoteles stellt fest: Es geht abwärts. Immer abwärts. Das ist die Richtung der Welt. Alles bewegt sich, solange es möglich ist, auf den niedrigsten Punkt zu, der in einer Situation zu erreichen ist. Jetzt fragt er sich natürlich: Wann würde diese Bewegung aufhören? Würde man zum Beispiel ein Loch graben, würde Wasser so lange dem Loch in die Tiefe folgen, bis es voll ist. Er folgert: Alles strebt der Mitte zu. Dem Mittelpunkt der Erde. Der Mitte der Welt. Und das ist für ihn nun auch das Argument dafür, dass die Erde sich im Mittelpunkt des Universums befindet. Weil eben alles dem Erdmittelpunkt zustrebt.

Die Mitte ist für Aristoteles also der natürliche Zustand der Dinge. Das *telos*, das Ziel, auf das alles hinstrebt. Auf eine Art nimmt Aristoteles hier schon fast den Gedanken des zweiten Hauptsatzes der Thermodynamik vorweg, der da lautet: Alles versucht auf sein jeweils niedrigstes mögliches Energieniveau zu kommen. In der Thermodynamik bewegt sich alles auf ein Gleichgewicht hin. Bei Aristoteles will alles in die Mitte der Welt kommen, um dort dann ebenfalls Ruhe zu finden und von der hektischen Betriebsamkeit des Werdens frei zu werden. Zwei verwandte Gedanken. Aber während man aus dem zweiten Hauptsatz nichts für den Bereich Moral und Ethik herauslesen kann, folgerte Aristoteles munter: Auch wir wollen in unsere Mitte kommen. In unseren natürlichen Zustand, um dort Ruhe und *eudaimonia* zu finden.

Menschliche Mittel zum Weg zur Mitte

Was aber ist nun der natürliche Zustand des Menschen? Das *telos* (Ziel), dem jedermann (und auch jede Frau, aber für die haben sich die Griechen nicht wirklich interessiert) entgegenstrebt, um, wie der oben abgebildete Baum, dann einige Zeit in Ruhe und Zufriedenheit Werden und Sein miteinander zu versöhnen. Wie ist man nicht zu viel? Und nicht zu wenig? Eben genau richtig. Stabil und solide. Gemacht für eine lange Zeitspanne.

Um diese *eudaimonia* versprechenden Ruhepunkte zu finden, gibt Aristoteles zwei Definitionen der condition humaine. Erstens sind wir: *zoon logon echon*. Denkende Tiere. Und zweitens: *zoon politikon*. Politische Tiere. Heute würden wir sagen – Herdentiere. Deswegen kann Aristoteles vollmundig behaupten: Wer nicht in der Herde lebt, der ist entweder mehr als ein Mensch (also ein weiser erleuchteter Einsiedler, Übermensch), oder eben weniger als ein Mensch, wie der Wolfsjunge oder andere Vollidioten, die man aus der Gemeinschaft ausgestoßen hat. Tatsächlich kommt der Begriff »Idiot« auch aus dem Griechischen und bezeichnet jemanden, der kein »Polites«, also kein Mitglied der Polis ist, sondern jemand, der außerhalb der Gemeinschaft steht. Politikmüdigkeit war für einen Bürger von Athen undenkbar. Er hätte damit seine sämtlichen Rechte aufs Spiel gesetzt.

So, und da es jetzt nun also zwei mögliche natürliche Zustände in der menschlichen Gemeinschaft gibt, existieren für Aristoteles auch zwei mögliche Wege zum

Glück. Der erste liegt auf der Hand und folgt aus der Bestimmung des Menschen als denkendes Tier (*zoon logon echon*). Man soll Philosoph werden, um glücklich zu sein. In Ruhe und Kontemplation das Sein schauen und so, frei von weltlichen Bedürfnissen, die ja ein Zeichen von Mangel sind, wunschlos glücklich werden. An dieser Stelle ist man geneigt auszurufen: Typisch! Da will uns wieder jemand seinen Weg als den richtigen auftischen und schreibt ein langes Buch, nur, um uns Metzger, Softwareentwickler, Lageristen und Fernsehmoderatoren zu überzeugen, dass nur Philosophen in der Lebensbewältigung erfolgreich sind und ein glückliches Leben führen, während wir Geistesdeppen zu immerwährender Unzufriedenheit verurteilt sind.

Aber auf der anderen Seite – wäre es denn überzeugend, wenn Aristoteles *nicht* überzeugt davon wäre, dass sein Weg, das Leben zu bewältigen, der richtige ist? Immerhin schreibt er Bücher, in denen er anderen Weisheiten mit auf den Weg gibt, wie man alles so richtig macht: Glück, Freundschaft, Liebe etc. Und wenn er jetzt festgestellt hätte, Philosophsein macht nicht glücklich, dann dürfte er ja auch keiner mehr sein und dann freilich auch keine Bücher, vollgepackt mit Lebensweisheiten, absondern. Kurz, schon die Tatsache, dass er Bücher über das Glück schreibt, erfordert, zwecks der Glaubwürdigkeit, dass er für sich selbst nämlichen Zustand der *eudaimonia* gefunden hat.

Allein, Aristoteles ist ein kluger Mann und er weiß, dass die Welt des Dauergrübelns nichts für jedermann ist. Was ja auch zu schlimmen Problemen führen würde.

Wäre die Kontemplation der einzige Weg zum Glück und alle würden dem Rat des Philosophen folgen und ihre Jobs als Bauern, Krieger oder Handwerker hinschmeißen, um fortan munter dem Sein nachzusinnen und zu diskutieren, dann würde der Dienstleistungssektor arg leiden. Wer würde dann die Philosophen mit dem notwendigen Rotwein, den Zigaretten und dem Kaffee versorgen? Philosophen sind immer angewiesen auf eine halbwegs funktionierende Infrastruktur, weil sie sich ja, vor lauter Klugreden, überhaupt nicht um die alltäglichen Dinge des Lebens kümmern können. Doch auch das Profane will erledigt sein. Sicher – bei den Griechen gab es dafür grundsätzlich Frauen und Sklaven. Aber dennoch, eine funktionstüchtige Gesellschaft, die ausschließlich aus Denkern besteht, ist nicht denkbar.

Nein, Aristoteles ist kein Mann, der sich selbst die Existenzbasis untergräbt. Deswegen bietet er noch einen zweiten Weg zur *eudaimonia* an. Und der lässt sich aus der anderen Bestimmung des Menschseins heraus entwickeln, die er postuliert hat. Zur Erinnerung: Wir sind ja auch noch politische Tiere (*zoon politikon*). Wir sind auf die Gemeinschaft angewiesen (Philosophen, wie oben beschrieben, ganz besonders). Also können wir auch zur *eudaimonia* finden, wenn wir in der Gemeinschaft als nützliche Mitglieder des »Volkskörpers« aufgehen. Der erfolgreiche Mann (wie gesagt, Frauen werden bei dem alten Griechen nicht problematisiert) kann, wenn er seine Bestimmung im Leben gefunden hat, als geachteter Funktionsträger in der Gemeinschaft eine stabile Glückseligkeit finden.

Wie aber geht so etwas jetzt genau? Nun, genau weiß Aristoteles das nicht. Nicht, weil er zu doof ist, sondern, weil es *genau* in diesem Zusammenhang gar nicht gibt. Es gibt nur ungenau. Der Begriff »Ethik«, erklärt uns Aristoteles, kommt vom Wort »Ethos«, was »Ort des Wohnens« bedeutet. Also gibt es keine generellen überzeitlichen moralischen Anweisungen, die immer und überall gelten. Ethische Normen sind wohnorts-abhängige Vereinbarungen von kompetenten Bewohnern, die via Gewohnheit den Mitgliedern der ethischen Wohngemeinschaft beigebracht werden. Da sich aber die Wohnorte und vor allem die Bewohner im Lauf der Zeit verändern, können auch die Normen des Zusammenlebens nicht für die Ewigkeit gedacht werden. Sie müssen sich immer den jeweiligen Gegebenheiten anpassen. Und von der Gemeinschaft der Bewohner auch ständig kritisch betrachtet und neu bewertet werden.

Aristoteles versucht auch hier, Werden und Sein zu versöhnen. So wie ein Mensch aufwächst, um zu dem zu werden, was er (oder sie – ich bin ja kein Grieche! Ich finde, auch Frauen dürfen versuchen, glücklich zu sein) ist, so muss auch die Gemeinschaft immer werden, um dann für eine gewisse Zeit einen Zustand des Soseins zu erreichen. Das grundsätzliche Ziel einer jeden Gemeinschaft ist dabei freilich das Gute, Wahre und Schöne – da ist Aristoteles ganz Platoniker. Aber was da eben je genau darunter zu verstehen ist – da gibt er uns jede Menge Freiraum.

Heutzutage ist es blöderweise genau dieser Freiraum, der uns solche Probleme macht. Wenn sich tatsächlich die Ethik vom jeweils unterschiedlichen Ethos ableitet (und so scheint es nun mal tatsächlich zu sein), dann stehen wir vor einer unerquicklichen Herausforderung. Immerhin leben heute über die Hälfte aller Menschen auf dem Planeten in Städten, allerdings in Städten, die mit der übersichtlichen Polis der Antike nichts mehr gemein haben. Und in diesen übervölkerten Städten leben Tür an Tür Mitmenschen, die von zum Teil sehr unterschiedlichen »Orten des Wohnens« herkommen, und denen via Gewohnheit recht unterschiedliche Moralvorstellungen beigebracht worden sind. Schon diese, bisher in der Menschheitsgeschichte einmalige Nähe der Verschiedenen zwingt uns dazu, jetzt Regeln und Normen aufzustellen, die für jeden gelten. Aber Achtung: Dummerweise bezieht man aus seinem »Ort des Wohnens« nicht nur seine Moralvorstellungen, sondern auch seine kulturelle und individuelle Identität. Wie also sollen wir das alles unter einen gemeinsamen Hut bekommen?

Sicher, in vielen Dingen herrscht schon Einigkeit – fast überall gelten Diebstahl und Mord als nicht so gut, Mildtätigkeit und Güte aber als lobenswert. Und doch, schon über die Rolle der Frau in der Gesellschaft wird man sich nur schwer einig. Aristoteles hätte sicher gar keine Schwierigkeiten gehabt, gemeinsam mit Hardcore-Katholiken und Fundamentalmoslems zu finden, Frauen seien ihrem Wesen nach seelenlose Körperkreaturen, deren Sinn sich in Fruchtbarkeit und Putzen erschöpfe. Das sehen wir heute anders. Also ich zumindest. Sie hoffentlich auch. Aber es gibt da draußen freilich eine nicht so kleine Zahl von Mitmenschen, die da noch recht traditionelle Ansichten vertreten. Haben die jetzt aber weniger recht als wir? Nur weil sie aus einem anderen Ethos kommen und dort etwas anderes beigebracht bekommen haben? Was macht unsere Überzeugungen (die übrigens auch gerade einmal etwas über hundert Jahre alt sind) besser als die der anderen? Die Griechen hatten auch damit kein Problem. Zusammen mit den Römern bezeichneten sie alle, die keine »anständige« Sprache sprechen konnten, also weder Griechisch noch Latein, als »Stammler«, also als Barbaren. Und die waren schon aus Prinzip im Unrecht. Aber dieser Weg der totalen Selbstüberschätzung gilt heute als politisch inkorrekt und ist uns deswegen ja leider auch versperrt. Schade eigentlich.

Einige Zeit hatte man ja gedacht, man würde des Problems der unterschiedlichen »Orte des Wohnens« dadurch Herr, dass man Toleranz übt und verlangt. Aber das allein kann nicht ausreichend sein. Sagen Sie doch einfach einmal folgenden Satz: »Ich bin Frauen gegenüber tolerant.« Finden Sie das ausreichend? Tolerant gegenüber Frauen – das genügt einfach nicht. Tatsächlich wäre ein solcher Satz eine Beleidigung sonders gleichen. Also reicht es auch nicht gegenüber dem Islam, gegenüber Schwulen oder gegenüber Mitmenschen mit Migrationshintergrund tolerant zu sein. Ich fürchte, die werden schon alle ein selbstverständlicher Teil unseres Lebens werden müssen, wenn wir weiter so dicht an dicht zusammenleben wollen. Mit Aristoteles kommen wir da jedenfalls nicht weiter. Aber vielleicht wird später im Buch Immanuel Kant hilfreich sein.

Aristoteles weiß doch was

Herrn Aristoteles hat das westliche Denken natürlich trotzdem viel zu verdanken, denn er war ein begnadeter Forscher und Denker. Gleichwohl hat er auch großen Schaden angerichtet. Denn er hat das abendländische Denken für eine lange Zeit dogmatisch werden lassen. Und zwar nur dadurch, dass er eine Nuance in der Betonung des sokratischen Satzes »ich weiß, dass ich nichts weiß« änderte. Bis zu Aristoteles las man nämlichen Satz ja: »Ich weiß, dass ich nichts *weiß*.« Was aber bedeutet – über tatsächliches Wissen kann keiner verfügen. Aristoteles las nun den Satz: »Ich weiß, dass ich *nichts* weiß.« Da schwingt doch ein Unterton mit, so etwas wie: Das Meer des Unwissens ist gewaltig, aber der Mensch kann, wenn er fleißig Aristoteles liest und sich anstrengt, mit der Zeit schon alles Wissbare lernen. Kurz – das Wissen wird bei Aristoteles enzyklopädisch. Er ist überzeugt, alle grundsätzlichen Probleme geklärt zu haben. Der Auftrag für zukünftige Generationen von Forschern ist jetzt nur noch die Vervollständigung des Wissens.

Sicher weiß Aristoteles, dass man vieles noch nicht weiß, aber er ist eben auch überzeugt, dass man grundsätzlich wissen *kann*. Damit wirft er das griechische Denken, das bis dahin immer ein kritisches Denken war, enorm zurück, verschafft sich selber aber die Voraussetzung für eine eindrucksvolle posthume Karriere. Im mittelalterlichen Kerneuropa ging Aristoteles, wie so vieles Wissen aus der Antike, verschütt. Aber seine Schriften wurden in der Zeit der Kreuzzüge, über den Umweg der arabischen Übersetzung, wieder nach Europa reimportiert. Der bedeutende Kirchenlehrer Thomas von Aquin arbeitet die aristotelischen Gedanken sogar schlüssig in das katholische Weltbild mit ein. Was prima geht, weil sie erstens ihrem Wesen nach dogmatisch sind und somit grundsätzliche Fragen schon mal grundsätzlich verbieten. Und zweitens, weil sie mit dem Weltbild der Bibel kongruent sind. Das platonische Sein, das Aristoteles im Wesen übernimmt, wird zu Gott und Himmel, das Seiende zum irdischen Jammertal, Welt und Mensch sind Mitte und Zentrum der Schöpfung.

Aristoteles hatte auch noch einen bis heute beliebten Gottesbeweis im Paket. Er war sich der Tatsache, dass in der Welt Ursache und Wirkung notwendig zusammenhängen, wohl bewusst. Jede Wirkung in der Welt ist somit sowohl verursacht, als auch wieder selbst Ursache für eine andere Wirkung. Wenn man diese Kette nun in die Vergangenheit zurückdenkt, dann kommt man auf die Frage nach dem Anfang dieses Prozesses. Entweder die Ursache-Wirkungskette ist ewig, also ohne Anfang, dann kann man sich das leider überhaupt nicht vorstellen. Dann wäre die Welt immer schon da gewesen. Und bei dieser Vorstellung spreizt sich unser endlicher Verstand ein wenig rein. Oder aber die Ursache-Wirkungskette schließt sich irgendwann, dann kommen wir dereinst wieder da an, wo wir jetzt sind. So etwas können die Buddhisten gerne glauben. Die haben es ja mit dem Zyklischen. Aber auch da wird der teleologisch geschulte Europäer unruhig. Das klingt zu sehr nach kreisender Sinnlosigkeit. Wenn wir wieder da ankommen, wo wir begonnen haben – was wird dann aus dem Fortschritt? Geht also auch nicht. Also postuliert Aristoteles am Anfang der Ursache-Wirkungskette eine Ur-Sache. Einen ersten unbewegten Beweger. Später wird dann im mittelalterlichen Weltbild die Sphäre dieses »unbewegten Bewegers« als *quinta essentia*, als fünftes Element, an die äußerste Schale des Himmelsgewölbes montiert werden. Diese paradoxe Sphäre wird die Himmelsmechanik der Planeten und Sterne antreiben, ohne dabei selbst in Bewegung zu geraten. Das ist überraschend modern. Denn was sehen unsere Astronomen, wenn sie mit ihren Riesenteleskopen an die Grenzen des Alls schauen? In jeder Richtung? Den Urknall selbstverständlich. Denn in jeder Richtung des Himmels geht der Blick zurück bis in die entfernte Vergangenheit des Anfangs aller Dinge. Der unbewegte Beweger umgibt uns also. Sicher, er ist nicht eben in der Nähe, sondern 13.7 Milliarden Lichtjahre entfernt. Dennoch – eine hübsche Bezeichnung für Gott. Und klingt so rational. Da freut sich der Papst.

3]

Von jetzt an Amen

Aber bis der erste Papst die Weltbühne betritt, müssen erst noch ein paar Jahrhunderte unerlöstes Heidentum abgearbeitet werden. Die Römer hatten, pragmatisch wie sie waren, einfach immer das übernommen, was sie in ihren Eroberungsgebieten vorfanden. Deswegen von den Griechen die Götter, die Staatsform – Rom ist jahrhundertelang eine Republik – und auch die Philosophie. Aber so richtig spannend wird es erst wieder im 4. Jahrhundert, wenn das Christentum in Rom zur Staatsreligion wird. Denn bis heute reden unsere geschätzten Politiker ja mit großer Begeisterung davon, dass die Grundwerte, die das Fundament des Zusammenlebens in unserer Gesellschaft bilden, eben keine Geldwerte, sondern fast schon in Opposition dazu, christliche Werte seien. Fragt man aber renitent nach, welche denn genau, dann erhält man mitunter so herzige Antworten wie: Na, halt die Zehn Gebote.

Das klingt zwar zunächst so einigermaßen stimmig.

Die stehen immerhin ja auch in der Bibel. Nur, die Zehn Gebote sind mosaischen Ursprungs. Der Herr hatte sie ja in der Wüste nicht an seinen menschlichen Sprössling Jesus weitergegeben, sondern schon etwa 2000 Jahre früher, auf dem Berg Sinai Moses verkündet. Als brennender Dornbusch emanierend. Angeblich eine sentimentale Reminiszenz des allein existierenden Schöpfergottes an seine Flegeljahre als lokaler Vulkangott, der gern durch Donnergrollen und Feuer-vom-Himmel-Schleudern auf sich aufmerksam gemacht hat. Diese Zehn Gebote, die nun Jahwe eben seinem prophetischen Sekretär Moses in die Steintafeln diktiert hat, sind also jüdische Gebote. Und nicht nur, dass wohl kein Politiker der westlichen Welt sich gerne sagen hörte: Unsere Werte sind jüdische Werte. (Obgleich man selbstverständlich kein Antisemit ist.) Es ist leider auch dergestalt, dass die Zehn Gebote heutzutage nicht mehr so richtig als Begründungsbasis einer modernen Gesellschaft dienlich sind. Zumindest nicht, wenn man sie genau liest. Denn zum Beispiel ist die Frau alldorten noch, ebenso wie die Kinder, unter der Rubrik »Besitz des Mannes« einsortiert und Sklaven sind erlaubt. Was heißt erlaubt? Notwendig! Wir haben heute freilich auch Sklaven. Allerdings wohnen die meist nicht im Hause, sondern in heißen fernen Ländern, in denen sie in Sweatshops unsere Sweatshirts zusammennähen. Und auch die Frau, verstanden als bloßes Ornament im Leben des Mannes, mit Sanitärauftrag als Lebenssinn, hat heute in der Lebenswirklichkeit so manches Möchtegernpatriarchen der westlichen Welt noch längst nicht ausgedient. Aber man sagt das so nicht mehr.

Doch auch ansonsten entbehren die Zehn Gebote, die der grantelnde Gott Jahwe seinem Moses zur Verkündigung an das jüdische Volk weiterreichte, jeglicher Originalität. Bis auf das erste Gebot: »Du sollst keine anderen Götter haben, neben mir.« Die Idee, der Himmel sei ein Singlehaushalt, war zumindest zu dieser Zeit noch eher progressiv. Aber alle anderen Gebote sind der Basiskatalog jeglichen menschlichen Zusammenlebens und gelten überall. Auch innerhalb einer Mafiabande soll man nicht töten (zumindest nicht die Mitglieder des Clans). Nicht rauben (außer der Pate befiehlt es). Nicht des Nächsten Weib begehren, noch sein Haus etc. Zu sagen, die Zehn Gebote wären also das Fundament, auf dem unsere Kultur steht, ist so gesehen zwar schon stimmig, aber so allgemein, dass diese Aussage auch für jede andere Kultur richtig wäre.

Die genuin christlichen Gebote – also genau nicht die mosaischen –, die sind anders. Gleichwohl sind jene für die Politik auf den ersten Blick eher untauglich. Lauten sie doch: Erstens – man soll Gott lieben. Und zweitens – seinen Nächsten. Gott lieben, das geht ja noch. Gott ist ja der große Papa. Der große Vorsitzende (ein Wort, bei dem man förmlich das Gesäß desselben im Gesichte hat). Schlicht, der Chef. Und den soll man schon mal lieben müssen. Muss man dann nicht auch die von Gott eingesetzten Vertreter aus der Abteilung Regeln, Schalten und Walten lieben? So ein bissel zumindest? Sicher, Sie werden sagen, heute würde sich doch kein Politiker mehr als von Gott gesandt bezeichnen. Ja. Gut,

George W. Bush. Aber keiner, der noch alle Raketen im Arsenal hat.

Doch umweht nicht alle Mächtigen immer ein wenig der Nimbus des von Gott Geliebten? Warum sonst hätte er in seiner Weisheit und Güte bestimmt, dass eine märkische Physikerin unser Geschick lenkt, wenn er das nicht gewollt hätte? Aus demselben Grund, aus dem er andere Katastrophen auch nicht verhindert? Gut, kann sein. Aber dennoch – beim ersten Gebot von Jesus kommt man zumindest nicht notwendigerweise ins Schleudern. Aber beim anderen. Beim entscheidenden Gebot! Man soll seinen Nächsten lieben. Zunächst könnte man da als Herrscher schon mal, anstatt als von Gott erwählter Machtausüber, von seinen Untertanen, die ja seit einiger Zeit sogar Bürger heißen, selbst als Nächster betrachtet werden. Das wäre ja peinlich. Denn der Nächste ist ja grundsätzlich wie der Übernächste und damit auch wie man selbst. Fehlbar. Menschlich. Bescheuert. Der Mensch ähnelt sich so sehr. Besonders in seinen Dummheiten und Kindereien. So eine Sichtweise erodiert die Autorität der Autoritäten. Und noch schlimmer: Wie soll man eine anständige Politik machen, die doch immer auf Machterhalt und Furcht gründet, wenn man den anderen, den Nächsten, und vor allem aber auch den auf den Nächsten folgenden, den Übernächsten, der ja möglicherweise ein Feind, zumindest aber ein Konkurrent ist, lieben muss? Denn liebt man den Nächsten, dann muss man ja automatisch den Übernächsten mit-lieben. Immerhin ist der ja der Nächste des Nächsten. Und da wir ja den Nächsten lieben sollen und der wiederum seinen Nächsten, unseren Übernächsten, müssen wir den auch noch mit-lieben. Denn was wäre das für eine Liebe, die nicht auch die liebt, die der Geliebte liebt. Oder einfacher. Auch der Übernächste könnte mein Nächster sein. Und so müsste dann, würde das Gebot von allen befolgt, jeder jeden lieben, was wiederum die Politik und die Politiker überflüssig machte. Denn die haben wir ja nur, weil wir uns eben nicht lieben, sondern bestenfalls misstrauen. Schlimmstenfalls Schlimmeres. Und den Nächsten, den man liebt, darf man doch weder übervorteilen noch unterdrücken, noch manipulieren, noch sonst wie schädigen. Das wäre ja dann lieblos. Wie aber zum Teufel soll man unter diesen Maßgaben Politik betreiben? Ist die doch nach Clausewitz nur Krieg mit anderen Mitteln. Ein Satz, der leider immer noch stimmt; auch wenn das allgemeine Gemetzel heute anscheinend deutlich sozial verträglicher geworden ist, weil subtiler, und der andauernde Kriegszustand, zumindest aus der westlichen Welt, die sich selbst gern die »zivilisierte« nennt, outgesourced wurde in die sogenannte Dritte Welt.

Die genuin christlichen Gebote und da besonders das mit der Nächstenliebe, sind also für die Politik problematisch. Und sie waren es immer schon, seit unter Kaiser Konstantin im 4. Jahrhundert das Christentum als Staatsreligion in Rom eingeführt wurde. Oder hätten es zumindest sein müssen. Denn insgesamt kann man sich schon wundern, wie es denn über 1600 Jahre vermittelbar war zu morden, zu rauben, zu brandschatzen und zu vergewaltigen, im Namen der Liebe. Und das, ohne dass der Glauben an den Erlöser und seine Gebote darob insgesamt wirklich Schaden genommen hätte. Aber vielleicht liegt ja etwas im Wesen des christlichen Glaubens verborgen, etwas, das zur Macht tauglich macht. Oder besser zum idealen Begleiter der Macht. Zum spirituellen Putzerfisch der Mächtigen.

Bezeichnend ist da schon der Beginn des Siegeszugs der neuen Religion in Rom. Denn ironischerweise wurde die Religion der Liebe ausgerechnet durch ein gewonnenes Gemetzel zur Staatsreligion. In der Nacht vor einem verabredeten blutigen Machtgerangel soll dem Heidenkaiser Konstantin im Traum das Kreuz erschienen sein, nebst einer Stimme, die da sagte: »Unter diesem Zeichen wirst du siegen.« Also wurde am nächsten Morgen das Kreuzzeichen flugs auf die Schilde und Rüstungen gepinselt und als es Abend war, war der Feind niedergemacht. Im Zeichen des Kreuzes und im Geist der Liebe. Hätte Konstantin damals verloren, wären wir vermutlich allesamt Anhänger des Mithraskultes, der in Rom zu der Zeit ebenfalls viele Anhänger hatte (die Mitren, die die Häupter der Bischöfe bedecken, erinnern noch heute an die ehemalige spirituelle Konkurrenz).

Also alles nur, weil Konstantin nächtens Stimmen hörte? Mir flüstert auch manchmal jemand was ein, aber deswegen folgt man mir noch lange nicht in eine neue Religion. Fakt ist: Das Christentum hatte in den letzten drei Jahrhunderten im Römischen Reich immer mehr Anhänger gewonnen. Die Römischen Götter waren den Römern wohl mit der Zeit doch allzu menschlich geworden, um fürderhin an sie zu glauben. So ein Monotheismus schien da schon insgesamt überzeugender als die dauergeile himmlische Psychopathenbande mit ihren kindischen Liebes- und Machthändeln. Warum aber traten nicht mehr sinnsuchende römische Staatsbürger dem etablierten, damals schon 2000 Jahre alten Judentum bei, sondern stattdessen vermehrt einer obskuren jüdischen Sekte, deren spiritueller Vorteil gegenüber dem Judentum auf den ersten Blick zu sein scheint: Die einen warten auf die Ankunft des Erlösers. Die anderen warten auch auf die Ankunft des Erlösers. Nur, dass er bei den Christen bekanntlich schon da war, allerdings wieder weg musste. Gleichwohl nicht ohne das Versprechen einer zeitnahen Rückkehr zu hinterlassen. So oder so – es wird gewartet.

Was macht das Christentum also so attraktiv? Oder genauer – was macht die junge Religion attraktiver als das damals schon uralte Judentum? Ganz einfach. Das Christentum hat weniger Regeln. Christentum ist Judentum light. Man muss nicht am Sabbat seine Schritte zählen. Man kann essen und trinken, was man will. Und vor allem, man muss nicht an seiner Vorhaut herumsäbeln lassen, darf aber dennoch an einen einzigen und gütigen Gott glauben. Im Wesen sogar den gleichen, an den die Juden glauben. Aber die Gebrauchsanweisung fürs Christentum ist viel einfacher. Das überzeugt. Schlussendlich wohl auch den Kaiser. Obwohl der bis zum Ende seines Lebens ungetauft bleibt und sich auch im Folgenden überhaupt nicht christlich verhält. Er mordet und intrigiert munter weiter, wie das in der römischen High Society so üblich ist. Taufen lässt er sich erst auf dem Sterbebett. Wohl, typisch römisch, wieder aus rein praktischen Gründen. Wer getauft worden ist, dem sind all seine Sünden vergeben. Und wer auf dem Sterbebett getauft wird, der ist nicht nur seine alten Sünden los, er hat auch keine Gelegenheit mehr, neue zu begehen.

Die Geschichte mit dem Traum des Kaisers und der ob dessen gewonnenen Schlacht ist übrigens vermutlich eine Geschichte aus dem Reich der Mythen und Legenden. Der Kaiser des porös gewordenen Weltreiches brauchte nur eine spirituelle Neubegründung für sein angegammeltes Staatswesen. Sozusagen eine geistig moralische Wende, den Relaunch eines gemeinsamkeitsbildenden Gedankens. Man mordet schließlich auch von staatlicher Seite her ungern ohne Legitimation. Jahrhundertelang war da das Argument der Beglückung der Barbaren mit der überlegenen römischen Kultur ausreichend. Aber wie es eben immer so läuft – mit der Zeit war das dekadent gewordene Rom sich selbst suspekt geworden und brauchte eine zusätzliche Begründung für das politische Handeln. Außerdem ist eine Staatsreligion, der man selbst nicht als Gott vorsteht, nicht unpraktisch. Nach der Zeit als Republik wurde Rom ja Generationen lang von Kaisern regiert, welche dann, zunächst noch verschämt, kurz nach ihrem Ableben, dann aber bald auch schon zu Lebzeiten, zu Göttern erklärt wurden. Nur, Götter müssen sich, zumindest während sie auf Erden wandeln, ihren Mitmenschen gegenüber erklären. Praktischer ist es da, man ist selbst kein

Gott, verkündet aber, das eigene politische Wirken geschehe im Namen eines Gottes. Denn wenn man dann eben die ein oder andere politische Entscheidung trifft, die nicht verstanden wird, dann kann man immer sagen: Die Wege des Herrn sind unergründlich. Das Einzige, was man braucht, wenn man selber schon kein Gott mehr ist, ist privilegierten Zugang zum göttlichen Willen und die passende Religion.

Aber noch einmal, warum ist ausgerechnet die das Christentum? Vielleicht weil das von Paulus per Post verkündete Seelenheil dezidiert unpolitisch ist? Das Reich Christi ist nicht von dieser Welt. Man soll dem Kaiser lassen, was des Kaisers ist und sich privat um seine Erlösung kümmern. Das frühe Christentum ist antirevolutionär, weil es ständig auf das Ende aller Dinge wartet. Der Heiland kommt vermutlich schon morgen wieder. Oder sogar noch heute Abend. Da vorab noch gegen das Römische Reich zu rebellieren lohnt nicht.

Hinzu kommt: Nach ein paar Jahrhunderten in Habt-Acht-Stellung, aber bei Ausbleiben des Weltendes, war man als Christ weniger endzeitgestimmt. Fand man doch immer noch die Erlösung in sich selbst. In der rechten Haltung zum Leben und nicht in der politischen Realität. Die Erde wurde Dauerdurchgangsstation auf dem Weg ins Himmelreich. Kurz – zum Jammertal. Was ebenfalls apolitisch ist. Denn wenn man das Himmelreich schon auf Erden fordert, dann will man das Glück nicht mehr gern auf das nächste Leben verschieben. Das aber ist das wahre Leben, das, auf das es ankommt. Und das kommt nun mal erst nach dem irdischen Jammertal.

Deswegen müssen auch die radikalen Forderungen des Mannes Jesus, die sehr wohl eine grundsätzliche Revision auch des politischen Lebens erzwungen hätten, im wirklichen Leben nicht so sehr befolgt werden. Die Forderungen nach Liebe und Verständnis bleiben eher so eine Art von grobem Sollziel am Ende des Weges, den man sich inzwischen weiter mit der Streitaxt frei wuchtet.

Geheimsache Paulus

Die Theorien über den Ursprung des Christentums sind Legion, deswegen schadet es nicht, noch eine weitere hinzuzulügen. Ich lehne mich jetzt spekulativ ein wenig sehr weit aus dem Fenster. So weit, dass ich möglicherweise hinausstürzen könnte. Aber was soll's? Nur so lernt man fliegen. Wie wäre es, wenn sich das Christentum deswegen so perfekt an die Staatsmacht angegliedert hätte (und hat und es noch immer tut), weil es von Anfang an genau dafür konzipiert worden wäre?

Man könnte sich das so vorstellen: Der römische Staatsbürger und Jude Saulus – damals noch vor seinem Damaskus-Erlebnis, das ihn zum Paulus macht –, wird von seinen römischen Vorgesetzten befragt, warum in der Provinz Judäa immerzu Ärger herrscht. Er als Jude müsse das doch mal begreiflich machen können. Und wenn er schon dabei wäre, dann solle er bitte auch mal erläutern, was denn die Juden, um der Götter willen, eigentlich wollen? Saulus erklärt, die Juden würden auf die Ankunft des Messias warten, was aber für die römischen Vorgesetzten überhaupt nichts erhellt, weil sie nicht wissen, was ein Messias ist. Saulus also weiter: Ein Messias sei eine Art von jüdischem Überkönig, seines Zeichens göttlichen Ursprungs.

So weit, so gut, meinen die römischen Vorgesetzten, aber was kann man den Juden denn geben, um sie bitte ein wenig zur Vernunft zu bringen? Saulus antwortet, den Messias natürlich. O. K., sagen die Vorgesetzten, dann gib ihnen den Messias. Aber bitte einen unpolitischen, freundlichen Heiligen, der niemandem auf die Sandalen geht. Also deutlich mehr göttlicher Ursprung, weniger König. Am besten völlig unpolitisch. Erfinde etwas Unverständliches, damit sie beschäftigt und somit sediert sind und unsere Herrschaft nicht andauernd mit ihren Revolten behelligen.

Und so geschieht es. Saulus-Paulus erfindet das Christentum als Briefreligion und verbreitet, dass der Messias schon da gewesen sei, nur man hätte ihn verpasst. Er erfindet die erste Fassung einer literarischen Jesusfigur, zusammengezimmert aus unterschiedlichen charismatischen spirituellen Lehrern der jüngeren jüdischen Vergangenheit. Besonders hat es ihm dabei die Sekte der Essener angetan, denn deren Gebote, von wegen, man soll dem Feind auch die andere Wange hinhalten, versteht keiner. Er erfindet eine Religion, in der das Opfer angebetet wird und in der das den Gläubigen zugefügte Leid als Punktesammeln für die nächste Welt verstanden werden kann. Er erfindet die perfekte Staatsreligion. Denn zunächst scheint sie jeden Staat, der sich ja vor allem durch seine Gewalt auszeichnet, infrage zu stellen, da sie die Gewalt an sich infrage stellt; und tatsächlich eine mögliche Antwort auf die Frage findet, wie Frieden dauerhaft möglich wäre. Nämlich dadurch, dass man sich gegen zugefügte Gewalt nicht wehrt und so dem Aggressor die Möglichkeit gibt, sich wie ein anständiger, mitfühlender Mensch zu verhalten. Gleichzeitig gibt man aber auch, durch diesen fast schon unmenschlichen Anspruch des Gutseins, dem Aggressor die Mittel in die Hand, einen nach Strich und Faden zu regieren. Immer mit dem Versprechen im Hinterkopf, im nächsten Leben wird alles besser.

Bloß: Die neue Religion kommt überhaupt nicht gut. Besonders nicht bei den Juden. Die kleine obskure Sekte verschwindet fast in der Vergessenheit, aber eben nur fast. In einem an sich selbst ermüdeten Rom, einige Jahrhunderte später, wird sie die Massen anziehen. Denn es ist eine Religion der Armen und Machtlosen. Und Arme und Machtlose gibt es in der Megastadt zuhauf. Das Beste aber ist, dass die römische Regierung unter Konstantin schlussendlich auf ihre eigene Auftragsreligion hereinfällt. Die zwar damals das Problem des rebellischen Judäa nicht lösen konnte, aber dafür wenige Generationen später die perfekte Staatsreligion abgibt. So perfekt sogar, dass sie das Römische Reich überleben und fortan, als Verbündete des jeweiligen Herrschers, wer auch immer das gerade ist, ein munteres prosperierendes Eigenleben führt.

Das ist selbstverständlich eine wüste Spekulation. Und doch – an der Tatsache der grundsätzlichen Plastizität des Christentums, im Sinne einer Nutzbarmachung für die Belange der Machtpolitik, ist nicht zu rütteln. Charmant ist in diesem Zusammenhang auch die Tatsache, dass die Christen, die ihre üppigste Märtyrerproduktion in der Zeit der Verfolgung durch den römischen Staat hatten, während eben dieser Zeit immer, und völlig zu Recht, auf die enorme Ungerechtigkeit der staatlichen Grausamkeit gegenüber völlig harmlosen, gewaltlosen und nicht kriminellen Menschen hinwiesen, die nur deswegen hingeschlachtet wurden, weil sie anderen Glaubens waren – dass aber nämliche Christen, in dem Moment, da ihr Glauben staatlich verordnet wurde, sofort jegliche Nächstenliebe fahren ließen, um wiederum selbst unbarmherzig Häretiker zu verfolgen. Also anstatt liebe deine Feinde, zünde deine Freunde an.

Andersgläubige waren damals zwar noch nicht so das Problem. Mit denen konnte man leben. Aber im Moment der Institutionalisierung ergab sich das Problem des »wahren« Christentums. In den zurückliegenden Jahrhunderten waren mannigfaltig Schriften, Meinungen und Sichtweisen angehäuft worden. Die mussten jetzt gesichtet und diskutiert werden, um schnellstmöglich einen gesamtverbindlichen Kanon zu erstellen. Deswegen berief Konstantin, der Nichtchrist, das erste Konzil ein, in dem er die christliche Intelligenzia dazu verdonnerte, jetzt mal mit einem gültigen System rüberzukommen. Der Inhalt sei ihm egal. Er wolle nur Ergebnisse. Denn eine Staatsreligion ist nur dann eine gute Staatsreligion, wenn Ordnung herrscht.

Dieser grundsätzliche Geist der Unflexibilität in Glaubensfragen durchweht die Kirchen bis in unsere Tage. Im frühen 20. Jahrhundert hatte es der französische Theologe Alfred Loisy bündig auf den Punkt gebracht: »Jesus versprach das Reich Gottes, aber gekommen ist die Kirche.« Für den Spruch ist er exkommuniziert worden.

Kleiner Einschub Glauben

Einer meiner derzeitigen Lieblingsgrübler, der slowenische Denker und Kulturkritiker Slavoj Zizek (ein bärtiger zerrupfter, bekokst wirkender Wortschwallspender, der in seinen Büchern zeigt: »Unverständlichkeit macht eben doch Spaß!«), merkt dazu einiges Bedenkenswerte an. Zum einen geht er der Frage nach: Wer glaubt wirklich? In Bayern etwa sind die meisten Mitmenschen, die man so trifft, behördenerfasst katholisch. Aber was bedeutet dieses Katholischsein?

Herr Zizek führt dazu ein Beispiel aus der Ethnologie an: Bei so manchen sogenannten Naturvölkern gibt es Mythen dergestalt, dass die nämlichen von Ethnologen im Wald besuchten Naturvolkmitglieder glauben, sie stammten von göttlichen Vögeln oder anderen Tieren ab. Also die Ethnologen glauben, dass die das glauben. Wenn man nun aber tatsächliche Mitglieder eines solchen Vogelstammes mal fragt, ob sie wirklich glauben, von Vögeln abzustammen, dann kriegt man zur Antwort: »Nein. Natürlich nicht. Ich bin doch nicht bekokusnusst.« (Das Äquivalent zu »behämmert« in Prä-

werkzeugkastenkulturen aus dem Bereich der Tropen.)
»Aber einige meiner Vorfahren haben das wohl tatsächlich geglaubt.«

Das ist ja jetzt eine Grundhaltung, die der unseren
nicht gänzlich unähnlich ist. Würde man die meisten der
behördlich erfassten Katholiken nicht fragen, ob sie katholisch sind, sondern ob sie an die Jungfräulichkeit von
Maria, das leibliche Aufgefahrensein des Heilands in den
Himmel oder an die Lehre von der Dreifaltigkeit wirklich glauben, dann würden wohl doch viele deutliche
Skepsis an den Tag legen.

Herr Zizek meint nun, dass es offenbar für viele Gläubige reicht, äußere Rituale des Glaubens zu erfüllen.
Und vor allem, dass es reicht, wenn man glaubt, *es gebe
jemanden, der wirklich glaubt.* Es genügt ein »Agent des
Glaubens«, um zu glauben, sogar dann, wenn man selber nicht oder nicht mehr glaubt. Um zum Bereich der
Gläubigen zu zählen, muss man also nur glauben, dass
es da jemanden gibt, der glaubt.

Ich erinnere mich, dass mich meine Mutter noch in
die Kirche geschickt hat, als sie längst, zumindest mit
den kirchlichen Dogmen, überhaupt nicht mehr einver-
standen war. Warum? Nun, meiner Oma wegen, deren
Glauben als sicher galt. Ob meine Oma wirklich geglaubt
hat, weiß ich freilich auch nicht, aber ich weiß, dass sie
in der Stunde ihres Todes nicht gänzlich angstfrei war,
was sie ja logischerweise hätte sein müssen, wenn ihr
Glaube so umfassend und tief gewesen wäre, wie meine
Mutter damals annahm.

Slavoj Zizek analysiert das Phänomen des Glaubens im Westen also als eine Art von spirituellem Outsourcing. Wenn der Papst glaubt (oder die Oma), dann reicht das. Man glaubt nicht mehr selber. Man lässt glauben. Und da steckt eine ähnliche Haltung dahinter, wie beim Aufnehmen von Sendungen auf Video (o. k., heute freilich auf DVD). Dieser Druck auf die Recordtaste gibt einem ja das Gefühl, man habe die Sendung, die man sehen wollte. Auch wenn man sie sich tatsächlich nie ansieht. Und obwohl man auch sehr wohl eigentlich weiß, dass man sie sich niemals ansehen wird. Man speichert sie einfach ein paar Jahre, bis man sie schließlich irgendwann mit gutem Gewissen löscht, weil sie ja total veraltet ist. Aber es ist ein gutes Gefühl.

Wenn man also die prinzipiellen Rituale des Glaubens einhält, dann würde sich, so Zizek, eben nicht nach und nach der wahre Glaube einstellen, wie Blaise Pascal vorgeschlagen hatte – tue so, als ob, so lange, bis es wahr ist –, sondern im Gegenteil: Wenn man den Glauben ins leere Ritual verlagert, dann hat man die Möglichkeit, sich genau dadurch vor der existenziellen Gewalt des Glaubens zu schützen. Man kann – kurz gesagt – während des Betens ans Sündigen denken und ist trotzdem Teil der Gemeinschaft der Gläubigen. Der Punkt, der Herrn Zizek hierbei aber besonders wichtig ist, ist Folgender: Glauben ist seiner Ansicht nach eine so dermaßen gewalttätige, existenzielle Erfahrung, dass sich die Gläubigen aus Angst davor dadurch schützen, dass sie statt tatsächlich zu glauben nur leere Glaubensgesten ausführen, die ihnen erlauben vom tatsächlichen Glauben Abstand zu nehmen.

Abb. 6] Zeigen diese Herren dem Herrn ihre Hintern und denken sich was Schönes?

Und tatsächlich – wahrer Glaube ist eine einzige Zumutung. Zumindest im Christentum. Sie erinnern sich bestimmt an die unbequeme Bibelstelle, als der rechtschaffene reiche junge Mann Christus fragt, was er denn noch tun könne, um in Gottes Augen Gefallen zu finden? Jesus entgegnet, er solle einfach alles verschenken, was er so sein Eigen nennt, und ihm nachfolgen. Das ist eine Unverschämtheit. Da soll einer sein ganzes Leben hinschmeißen, seine sozialen und emotionalen Verpflichtungen vergessen und in Armut leben, nur aus spirituellen Gründen? Aber so reden Leute, die das mit dem Glauben wirklich ernst meinen.

Dabei ist Religion doch für viele muntere Hedonisten der westlichen Welt eher so etwas wie eine Art von Folklore. Ein äußeres Zeichen der Gruppenzughörigkeit. Und die großen kirchlichen Feste sind einfach Möglichkeiten, einer Party noch einen besondern Kick zu geben. Nehmen wir zum Beispiel Ostern und Weihnachten. Da bekommt der Konsumexzess im Nachhinein noch einen heimeligen spirituellen Touch, wenn man zur Christmette geht. Desgleichen auch bei Hochzeiten, Firmungen, Taufen oder Beerdigungen. Diese Sakramente bezeichnen nun einmal einschneidende Lebensabschnitte, die in allen Gemeinschaften der Welt durch Rituale vergesellschaftet werden. Man feiert die Übergänge der unterschiedlichen Lebensphasen, um sie für sich und die anderen der Gruppe wahr werden zu lassen. Ohne Ritual merkt man sonst vielleicht ja gar nicht, dass man schon längst erwachsen ist. Der Mensch braucht Rituale. Und da man sich eben aus Gedankenfaulheit nichts Eigenes einfallen lassen will, greift man auf bestehende (kirchliche) Ritual-Infrastrukturen zurück. Mit Glauben hat das allerdings wenig zu tun.

Aber Zizek geht noch einen deutlichen Schritt weiter. Er stellt gerade den Glauben derer infrage, die ihren Glauben unablässig wie ein Banner über ihren protoheiligen Köpfen wehen lassen. Der Fundamentalisten. Deren ständiges Beäugen, Bebelfern und Verdammen der sündigen Welt des Hedonismus, der Überschreitung von althergebrachten Sexualnormen etc., deutet er als tiefe Glaubensunsicherheit. Denn wären sie in ihrem Glauben so felsenfest verankert, wie sie uns und ihren Anhängern weismachen wollen, dann würde sie der

»Irrweg« liberaler Gesellschaften nicht so auf die Kanzel bringen.

Wer tatsächlich unbeirrt gläubig ist, ob nun als Moslem, Christ, Jude, Buddhist oder was auch immer, würde wohl einem sexbesessenen Konsumjunkie und Egotripmaniac aus unserer libertinären Warenwunderwelt lediglich streng ins Stammbuch schreiben: Freund, deine Suche nach dem Glück wird nicht funktionieren. Ihn aber anzünden oder in die Luft sprengen muss nur, wer sich heimlich ein ebensolches Ich-Ich-Ich-Leben wünscht. Der muss die Versuchung, die der andere durch sein Leben darstellt, radikal verdammen und zerstören, weil er die ständige störende Versuchung in der eigenen Phantasie zerstören will. Der Versuch, den Feind zu vernichten, ist also eigentlich ein Versuch, den eigenen uneingestanden wollüstigen Wünschen gewalttätig zu Leibe zu rücken. Die Zerstörung der Störung. Daher erklärt sich vielleicht auch der ambivalente Begriff des »Djihad«, des Heiligen Krieges. Von vielen Moslems wird dieser »Djihad« tatsächlich ausschließlich als Kampf gegen sich selbst, als Kampf gegen den »inneren Schweinehund«, begriffen. Der äußere »Heilige Krieg« mit dem »imperialistischen« Westen ist für sie ein Missverständnis.

Hinzu kommt, dass sich ja gerade die charismatischen Anführer fundamentalistischer Bewegungen, ob Mullahs oder amerikanische Fernsehprediger, auf einem immerwährenden Egotrip befinden. »Ich bin der, der Gott wirklich verstanden hat. Zu mir spricht der Herr.« Mehr Ego geht kaum. Da ist der Weg zu »Ich erkläre mich hiermit zu Gottkaiser« nicht mehr weit. Wer so von sich berauscht ist, ist es von seiner Sache offensichtlich nicht.

Ein weiteres Indiz für diese These findet Zizek in der widersprüchlichen Nähe von Fundamentalismus und moderner Technik. Nämliche wird zwar in ihrem Bedeutungszusammenhang scharf verurteilt, denn freilich sind sich die Evolutionsbiologie, die moderne Physik und eine strenge wortgetreue Bibel-, Talmud- oder Koranauslegung spinnefeind. Aber die (scheinbaren) Fundamentalisten bedienen sich hemmungslos der technischen Mittel, die durch eben jene Gedanken hervorgebracht wurden, die sie unbarmherzig verurteilen. Das geht so weit, wie Zizek anführt, dass eine ultraorthodoxe Gruppe von Juden Schöpfung spielt. Sie beruft sich dabei auf eine Stelle im Alten Testament, die besagt, der Messias würde erscheinen, wenn ein Kalb mit roten Haaren geboren wird. Diese Ultraorthodoxen arbeiten nun also mit Genforschern zusammen, um eben nämliches Kalb durch Genmanipulation zu erzeugen. Man kann nur hoffen, dass die Forscher damit recht bald erfolgreich sind. Schließlich ist das ja eine typische Win-Win-Situation. Wenn das rote Kalb da ist und der Messias nicht kommt, dann werden die Ultrabeschränkten vielleicht einsichtig sein und ihre Ansichten überarbeiten. (Gut, wahrscheinlich nicht. Für Irre gibt es immer einen Ausweg, um in sich gefangen zu bleiben.) Oder aber der Messias kommt tatsächlich endlich. Wäre ja auch mal interessant.

Was tut man nun aber mit diesen fundamental Glaubensverunsicherten? Wäre es nicht einmal ein schöner Versuch, von dem allerdings selten Gebrauch gemacht wird, ihnen nicht entgegenzuschleudern, sie hätten die Glaubensinhalte *falsch* verstanden, sondern ihnen vorzuwerfen, sie würden *gar nicht wirklich glauben*? Im Gegenteil, sie seien schwache, wankelmütige Zweifelsgeister, die manisch ihre eigene Skepsis bei anderen aus der Welt bomben müssten. Dabei liegt der Vorwurf an sich auf der Hand. Wer aufgrund von Karikaturen oder eines Romans oder eines Theaterstücks so aus dem Häuschen gerät, dass er sofort zu Mord und Totschlag aufruft, der offenbart damit bodenlose Unsicherheit. Das ist ganz ähnlich wie bei der Homophobie. Wer sich seiner Heterosexualität ganz und gar sicher ist, der kann beim Christopher Street Day munter mittanzen. Nur, wer sich heimlich um sich Sorgen macht, dass er doch auf haarige Männerhintern stehen könnte, muss den Baseballschläger auspacken, um sich die ekligen Schwulen vom Leib zu halten.

Sicher, man könnte jetzt einwenden, dass in den großen westlichen Religionen orientalischen Ursprungs und auch zum Beispiel im Buddhismus der Begriff des Mitleids wichtig ist. Und aus dem Mitleiden für den »Irrtum«, in dem sich die westliche liberale Welt befindet, muss eine Mission erfolgen. Eine Aufklärungskampagne der Gläubigen, um uns über das wahre Wesen der Welt zu belehren, auf dass wir auf den Pfad der Tugend zurückkommen. Aber diese Aufklärung würde von wahrhaft Gläubigen niemals den Charakter eines Massenmords erhalten. Und zwar genau aus demselben Grund. Das Mitleiden mit uns Verblendeten führt vielleicht zu legitimen Missionierungsabsichten, aber das gleiche Mitleid muss auch jeden wahrhaft Gläubigen von sinnlosem Morden abhalten. Gemetzel sind definitiv Zeichen von Unsicherheit. Wer schwach im Glauben ist, muss das Andere, das Bedrohliche, das Fremde, »das Alien« auslöschen. Immer nach dem Motto: Wenn alle meine Feinde tot sind, lebe ich in Frieden und glücklich. Wer diese Radikalität braucht, ist also nicht radikal gläubig, sondern radikal in seinem Glauben verunsichert.

Einschub Ende

4]

Das sonnige Mittelalter

Im Allgemeinen geht man ja davon aus, dass im finsteren Mittelalter nicht oder kaum gedacht wurde. Das deutet ja schon der Begriff »finster« an. Denn wegen des Wetters kann man kaum auf die Idee kommen, das Mittelalter sei finsterer als unsere heutige Zeit gewesen. Im Gegenteil, in der kleinen Warmzeit während der Gotik war es wohl sogar recht sonnig – vielleicht sonniger als heute –, deswegen sind die gotischen Kathedralen wohl auch so hoch und kühl. Man war wegen des mediterranen Klimas sicher ganz froh, wenn man wenigstens ein Gebäude in der Stadt hatte, in dem man sich im Sommer nicht zu Tode schwitzte. Nein, als finster bezeichnet man das Mittelalter, weil das Licht der Erkenntnis in dieser Zeit auf Notbeleuchtung heruntergedimmt war. (Zumindest im Abendland. Vermutlich heißt es deswegen so.)

Im Mittelalter werden im Denken kaum entscheidende Fortschritte gemacht. Und es wird, so meint man, mehr geglaubt als gedacht. Das mag wohl auch so sein. Aber es wird freilich jede Menge über den Glauben nachgedacht. Was mitunter zu allerhand bizarren Problemen führt.

Sie erinnern sich bestimmt an »Der Name der Rose«. Darin beschreibt Umberto Eco ja den Streit der Kirchengelehrten über die Frage, ob Jesus sein Gewand und seinen Geldbeutel als sein Eigentum betrachtete. Und ob, falls dem nicht so sei, die phantastische Prunkentwicklung der Kirche aus theologischer Sicht möglicherweise einen Irrweg darstelle. Wie man sich schlussendlich entschieden hat, kann der Rom-Tourist in der Vatikanstadt bis heute bestaunen. Was nicht aus Gold ist, ist aus Marmor.

Es gibt aber auch noch heiklere Fragen, die ausführlich von den Kirchenoberen diskutiert werden. Zum Beispiel die Frage, was mit der Vorhaut des Heilands passiert ist. Das ist ein durchaus problematisches Ex-Körperteil des Erlösers. Denn nämlicher soll ja leibhaftig in den Himmel aufgefahren sein. Nur, er war Jude. Als solcher aber beschnitten. Also was ist mit der Vorhaut des Heilands geschehen? Ist die dem restlichen heiligen Körper voraus in den Himmel gefahren? Die Vorhaut sozusagen als Vorhut? Oder hat sie in den medizinischen Abfällen eines namenlosen Rabbiners gelegen, bis zu dem Zeitpunkt als Jesus mit 33 den Kreuzestod starb, um erst dann mit ihm zusammen bei der Himmelfahrt mitzureisen und im Himmel Wiedervereinigung zu feiern? Für diese These spricht einiges. Denn wäre Jesus bei seiner

Inthronisation im Himmel als Sohn Gottes immer noch Jude gewesen, wären die unbeschnittenen Christen ja völlig auf dem falschen Dampfer.

Auf der anderen Seite wird die heilige Vorhaut des Herrn an verschiedenen Plätzen als Reliquie verehrt. (Er hatte wohl mehrere. Aber wenn man die heiligen Nägel, mit denen Christus angenagelt wurde und die heiligen Holzsplitter des heiligen Kreuzes alle zusammensucht, hat man auch genügend Material zusammen um ein ganzes Fort zu bauen.) Was wiederum dafür spricht, dass die Vorhaut des Herrn doch auch auf der Erde verblieben ist.

Die von Visionen bedröhnte Agnes Blannbekin allerdings, die ganz besonders von der Frage nach dem Verbleib der Vorhaut des Heilands gebeutelt ward, sprach sich für das Auffahren der selbigen in den Himmel aus. Ihr Argument: Sie verspüre jedes Mal bei der Transsubstantiation, also bei der Fleischwerdung der Hostie, beim Höhepunkt der Messe, die Vorhaut Christi auf der Zunge. Weniger religiösen Menschen treibt eine solche Argumentation die Schamesröte ins Gesicht. Und auch in der Kirche wusste man wohl immer nicht genau, was man mit solchen obskuren Wahrnehmungen anfangen sollte. Die möglichen Alternativen waren im Wesentlichen: Entweder a) als Hexe verbrennen. Oder b) heiligsprechen. Im Fall der Vorhaut-spürenden Agnes hat man sich tendenziell eher für zweiteres entschieden.

Man hat sich damals freilich auch mit Gottesbeweisen herumgeschlagen. So glaubensfest man im Mittelalter auch angeblich gewesen sein mag – ein Beweis kann nie schaden. Oder eben doch. Aber dazu kommen wir gleich.

Den teleologischen Gottesbeweis von Thomas von Aquin hatten wir schon (siehe Aristoteles). Der andere berühmte stammt von Anselm von Canterbury. Der sogenannte ontologische Gottesbeweis. Und der funktioniert in etwa so: Der Mensch (also in diesem Fall Herr Anselm) kann sich ein vollkommenes Wesen denken. Wenn es aber nur gedacht wird, das vollkommene Wesen, ist es ja nicht vollkommen, sondern nur ausgedacht. Zur Vollkommenheit gehört als Eigenschaft schon noch die Existenz dazu. Sonst wäre das Wesen eben nicht vollkommen. Da aber Gott ein vollkommenes Wesen ist, muss er auch existieren.

Das ist selbstverständlich ein Zirkelschluss. Ich postuliere Vollkommenheit als Grundannahme. Und zur Vollkommenheit, die ich vorab angenommen habe, gehört die Eigenschaft der Existenz schon dazu. Deswegen bekomme ich sie am Ende des Gedankens auch heraus, weil ich sie vorne (verdeckt) mit hinein praktiziert habe. Man könnte sich übrigens auch fragen, ob zur Totalität der Vollkommenheit auch die Eigenschaft der Nichtexistenz dazugehört. Weil ein vollkommenes Wesen ja jede Eigenschaft haben muss. Dann hätte der gute Herr Anselm gleich das Gegenteil seines Beweises mit bewiesen. Könnte man drüber nachdenken. Muss man aber nicht.

Schon zu Herrn Anselms Lebzeiten gab es Kritik an seinem Gottesbeweis. Man könne sich, so schrieb ein kluger Mönch, doch auch eine vollkommen schöne Insel denken. Aber dieses Ausdenken der Insel allein erzwinge doch noch nicht deren tatsächliche Existenz. Anselm von Canterbury hätte da einwenden können: Woher willst du das denn wissen? Warst du schon auf allen Inseln? Hast du schon alle gesehen? Nun, der Mönch war damals bestimmt noch nicht auf den Malediven. Die waren ja im Mittelalter ein Sultanat. Und da wäre man als guter Christenmensch zu der Zeit nie hingefahren. Wer aber dort heute schon mal Urlaub gemacht hat, der könnte festgestellt haben, dass seinem Inseltraum kaum noch etwas hinzugefügt worden ist. Nur der Vollkommenheit, der könnte Ihre Anwesenheit allerdings schon einen gewissen Abbruch getan haben, denn man importiert ja allein schon durch die Mitnahme seiner selbst in

Abb. 7] Gibt es doch einen Gott?

die Vollkommenheit einer Umgebung die Fehlbarkeit und Mittelmäßigkeit.

Genau dieses Problem mit der Vollkommenheit trieb (und treibt bis heute) viele religiöse Denker um. Bleiben wir zunächst noch einmal bei Herrn Anselm. Aus seinem Gottesbeweis spricht ein enormes Vertrauen in die Richtigkeit der Schöpfung. Wenn der Schöpfer uns mit einem Verstand ausgestattet hat, dann kann dieser Verstand uns auch nicht in die Irre führen. Sonst wäre der Herr ja gemein und hinterlistig. Dabei ist er doch gut und gerecht. Und wenn ich mir Gott denken kann, muss es Gott auch geben. Denn zwischen der Schöpfung im Allgemeinen und dem Geist, der ja ein nicht unwesentlicher Teil derselben Schöpfung ist, muss es einen engen verwandtschaftlichen Zusammenhang geben. So weit, so gut.

Vollkommenheit bedeutet aber auch Vollständigkeit. Jetzt gibt es nun mal neben dem Schönen, Wahren und Guten auch das Hässliche, Falsche und Böse. Mitunter sieht es sogar so aus, als wäre die Dreifaltigkeit der Nachtseite in der Überzahl.

Also: Wenn Gott gut ist und vollkommen, dann ist er auch allmächtig. Warum aber lässt er dann das Böse zu? Es gibt da drei Möglichkeiten.

Erstens: Gott ist gut, aber nicht allmächtig. Dann kommt das Böse von einem Gegengott (Satan), mit dem der gute Gott im ständigen Wettstreit liegt. Obwohl man meinen könnte, diese etwas kindliche Welterklärung darf nur noch in doofen Hollywood-generierten Gruselfilmen, in der Welt von J. R. R. Tolkien und selbstverständlich bei Goethes »Faust« ihren Platz finden, glauben daran erstaunlich viele. Im amerikanischen »Bible Belt« zum Beispiel, da führt man einen immerwährenden Kampf gegen Liberalismus, Homosexualität, die Achse des Bösen und Harry Potter.

Möglichkeit zwei: Gott ist gut und allmächtig. Aber er schenkte uns in seiner Gnade den freien Willen. Dieser freie Wille lässt uns böse Dinge tun, Dinge, die Gott nicht will, weil er ja gut ist. (Der Teufel kann in dieser Konstruktion vorkommen, zum Beispiel als Versucher, muss aber nicht.) Aber diese Möglichkeit ist einfach nicht logisch. Wenn Gott allmächtig und allwissend ist, dann hat er jede Entscheidung unseres angeblich freien Willens immer schon vorher gewusst und ergo ist der Wille doch nicht frei. Wenn wir Gott aber tatsächlich mit unseren Willensentscheidungen überraschen können (und die Heiligen wirklich weinen, wenn wir uns nachts in unseren Betten an verbotenen Stellen berühren), dann wäre unser Wille ebenso mächtig wie der ansonsten allmächtige Wille des Herrn. Wäre ich ein Kirchenvater, würde ich eine solche Auffassung schon wegen ihrer Hybris verbieten lassen. Oder eben, weil sie gedanklich inkohärent ist. Entweder ist Gott allmächtig oder der Wille ist frei. Beides zusammen geht nicht.

Dritte Möglichkeit: Gott ist allmächtig und gut, denn es gibt nichts Böses. Alles Böse ist nur ein an sich neutrales oder schlussendlich sogar segensreiches im Schöpfungsplan vorgesehenes Ereignis. Es kommt einfach nur auf die richtige Einordnung an. Von Gottes Standpunkt aus gesehen läuft alles prima. Nur unsere irdische Froschperspektive sorgt dafür, dass wir mitunter in Verzweiflung über die Schlechtigkeit der Welt geraten. An sich eine hübsche Konstruktion – nur, wer möchte der sein, der im Krankenhaus einem an Krebs dahinsiechenden Mädchen sagt: Deine Schmerzen und Ängste sind ein sinnvoller Teil des göttlichen Plans. Kurz: Gott will, dass du dich fürchtest und dass du weinst, denn das ergibt von seiner Warte aus alles einen Sinn und folgt einem höheren Zweck. Welchen genau aber wissen wir nicht, weil die Wege des Herrn, wie schon erwähnt, unergründlich sind.

Ich raus – Gott rein

Im theologischen Denken haben alle drei Sichtweisen ihren Platz gefunden. Meist sogar munter durchmischt. Je nach Begründungsbedarf. Denn es kommt eben doch immer mehr auf den Glauben an, als auf gedankliche Kohärenz. Aber besonders letztere hat zumindest die Mystiker auf ihrer Suche nach absoluter Erkenntnis bewegt. In den mystischen Erfahrungen kommen sich die orientalisch-asiatischen Weltauffassungen und die des Westens doch sehr nahe. Denn um ein ordentliches mystisches Erlebnis zu haben – da herrscht allgemeine Einigkeit –, muss das doofe Ich mit seinen Bedürfnissen und Beschränkungen erst mal aus dem Bewusstsein entfernt werden. Und zwar mittels Meditation und Bußübungen. Eine zünftige Selbstgeißelung kann dabei schon recht hilfreich sein.

Aber warum soll das Ich eigentlich weg? Nun, einmal um Macht zu gewinnen. Schon seit Platon ist klar: Das Ich hat Bedürfnisse. Es will immer etwas. Und Wollen ist ein Zeichen von Mangel. Nur wer nichts will, hat alles. (Später wird Friedrich Nietzsche genau dieses Nichtbegehren als Begehren des »Nichts« deuten und als schlimmsten Nihilismus geißeln.) Also muss das Ich aus der Welt subtrahiert werden, denn am wenigsten will der, den es gar nicht mehr gibt. Wenn das Ich erst einmal weggegeißelt und aus der Welt meditiert ist, dann ergeben Sätze wie: *Ich* habe Hunger. *Ich* bin deprimiert. *Ich* habe Angst. Und *ich* finde die Welt Scheiße – gar keinen Sinn mehr. Und wer könnte mächtiger sein in einer Verhandlungsposition als derjenige, der nichts braucht und dem man nichts nehmen kann, weil er an nichts hängt?

Darüber hinaus ist das Ich ja unter anderem ein Unterscheidungskriterium. Ich unterscheide zwischen mir und der Welt, zwischen Hell und Dunkel, zwischen Gut und Böse. Ist das Ich erst einmal weg, lösen sich auch alle diese Unterschiede in nichts auf. Ozeanische Selbstentgrenzungserfahrungen mit Gottesschaucharakter sind mit funktionstüchtigem Ich einfach nicht zu haben. Wenn das Ich also erst einmal weg ist, stimmt auch endlich der Satz »Gott ist gut und allmächtig.« Weil alles Schlechte ja nur von einem beschränkten Ich wahrgenommen werden kann. Ohne Ich kein Leid. Und die Welt wird ohne Unterscheidung endlich als Ganzes wahrgenommen. Anstatt sich jetzt in ihr als ohnmächtiges Individuum verloren zu fühlen, wird die Welt zur freundlichen göttlichen Umhüllung.

Das Problem könnte freilich sein, dass man eine völlige Auflösung des Ich in der westlichen Welt auch als Tod bezeichnet. Wollen die Mystiker in diesem Sinne also sterben, bevor sie tatsächlich das Zeitliche segnen? Nun, möglich ist es. Ich hab mich nie so tief auf die gefährliche Reise weg vom Ich eingelassen, um da genauer Bescheid zu wissen. Doch Peter Sloterdijk hat in diesem Zusammenhang ein paar wertvolle Hinweise gegeben, welcher Natur denn genau die Sehnsucht ist, die die Gnostiker und Mystiker umtreibt.

Denn haben wir nicht alle diesen Ich-losen Zustand freundlich warmer Umhüllung schon erlebt? Im Mutterleib. Wir schwebten warm, wohlig und schwerelos vor uns hin, labten uns am Mutterkuchen und dachten nichts. Das war bestimmt nett. Und französische Gynäkologen wollen vor einigen Jahren beobachtet haben, dass ein gerüttelt Maß der männlichen Embryonen im Mutterleib nicht am Daumen lutscht, sondern an einem anderen markant hervorstehenden Körperteil. Das Rückgrat ist in dieser Phase des Menschseins ja noch recht biegsam. Eine schöne Fähigkeit, die man zur erotischen Autarkie nutzen könnte – aber das verliert sich bei den meisten. Die anderen werden Schlangenmenschen und treten im Zirkus auf. Sloterdijk meint also wirklich, die Sehnsucht nach Auflösung in Gott sei getrieben von der Sehnsucht nach der Vergangenheit im Mutterleib. Das Paradies liegt also nicht nur eschatologisch in der Vergangenheit (Adam und Eva sind am Anfang der Welt im Paradies), sondern auch in der tatsächlich psychisch erlebten Erfahrung jedes Menschen. Das heißt, Mystiker versuchen, die ganze Welt zum freundlichen Uterus umzudenken. Den tatsächlichen Uteri in ihrer Umgebung gegenüber aber bleiben sie meist skeptisch. Ist doch der sexuelle Höhepunkt der immerwährende Konkurrent zum Dauerorgasmus in Gott. Sex lenkt eben nur ab, denn man muss ein »Du« lieben und dazu braucht man auch ein »Ich«. Und genau das soll ja wegpraktiziert werden, durch Buße und Meditation.

Die lustigste Bußübung im Abendland aber vollzogen immer noch die Styliten oder Säulenheiligen. Schon der Idee, sich auf eine Säule zu stellen, um Gott näher zu sein, ist die niedliche Vorstellung inhärent, dass Gott oben wohnt. Auch fasziniert mich die Idee, dass die Säulenheiligen jahrelang nicht von ihren erhobenen Standpunkten heruntergestiegen sind. Und auch, wenn sie während der ganzen Zeit gefastet haben, müssen sie zumindest rudimentär Nahrung und Getränke zu sich genommen haben, was wiederum bedeutet, sie müssen auch Nahrungsendprodukte ausgeschieden haben. Von der Säule hinunter auf die Gläubigen. Trotzdem waren Säulenheilige über Jahrhunderte hinweg höchst beliebt und lösten unter den Mitmenschen ähnliche Begeisterung aus wie heute Popstars. Da merkt man schon, dass die Gläubigen zu jener Zeit mit einer deutlich höheren Frustrationstoleranz ausgestattet waren als wir heute. Regelrecht beschissen zu werden und dabei die religiöse Begeisterung halten zu können. Respekt.

Aber das war ja alles am Beginn des Mittelalters. Gegen Ende desselbigen ändert sich zu allererst einmal was? Natürlich das Wetter.

5]

Mach's noch einmal, Zeus

Wieder so richtig innovativ gedacht wird in der Renaissance. Das bedeutet Wiedergeburt und bezeichnet die Teilauferstehung der klassischen Antike. Hier vor allem zunächst in der Kunst. Dort entdeckt man in der Malerei die Perspektive. Wieder einmal bezeichnet eine zusätzliche, vorab unentdeckte Dimension die Initialzündung des Fortschritts. Auch wenn diese Dimension in der Malerei nur eine virtuelle ist.

Hat sich im Mittelalter die Größe einer Figur in einem Gemälde noch nach der sozialen Bedeutung der abgebildeten Person gerichtet, versucht man in der Renaissance die Wirklichkeit mehr so wahrzunehmen, wie sie tatsächlich ist. Da ist dann auch der bedeutendste König kleiner als ein unwichtiger Soldat, wenn der nun mal weiter vorne steht. Da deuten sich schon Weltbildmodifikationen an.

In der Welt des Denkens aber wird es zu massiven Umwälzungen kommen, die vor allem technischen Neue-

Abb. 8] Lassen Sie sich nichts vormachen. Auch wenn Herr van Eyck die Perspektive erfunden hat – das Bild ist immer noch flach.

rungen wie dem Fernrohr zu verdanken sind und ihre Dynamik zunächst aus der Astronomie speisen. Einmal mehr wird am Weltbild der westlichen Welt gerüttelt. Und da nämliches jahrhundertelang ungerüttelt blieb, kann nicht ausbleiben, dass so mancher berühmte Weltbildrüttler in Kämpfen mit der Kirche selbst zerrüttet wurde. Dazu kommen wir gleich.

Zunächst stellt sich die Frage, was denn überhaupt passiert ist, dass die zufriedenen und denkfaulen Zeiten des Mittelalters so mir nichts, dir nichts vorbei waren und die Mitmenschen mit neuen Gedanken behelligt wurden. Wie immer ist der Übergang fließend und über die Frage, wann jetzt das Mittelalter vorbei ist und die Renaissance beginnt, darüber streiten sich die Gelehrten. Doch eines ist klar. Als Erstes ändert sich das Wetter; genauer das Klima. Es wird kälter. Mit dem nebligfeuchten Schweinewetter vermehren sich die Ratten und die von Hygieneregeln noch weitgehend unbeleckten Menschen des Hochmittelalters ziehen sich immer öfter in ihre schmutzstarrenden Behausungen zurück und kuscheln sich zusammen. Eben wegen der Kälte. Man ahnt es schon. Infektionszeit. Es kommt die Pest. Und das recht hässlich. Insgesamt drei große Pestwellen dezimieren die europäische Bevölkerung, fast die Hälfte stirbt. Die Epidemie in der zweiten Hälfte des 13. Jahrhunderts hinterlässt ganze Landstriche menschenleer. Klar, dass so etwas auf die Laune schlägt.

Das mehrfach verkündete Ende der Welt bleibt zwar aus, aber im Anschluss an das Seuchendebakel wird die Hexenverfolgung in Europa einen ihrer scheußlichen Höhepunkte erleben. Der Soziologe Gunnar Heinsohn schlägt nun aber vor, die Hexenverfolgung im späten Mittelalter nicht nur als völlig überbordenden abergläubischen paranoiden Schub zu deuten, eine schlichte Frustabbaureaktion, sondern *auch* als demografische Maßnahme zur »Wiederaufforstung« der von der Pest entleerten Wohngebiete.

Wenn man sich den berüchtigten »Hexenhammer« des Dominikanermönchs und Großinquisitors Heinrich

Kramer einmal genau ansieht, dann kommen als Satansadeptenverdächtige alle diejenigen infrage, die Sex haben ohne Zeugungsabsicht. Also Nutten, Schwule, Sodomisten etc. Dazu kommen noch alle diejenigen, die sich der Abtreibung und der Kindstötung schuldig machten und Frauen, die über Verhütung Bescheid wussten. Sie alle werden aus der Bevölkerung grausam extrahiert. Nach ein paar Generationen Hexenwahn, so Heinsohn, ist in Europa jegliches Wissen über Geburtenkontrolle vergessen. Im Wortsinn verbrannt. Was aber wiederum zur Folge hat, dass die Bevölkerung explodiert. Die europäische Frau des Mittelalters bekommt angeblich zwischen sieben und neun Kinder im Schnitt. Und liegt damit weit über den heute weltweit gebärfreudigsten Müttern der Welt: den palästinensischen Frauen (fünf Kinder im Schnitt). Man ahnt schon die Schwierigkeiten. Immerhin bekommen auch die palästinensischen Frauen nicht so viele Kinder, weil sie so kinderlieb sind, sondern weil man einen demografischen Krieg gegen Israel führt. Die Israelis werden, wie alle anderen Völker der westlichen Welt, immer älter. Die Bevölkerung schrumpft. Am Ende, denken die palästinensischen Strategen, wird man Israel in Grund und Boden (denn darum geht's da ja) gevögelt haben. Kinder bekommen, kann also ein kriegerischer Akt sein.

Das war es im späten Mittelalter und der beginnenden Neuzeit freilich nicht. Aber Ärger machen so viele Blagen trotzdem. Wo soll man jetzt mit all den Kindern hin? Sicher, die Mädchen können heiraten, als Mägde arbeiten, die Eltern versorgen oder ins Kloster gehen.

Aber die Jungs? Nur einer kann den Betrieb des Vaters erben. Und Zweit- und Drittgeborene? Die schickt man nach Übersee. Zum Glück hat Christoph Kolumbus 1492 Indien entdeckt. Jetzt muss man also nicht mehr befürchten, dass die Zweitgeborenen in marodierenden Horden zu Hause einen Bürgerkrieg nach dem anderen anzetteln, um an Positionen in der Gesellschaft zu kommen, auf die sie, aufgrund der Ungnade ihrer späten Geburt, kein Recht haben. Man kann sie einfach auf Schiffe setzen und zum Morden nach Übersee schicken. In Massen. Die Ureinwohner der neu entdeckten Ausbeutungsgebiete, die ihre Geburtenzahlen strikt reglementieren, verstehen überhaupt nicht, woher denn all die Bleichgesichter kommen und warum es den Göttern gefallen hat, so viele davon zu erschaffen.

Die zweitgeborenen Konquistadoren (die sich passenderweise tatsächlich *secundones*, die Zweiten, nennen), sind in ihrem Tun sehr erfolgreich. Amerika (inzwischen hat sich das Missverständnis mit Indien geklärt, aber die Ureinwohner nennt man trotzdem »Indianer«) wird ausgebeutet und Europa wird reich. Schiffe, voll beladen mit Reichtümern aller Art, heizen die europäische Wirtschaft an. Es rührt sich also richtig was und das weltweit.

Für einen gut gelaunten Raubzug und Völkermord mit anschließender Bekehrung zum rechten Glauben im Zeichen der Liebe aber benötigt man freilich immer bessere Geräte für immer bessere Navigation und immer bessere und genauere Karten. Schließlich will man ja wissen, wem was gehört oder um was genau man noch Krieg zu führen hat.

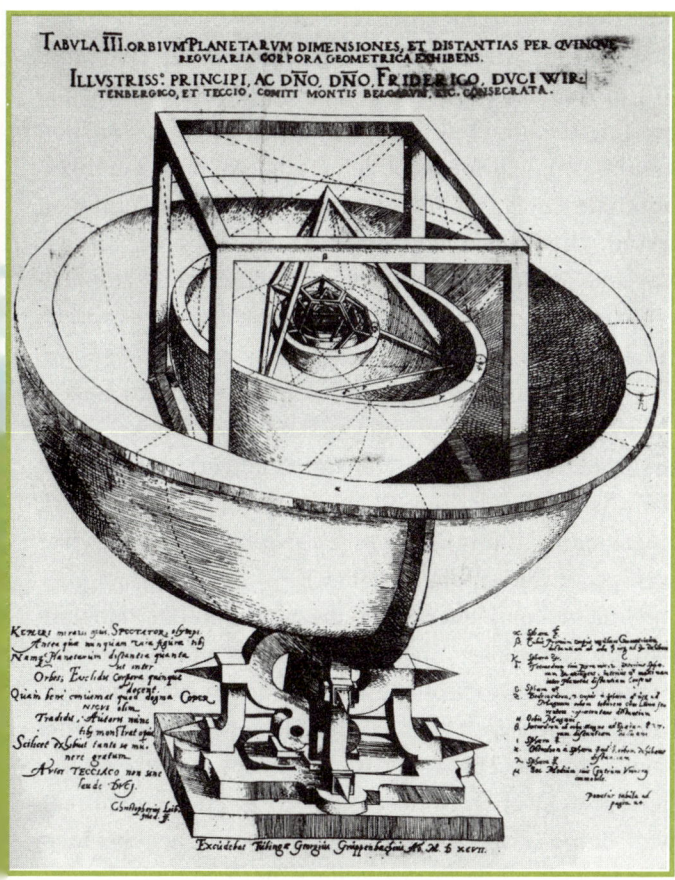

Abb. 9] Da war die Welt noch in ihrer Mitte.

Und so bekommt man nebenbei auch heraus, dass die Erde eine Kugel ist. Das ist zwar in Gelehrtenkreisen schon längst ein alter Hut. Aber es stellen sich dennoch eine Reihe von Fragen neu. Heikle Fragen, wie: Befindet sich die Erde wirklich statisch im Zentrum des Weltalls?

Um die zickigen und komplizierten Planetenbewegungen, die man mit all den neuen Geräten beobachten konnte, sinnvoll in das ptolemäische Weltbild hineinzupraktizieren, muss man sich allerhand Tricks einfallen lassen. Die Hilfsannahmen, die man brauchte, um das Vor und Zurück der Planeten am Nachthimmel zu erklären, sind so kompliziert geworden wie eine Steuererklärung. Und ein Leitsatz, der in der Wissenschaft eben nun mal schon immer galt, war: Je einfacher, desto besser. Oder, mit dem Prinzip von Ockham ausgedrückt: Wenn mehrere Theorien den gleichen Sachverhalt erklären, dann ist die Erklärung die beste, die die einfachste ist. Kurz, man soll mit Erklärungen sparsam umgehen (wer weiß, wann sie einem ausgehen).

Nun, viel einfacher wären die beobachteten Planetenbahnen zu erklären, meinte der Astronom Nikolaus Kopernikus, wenn nicht die Erde, sondern die Sonne im Zentrum der Welt stünde. Ein Gedanke übrigens, der schon ein paar Hundert Jahre vor unserer Zeitrechnung dem griechischen Philosophen Aristarchos gekommen war. Seine antiken Kollegen aber verwarfen die Idee. Warum? Nun, die merkwürdigen Bewegungen der Planeten mochten sich so vielleicht besser erklären lassen. Aber wenn die Erde sich um die Sonne drehen würde, dann müsste sie das ja mit ganz erheblicher Geschwindigkeit tun (was ja auch wirklich so ist). Und warum merken wir dann nichts davon? Warum pustet uns der Fahrtwind nicht von der Erdoberfläche? Warum wird niemandem von dem ständigen Gekreisel schlecht? (Aristarchos hätte anmerken können, dass man, wenn man ausreichend vom Wein der Wahrheit getrunken hat, die Kreiselbewegung schon merkt. Hat er aber nicht. Vermutlich war der hochvernünftige kreative Mann eben kein Alkoholiker. Wieder einmal ein Beispiel dafür, dass jeder Vorteil auch ein Nachteil sein kann. Und umgekehrt.)

Galileo Galilei wird zumindest einen Teil der oben aufgeführten Fragen der Kritiker des Aristarchos klären. Isaak Newton dann die restlichen. Aber zunächst schien es Herrn Kopernikus, mal abgesehen von Fahrtwind und Schwindelgefühl, einfach simpler und damit überzeugender zu sein, die Sonne als Mittelpunkt der Welt anzunehmen. Seine Überlegungen dazu ließ er aber klugerweise erst nach seinem Ableben veröffentlichen. Man weiß ja nie, ob das wer liest, der sich dann ärgert und zu allem Überfluss auch noch einen gut ausgestatteten Folterkeller besitzt. Darüber hinaus war die Vorhersagefähigkeit des kopernikanischen Modells noch deutlich schlechter als die des alten ptolemäischen Systems. Denn Herr Kopernikus hatte die Planeten in Kreisbahnen um die Sonne zirkeln lassen. Zur unwiederbringlichen Wende kommt es erst, als ein wenig sinnenfroher aber genialer Mathematiker aus Deutschland auf einen adligen dänischen Astronomen ohne Nase trifft.

Kepler erkreißt die Ellipse

Tycho Brahe war ein überbreiter Mann edlen Geblüts, der, würde sein Leben verfilmt (wofür ich nebenbei bemerkt mit Nachdruck plädiere), sicher von jemandem wie Gérard Depardieu verkörpert würde. Ein Trinker, Lebemann und Raufbold, der neben einem zahmen Elch (der sich angeblich wie sein Herrchen totgesoffen hat) auch über die beste und modernste astronomische Ausrüstung seiner Zeit verfügte. Und damit sammelte er die genauesten Beobachtungsdaten über die Bewegungen am Himmel. Fünfmal so genau wie die der Kollegen. Vermutlich auch deswegen, weil er einen entscheidenden Vorteil hatte. Er hatte keine Nase. Die war ihm bei einem Duell abhandengekommen. Brahe hatte eine sehr falsche astrologische Vorhersage über das baldige Ableben einer bekannten Person gemacht. Dummerweise ist die dann aber nicht zum angekündigten Zeitpunkt verstorben, sondern war schon zum Zeitpunkt der Vorhersage mausetot. Das hatten die Sterne Herrn Brahe aber nicht verraten. Spott und Hohn ergossen sich über den Sternengucker, der wiederum einen der öffentlichen Verulker zum Duell forderte, und so seiner Nase verlustig ging. Bestimmt nicht die beste Zeit im Leben des Edelmannes. Aber mitunter hat eben auch ein Nachteil seine Vorteile. Da Tycho Brahe jetzt über eine abnehmbare Nase aus Silber und Elfenbein verfügte, konnte er seine Himmelsbeobachtungen präzisieren. Denn die astronomischen Instrumente seiner Zeit musste man sich beim Zielen genau vors Gesicht halten. Freilich war da die Nase im Weg. Aber nicht die von Herrn Brahe, der konnte seine ja abnehmen. Und so war er, ohne Nase, seinen Konkurrenten sozusagen immer eine Nasenlänge voraus.

Die immer genaueren Daten, die der fröhliche Alkoholiker (er war in ganz Europa für seine wüsten Partys berüchtigt) jetzt aber sammelte, passten immer schlechter zu seinem Weltbild, das im Wesen ja noch das des alten Ptolemäus war. Da aber begab es sich, dass der dänische Oberastronom in Prag (dem dänischen König war es mittlerweile zu bunt geworden und er hatte Brahe mitsamt seinen Saufkumpanen und Beobachtungsgeräten rausgeschmissen) auf den protestantischen Deutschen Herrn Kepler trifft. Die beiden ergänzen sich ganz prachtvoll. Sie sind sozusagen die Fleischwerdung der berühmten Sätze von Immanuel Kant: Ein Begriff ohne Anschauung ist leer. Eine Anschauung ohne Begriff ist blind. Denn Tycho hat die Zahlen (Anschauungen) und der geniale Mathematiker Kepler weiß sie zu deuten (er hat die Begriffe, um sie zu begreifen).

Aber die Arbeit gestaltet sich menschlich schwierig. Wie schon erwähnt, ist der eine ein aus ideologischen Gründen entsafteter protestantischer Geistesmensch, der nicht einmal von Adel ist. Und der andere hat als Saufkumpan einen zahmen Elch. Auch rückt Brahe seine Daten nur widerwillig heraus, weil er eigentlich selber gern die Welt mit seinem Denken revolutionieren wollen würde. Was aber leider seine Fähigkeiten übersteigt. Schlussendlich säuft sich Tycho Brahe zu Tode und folgt seinem Elch so ins Himmelreich der Trinker.

Herr Kepler hat zwar die Zahlen, die er braucht. Aber jetzt ist es freilich nicht dergestalt, dass Kepler sofort auf die richtige Idee kommt. Denn jahrhundertelang war man nicht nur überzeugt gewesen, die Erde sei das Zentrum der Welt. Man war ebenso überzeugt, dass Gott in seiner Schöpfung nur absolute Formen verwendet hatte. Es sollte kosmische Harmonie herrschen. Und das bedeutete: Kreise, Kugeln, Würfel, platonische Körper. Aber auf keinen Fall das, was Herr Kepler allein schon aus Gründen der wissenschaftlichen Redlichkeit am Ende herausbekommt. Ellipsen! Hätte Johannes Kepler die gemessenen Abweichungen einfach zu Messfehlern erklärt, er hätte sich das Leben sicher einfacher gemacht. (Die von Kepler untersuchte Marsbahn ist wirklich fast kreisförmig.) Doch als wackerer Protestant macht man sich das Leben eben nicht einfach. Und so bringt Johannes Kepler das herrschende Weltbild nicht nur zum Wanken, sondern zum endgültigen Einsturz. Man spricht ja immer von der kopernikanischen Wende, was schon auch irgendwie o. k. ist, aber eigentlich müsste es keplersche Wende heißen. Ach, sei's drum. Hauptsache Wende.

Deutlich kritikfester wird das neue Weltbild in Italien gemacht. Im schönen Florenz regiert die schillernde Familie Medici. Die ist nicht nur so dermaßen reich an Mammon und Einfluss, dass man für einige Zeit den Papst stellt, der auch den moralisch fragwürdigen politischen Aktionen des Clans sogleich den göttlichen Segen erteilen kann; man leistet es sich auch, die kreativsten Köpfe der Renaissance zu unterstützen. Bedeutende Maler, Bildhauer und Ingenieure vom Schlage eines Leonardo da Vinci gehen aus und ein. Und eben auch Galileo Galilei, der Wissenschaftler der Neuzeit schlechthin.

Galilei wird nicht nur das Prinzip der Relativität entdecken, indem er feststellt, dass die Bewegungen in einem fahrenden Schiff relativ zum Bezugssystem Schiff, und nicht relativ zum Bezugssystem Ozean stattfinden. Eine wichtige Entdeckung, erklärt sie doch, warum wir auf unserer wild um die Sonne rasenden Erde von der ewigen Kreiserei nichts mitbekommen (weil sich eben relativ zum Bezugssystem Erde nichts ändert). Aber Galilei wird noch Bedeutenderes leisten. Er wird im Gegensatz zu all seinen Vorgängern nicht nur Theorien über die Welt aufstellen, er wird seine Theorien auch mit Experimenten untermauern. Experimente, die dann von jedermann nachvollzogen werden können, um so den Wahrheitsgehalt der Aussagen in der Realität zu überprüfen. Und damit beginnt tatsächlich das, was die moderne Wissenschaft ausmacht: Man erkennt die Zusammenhänge der Natur als Verkettungen von Ursache und Wirkung, die sich mathematisch beschreiben lassen. Und man kann sich dieses Wissen technisch nutzbar machen. Die Welt wird so zum Gerät. Ein Gedanke, der René Descartes faszinieren wird.

6]

Zeit für Revolution

Können Sie meine Stimme hören? Also ich meine in Ihrem Kopf? Ja? Nun, vielleicht ist es nicht gerade meine Stimme, die Sie hören, wenn Sie diese Zeilen hier lesen. Aber irgendeine Stimme hören Sie, die Ihnen sozusagen diesen Text hier vorliest. Vermutlich ist es Ihre Stimme. Das ist völlig normal. Gewöhnlich würde man sich Sorgen machen, wenn man fremde Stimmen im Kopf hört, aber solange Sie lesen, ist es nicht schlimm. Auch wenn Sie ansonsten in Ihrem Kopf Stimmen hören, ist das so lange nicht beunruhigend, solange Sie ausmachen können, woher die Stimmen kommen. So lange es Erinnerungen, Ihre Gedanken, Lieder oder Ähnliches sind, gibt es kein Problem. Falls Sie aber unidentifizierbare Fremdstimmen hören, die Ihnen beispielsweise einflüstern, die Weltherrschaft an sich zu reißen oder Ihre Familie mit der Axt zu erschlagen – dann suchen Sie bitte zeitnah einen Arzt auf.

Worauf ich hinaus will: Was Sie jetzt hier beim Lesen

sofort festmachen können, ist, dass es ein Außen und ein Innen gibt. Außen sind die Buchseiten, die gedruckten Buchstaben. Die sehen Sie, Ihre Augen leiten die Sinneseindrücke an Ihr Gehirn weiter. Innen, in Ihrem Schädel aber, setzen Sie diese Buchstaben zusammen zu Sinneinheiten, zu Wörtern und Sätzen, verleihen ihnen Bedeutung und lesen Sie sich selbst vor. Fast müsste man befürchten, Sie wären jetzt schon mindestens zu zweit in Ihrem Schädel, einer, der liest und einer, der lauscht. Aber diese kleine Schizophrenie soll uns jetzt erst einmal nicht kümmern. Wir haben zunächst nur festgestellt: Es gibt ein Außen. Das ist die Welt. Und es gibt ein Innen. Das ist Ihr Geist, der versucht, der Welt da draußen Sinn und Bedeutung zu verleihen.

Tatsächlich aber ist das so etwas wie ein Wunder. Die Buchstaben, die Sie gerade lesen, sind, wenn Sie dieses Buch zuklappen und nicht darin lesen, einfach nur Stellen mit Druckerschwärze, umgeben von weißem Papier. Die Buchstaben, Bilder und Worte sind ohne Ihre lesende Mithilfe völlig bedeutungslos. (Jetzt kommen Sie mir nicht witzig und mosern, sie seien, auch wenn Sie sie lesen, bedeutungslos.) Die Bedeutung kommt von Ihnen. Gut, von mir auch. Während ich sie schreibe, haben sie für mich Bedeutung. Aber allein gelassen sind das einfach nur Flecken auf dem Papier – könnte auch ein Fliegenschiss sein. Und auch die Tatsache, dass ich all diese Buchstaben zunächst in einen Computer getippt habe, bedeutet hinsichtlich der Bedeutung keinen Unterschied. Ohne Leser – nur Nullen und Einsen. Strom oder Nichtstrom auf einer Platine. Keine Bedeutung.

Damit Sie jetzt das Wunder, das Sie gerade vollbringen, während Sie diese Zeilen lesen, noch mehr zu würdigen wissen, erzähle ich Ihnen ein berühmtes Gedankenexperiment des amerikanischen Philosophen John Searle. Die Geschichte vom chinesischen Zimmer. Ich nehme an, Sie können kein Chinesisch. Falls doch, setzen Sie im Folgenden immer dort, wo »Chinesisch« steht, irgendeine Sprache ein, die Sie nicht können. Falls Sie alle der ca. 6500 Sprachen sprechen, die derzeit auf dem Planeten benutzt werden, dann suchen Sie sich jemanden, der Randgruppen wie Sie über Ihre Rechte belehrt.

So. Wo war ich? Chinesisch! Genau. Sie können also kein Chinesisch, befinden sich aber im chinesischen Zimmer. Nämliches hat an einer Wand zwei Luken. Auf einer steht »Frage« auf der anderen »Antwort«. Jetzt wirft jemand von draußen einen Zettel rein. Auf dem Zettel steht von mir aus: »Wie geht's?« Aber eben auf Chinesisch. Also haben Sie keine Ahnung, was auf dem Zettel steht. Sie sehen nur ein Zeichen, das Ihnen nichts sagt. Jetzt gehen Sie mit diesem Zettel zu einem langen, langen Regal. Dort sind alle chinesischen Schriftzeichen verzeichnet. Sie suchen nach Ihrem Zeichen – das ist öd und kann Ewigkeiten dauern. Aber wir haben Zeit. Schließlich haben Sie im Regal ein Fach gefunden, in dem das Zeichen, das Sie suchen, verzeichnet ist. Sie greifen hinein, finden Ihr Zeichen und stellen fest, dass neben dem Zeichen ein weiterer chinesischer Satz notiert ist. Eine Antwort? Sie wissen es nicht. Trotzdem malen Sie das Zeichen ab auf einen Zettel und werfen den dann bei der Luke, auf der »Antwort« steht, wieder hinaus. Auf diesem Zettel steht: »Mir ist todeslangweilig, weil ich die ödeste Beschäftigung der Welt habe. Aber gesundheitlich ist alles in Ordnung.« Aber dass das da steht, wissen Sie nicht, weil das eben auch auf Chinesisch auf dem Antwortzettel steht.

Was ist passiert? Für einen Chinesen außerhalb des chinesischen Zimmers sieht es nun so aus, als habe tatsächlich ein Gespräch zwischen Ihnen da drinnen und dem Zettelfrager außen stattgefunden. Da stand ja: »Wie geht's?« Und Sie haben geantwortet: »Mir ist todeslangweilig, weil ich … etc.« Auch wenn Sie kein Wort davon verstanden haben. Und damit haben Sie (wenn auch sehr langsam und unwillig) genau das getan, was ein Computer tut. Sie haben einen formalen Vorgang durchgeführt. Sie wussten nicht, wozu der Vorgang dient. Sie haben nichts verstanden.

Man kann also sagen, Computer sind geist-los. Bedeutung können bislang nur wir den Dingen als Extraeigenschaft draufbürsten. Wir sind eben geist-reich. Das bedeutet nun aber *nicht*, dass »Geist« unabhängig von der Materie existieren muss, sondern nur, das man immer noch nicht so genau sagen, wie »Geist« entsteht.

Geist ist in diesem Zusammenhang also, wenn es um Bewusstsein und Bedeutung geht; übrigens ein etwas irritierender Begriff, wird doch auch als Geist eine körperlose Entität bezeichnet, die zwischen Himmel und Erde in ein Zwischenreich verbannt ist, verflucht dazu, herumzuspuken und in gruseligen englischen Schlössern Touristen anzulocken. Aber da sind wir tatsächlich schon beim Thema. Wenn wir einen Geist haben (gerne auch Seele genannt), der unabhängig von der materiellen Welt existieren kann, dann hat das ein paar durchaus folgenschwere Konsequenzen. Aber dazu kommen wir gleich.

Halten wir zunächst noch einmal fest. Außen: Welt. Innen: Geist. Außen: Krempel ohne Sinn. Kontingentes Zeug. Keine Zusammenhänge. Materielle Dinge ohne irgendwelche Extras. Innen: Fetzige Sachen: Willen. Liebe. Leidenschaft. Ekstase. Langeweile. Schmerzen. Wahnsinn. Kurz – eine Welt mit Bedeutung. Tatsächlich hat Ihr Geist gar keine andere Wahl, als den Dingen, die er wahrnimmt, Sinn und Bedeutung zu verleihen, denn so funktioniert er nun mal. Aber für unseren nächsten Gedanken ist das jetzt auch erst einmal nicht so wichtig. Wichtig ist Folgendes: Wie können Sie sich sicher sein, dass es das Außen wirklich gibt? Wie können Sie zum Beispiel sicher sein, dass es mich, den Autor, wirklich gibt? Vielleicht bin ich ja ein Geist-Schreiber (Ghostwriter)? Das wäre Ihnen aber egal – Autor bleibt Autor. Irgendwer hat diese Zeilen geschrieben. Und da Sie nämliche lesen können, muss es mich geben, weil ich sie ja geschrieben habe. Aber vielleicht bin ich ja schon tot. Könnte doch sein. Die Welt des Straßenverkehrs ist gefährlich. Auf dem Weg zum Verlag könnte ich von einem herabfallenden Konzertflügel erschlagen worden sein. Aber gut – auch egal.

Es ging um die Frage, ob es die Außenwelt gibt. Und wenn es mich gegeben hätte, reicht das schon als Antwort. Und die Frage ist sowieso seltsam. Immerhin sehen Sie die Welt doch ständig. Wenn Sie auf das Buch gucken, stellen Sie fest, dass es da ist. Wenn Sie sich im Zimmer umblicken, im Klo oder im Freibad oder im Zugabteil oder wo sonst immer Sie gerade diese Zeilen lesen, dann stellen Sie fest, dass da die Welt immer noch ist. Was auch oft schade ist, wenn man zum Beispiel in den Spiegel schaut und immer noch so aussieht, wie man aussieht. Aber Ihre Sinnesorgane signalisieren unablässig – die Welt ist da. Auch wenn Sie die Augen schließen. Sie fühlen Ihren Körper. Besonders die Stellen, wo es jetzt beim Lesen durch Fehlhaltung unangenehm zwickt und drückt. Sie spüren die Stellen, auf denen Ihr Körpergewicht lastet. Überhaupt, es fühlt sich auf eine bestimmte Art und Weise an, in Ihrem Körper zu sein. Und dieses Gefühl haben Sie gerade. Denn auch Ihr Körper ist ja ein Teil der Welt. Und da er so pausenlos seine Gegenwart funkt, sind Sie der Auffassung, die Welt sei da.

Aber noch einmal – können Sie sich da sicher sein? Man kann sich schon täuschen. Aber nicht so grundsätzlich, meinen Sie? Na ja, dann denken Sie einmal an letzte Nacht. Da lagen Sie vermutlich still und brav in Ihrem Bett und schwitzten so mehr oder weniger regungslos vor sich hin. Also in Wirklichkeit. Also außen in der Welt. Aber innen, da ging's wieder mal ganz anders zu. Sie liefen nackt vor einer Horde armenischer Zahnärzte davon, die Ihnen für billiges Geld einen zweiten Mund mit Goldzähnen in Ihren Hinterkopf hineinoperieren wollten. Das haben Sie nicht geträumt? Ach so, dann war das wohl mein Traum. Aber wie immer. Sie haben geträumt. Selbst, wenn Sie sich nicht daran erinnern können. Wir müssen jede Nacht träumen, mehrmals, um nicht dem Wahnsinn anheimzufallen. Falls Sie mal mehrere Nächte hintereinander tatsächlich nicht geträumt haben sollten, dann merken Sie das daran, dass Sie in einer Gummizelle festgeschnallt werden und ein Arzt beruhigend auf Sie einredet, während er Ihnen eine Spritze gibt.

Im Traum können wir zwischen Innen und Außen nicht unterscheiden. Manche Träume kommen uns völlig real vor. Wir haben Sinneswahrnehmungen wie tagsüber. Wir fühlen uns. Die Welt. Wir reden mit Leuten. Aber all das findet gar nicht statt. Oder eben nur in unserem Kopf.

Frage: Woher also wollen Sie jetzt mit absoluter Sicherheit wissen, dass Sie jetzt nicht träumen? Antwort: Sie wissen es nicht. Sie können es nicht wissen, das kann nämlich niemand. Deswegen können Sie auch nicht mit absoluter Sicherheit wissen, ob es die Welt da draußen tatsächlich gibt. Alles, was Sie wahrnehmen, könnte eine Täuschung, eine Illusion sein.

Gibt es die Welt?

Oder anders gefragt, muss es denn die Welt da draußen unbedingt geben? Könnte man die nicht auch insgesamt wegdenken? Man kann.

Denken Sie nur mal an den Film »Matrix«, in dem der gebeutelte Keanu Reeves feststellen muss, dass er in

Abb. 10] In der Matrix ist Neo zwar ein messianischer Überflieger im Priestergewand, aber in der Realität kann er sich nicht mal eine Frisur leisten.

Wirklichkeit sein ganzes Leben in einem Tank in Nährflüssigkeit verbracht hat, verdrahtet mit der Matrix, einer bösen Gaukelei, mit der eine künstliche Intelligenz die gesamte Menschheit bedröhnt, um sie unter ständiger Kontrolle zu halten. Zweifellos ist das, was im Film »Matrix« gezeigt wird, schon eigenartig genug. Die Wirklichkeit ist nicht echt, sondern nur eine totale Cyberspace-Simulation. Und die tatsächliche Wirklichkeit ist total deprimierend. Die Welt ist verstrahlt. Die letzten Menschen leben tief in der Erde und essen immer Haferschleim. Aber wenigstens *gibt* es noch eine Wirklichkeit.

Denn die Täuschung könnte noch viel weitergehen. Der ganze schöne weite Kosmos könnte nichts weiter als eine paranoide Wahnvorstellung Ihres verwirrten Geistes sein. Diese Denkbewegung heißt man in der Fachwelt Solipsismus. Die Vorstellung, dass ausschließlich man selber existiert und der ganze Rest nicht. Das klingt, gelinde gesagt, ein wenig egozentrisch, ist aber logisch nicht zu widerlegen. Denn das einzige Gegenargument lautet: Diese Vorstellung ist absurd. Aber möglich.

Sie werden jetzt vielleicht denken, wenn die Welt nur in meiner Vorstellung existiert, dann würde ich mir doch nicht vorstellen, dass ich jetzt hier herumhänge und populärwissenschaftliches Gebrabbel über Philosophie lese. Ich würde mir vorstellen, ich läge an einem weißen Sandstrand, während junge und begehrenswerte Menschen um meine Gunst buhlten. Oder irgendetwas in der Art. Und George W. Bush würde ich mir auch nicht vorgestellt haben. Überhaupt die Nachrichten, 0190er-Nummern und Gameshows. Daran will man doch nicht schuld sein. So was kann sich doch keiner ausdenken. Würde man sich die Welt selbst erzeugen, dann doch bitte so, dass man ein wenig Freude daran hat. Wie wahr. Aber dennoch bleibt es logisch so, dass alles Einbildung sein *könnte*.

Und diese Tatsache war für den französischen Denker René Descartes Motivation genug, um einen der berühmtesten philosophischen Sätze aller Zeiten vom Stapel zu lassen: *Ich denke, also bin ich.* Herr Descartes suchte nämlich nach einem festen gedanklichen Untergrund, in den er einen mentalen Pflock einrammen konnte, um seine Theorie über die Welt zu befestigen. Aber zunächst fand er keinen, weil man sich, wie oben beschrieben, über die Existenz der Welt eben nicht sicher sein kann.

Sicher sein kann man sich aber, meinte Herr Descartes nach einigem Nachdenken, über die eigenen Gedanken. Die hat man ja, während man sie denkt. Und wenn man Gedanken hat, muss man selber der Denker der Gedanken sein. Ergo: Man existiert. Der Rest ist fragwürdig. Aber während Sie denken: »Mann, so ein Nachdenken über Philosophie ist aber anstrengend«, denken Sie eben: »Mann, so ein Nachdenken über Philosophie ist aber anstrengend.« Und da können Sie sich auch, während Sie es denken, nicht darüber täuschen, dass Sie es denken. Und weil Sie eben denken, während Sie denken, ist eben das Denken auch der Beweis dafür, dass es Sie gibt. Immerhin. Da hat man ja schon mal etwas.

Aber was ist jetzt mit der Welt da draußen? Nun, auch Descartes war überzeugt, dass die da ist. Man merkt es ja schon allein dann, wenn man sich beim Bierholen an einer spitzigen Tischkante anhaut. Dann sagt die Welt mit voller Überzeugungskraft: Ich bin da. Gleichwohl, auch wenn die Welt mitunter wehtut, unsere Wahrnehmung ist eine heikle Sache, denn sie könnte genauso gut falsch sein. Diesen Gedanken fand Herr Descartes seltsamerweise recht tröstlich. Warum? Weil, wenn die Welt eine Täuschung sein könnte, ein Traum, dann bedeutet das, dass die Welt da draußen und unser Bewusstsein voneinander getrennt sein müssen. Wären sie direkt verbunden, gäbe es die Möglichkeit nicht, mit dem Solipsismus herumzuargumentieren. Dann hätten wir nämlich überzeugende, nachprüfbare Beweise für die Existenz der Welt. Die aber haben wir nicht. Wir haben nur unsere Sinneswahrnehmungen und wie wir ja schon wissen, misstrauen die Philosophen seit Parmenides ihren Sinnen gerne zugunsten der Vernunft.

Warum aber ist das jetzt für Herrn Descartes eine erfreuliche Tatsache, dass Welt und Bewusstsein voneinander getrennt sind? Ganz einfach. Weil der Geist dann frei ist. Frei von den Fesseln der Materie. In der Welt da draußen, außerhalb unserer Köpfe, da herrscht unbarmherzig das Gesetz von Ursache und Wirkung. Die Materie schubst sich so durch. Eins schubst das andere, ein Rädchen greift ins andere. Eine gewaltige Uhr. Federn, Räder, Spulen. Ein unvorstellbar großer hochkomplizierter Mechanismus. Aber ein Mechanismus. Deswegen nicht länger geheimnisvoll, sondern im Wesen verstehbar. Vorbei die Zeit der Flussgeister und Waldelfen, die die Welt so lange beseelten. Jetzt regiert die Rationalität.

Das aber bedeutet: Wenn die Welt ein großer Apparat ist, dann kann man doch bestimmt ein wenig an den Stellschrauben drehen, um das ganze Welt-Ding ein wenig effizienter zu machen. Bald wird der Geist der industriellen Revolution durch Europa wehen. Anything goes. Der alte Bibelauftrag »Macht euch die Erde untertan!« wird jetzt erst richtig in die Tat umgesetzt werden. Denn eine entseelte, apparatartige Welt kann man schließlich schuldgefühlfrei auch wie einen Apparat behandeln. Erst heute, in einer Zeit, in der es so aussieht, als würden wir den Apparat Welt kaputt gemacht haben, da stellen sich die Schuldgefühle bei manchen wieder so langsam ein. Aber haben Sie keine Angst. Die Welt ist nicht kaputt zu kriegen. Nur wir sterben vielleicht aus. Gut, das sehen wir dann.

In der Welt, wie sie Herr Descartes sieht, regieren die Naturgesetze. Nämliche entdeckt demnächst der Kollege Isaak Newton in England, wie der Franzose Mathematiker und Naturphilosoph. Und auch, wenn die beiden über die Details der Naturgesetze im Zwist liegen, im Grunde ist man sich einig. Die Gesetze, die die Welt der Materie regieren, sind im Wesen erkennbar. Aberglaube hat ausgedient. Für Freunde von Büchern wie »Die Nebel von Avalon« oder die Leser von Fritjof Capra ist das ein Sündenfall. Denn hat sich mittlerweile nicht herausgestellt, dass diese Haltung gegenüber der Welt doch eher unpoetisch ist und geradewegs Richtung Selbstzerstörung führt? Mag sein. Aber zu der Zeit, als Herr Descartes auf diesem Planeten vor sich hinatmete, da waren eben auch die Regeln noch anders. Auf die Vernunft zu setzen und das eigene Ich zu erfinden, war sozusagen auf der Höhe der Zeit. Und die heißt Absolutismus.

In Frankreich regiert Ludwig der XIII. Ein Ich hat damals nur der, der es sich leisten kann. Also der Klerus und der Adel. Die andern haben nichts zu lachen. Wenn die schnöselige Hofgesellschaft sich im Hochsommer einbildet Schlitten fahren zu wollen, dann müssen die namenlosen Knechte, gern auch Bevölkerung genannt, eben Mengen an Salz heranschaffen und zu einem schlittenbefahrbaren Hügel aufschichten. Doch diese äußerst ungerechte und für die Mehrheit der Menschen unerfreuliche Ordnung der Dinge ist nicht anzweifelbar. Sie ist, ganz wie im Mittelalter, Gott gegeben. Oben ist der Kaiser, dann kommt der hohe Adel, der Klerus, dann der niedere Adel, schlussendlich der schwer arbeitende Rest. Eine eindrucksvolle Demonstration der Macht ist das allmorgendliche Ritual, das mit dem königlichen Kot vollführt wird. Während unsereiner schamvoll sein Nahrungsendprodukt in geheimnisvollen Rohrleitungen verschwinden lässt, wurde die königliche Hinterlassenschaft jeden Morgen in einer hoch komplizierten Zeremonie von eigens dafür abkommandierten Mitgliedern des Adels durch die Gänge des Schlosses getragen, auf dass sich der Rest der Hofgesellschaft vor dem königlichen »Stuhl« in Demut verneige. Eindrucksvoller kann man eine Hierarchie kaum demonstrieren. Das gemeine Volk aber war noch nicht einmal gut genug, den hochherrschaftlichen Anus zu reinigen.

In dieser Stimmung also trennt Herr Descartes den Geist von der Welt der Materie, um vor allem eines zu erfinden. Sich selbst, als denkende und also freie Person. Wenn die Gedanken frei sind, und, noch wichtiger, der Wille frei ist, kann ein jeder sich selber zu seinem eigenen privaten König machen. Dieser Impuls, der von den Gedanken Descartes' ausgeht, wird dazu führen, dass in Frankreich das Volk seine Freiheit erkennt und die Adligen gut gelaunt an Laternenmasten aufknüpft. Im Namen von Freiheit, Gleichheit und Brüderlichkeit wird man die Revolution ausrufen, um dann in Bälde ebenfalls im Namen von Freiheit, Gleichheit und Brüderlichkeit ein Terrorregime nach dem anderen ins Werk zu setzen. Und schließlich wird man im Namen von Freiheit, Gleichheit und Brüderlichkeit beim Bürger Napoleon landen, der sich dann zeitnah zum Kaiser ausrufen wird. Und schon hat es wieder mal nicht geklappt. Mit der Freiheit nicht. Mit der Gleichheit sowieso nicht. Und mit der Brüderlichkeit am allerwenigsten.

Dennoch – die Freiheit ist einfach eine sehr anrührende und eindrucksvolle Idee. Zumindest im Moment der Befreiung von irgendetwas. Revolutionen haben immer ihre Momente. Der Sturm auf die Bastille (auch wenn da kaum einer zum Befreien drin war). Der Fall der Mauer (auch wenn sich einige der Deutschen alsbald eine zurückwünschten). Oder wenn eine geknechtete Hausfrau ihren gewalttätigen Mann endlich zum Teufel jagt (um dem nächsten Irren in die Arme zu laufen). Das ist klasse. Momente anrührendster Hochstimmung. Denn die Freiheit ist nur im Augenblick der Befreiung erfreulich. Was danach kommt, ist meist desillusionierend, weil es dem Zustand, der vor dem Moment der Befreiung lag, so deprimierend ähnlich ist. Und die Freiheit insgesamt im Alltag auszuhalten, ist eine einzige Zumutung. Aber ob Zumutung oder nicht, die Freiheit ist auch die Basis für unser Empfinden von Gerechtigkeit. Ohne die Freiheit gibt es keinen Unterschied zwischen Gut und Böse. Die Begriffe lösen sich auf. Wenn man nämlich nicht die Wahl hat, dann kann man auch nicht böse sein, wenn man Böses tut. Man hatte ja schließlich keine Wahl. Ohne Freiheit keine Schuld. Und ohne Schuld kein Böses. Erst die Dualität von Materie und Geist erzeugt die Dualität von Gut und Böse. Wenn das eine nicht stimmt, stimmt das andere auch nicht.

Kleiner Einschub Über Gut und Böse, Leben und Tod, Bewusstsein und Materie

Wie eben schon erwähnt, wenn Geist und Materie nicht getrennt sind, dann ist der Geist nicht frei. Und ist der Geist nicht frei, dann gibt es Gut und Böse nicht. Das Reden über Leben und Tod, Geist und Welt und Gut und Böse ist gedanklich eng miteinander verknüpft. Sehen wir uns einmal den Übergang zwischen unbelebter Materie und lebender Materie an. Beide bestehen aus denselben Materialen. Die ganze Palette der Ingredienzien, sowohl für die toten als auch die lebenden Dinge, finden Sie im Periodensystem der Elemente. Werfen wir nur so zum Spaß einen ehrfurchtsvollen Blick darauf.

Aus diesen 92 Stoffen (und ein paar Isotopen) besteht die Welt. Also Sie, ich, unser Kühlschrank, der tropische Regenwald, Hustenbonbons und Galaxiensuperhaufen. Einfach alles besteht aus den paar dort oben gezeigten Substanzen. Vom Wasserstoff bis zum Uran. Unsereiner besteht ja hauptsächlich aus Kohlenstoff mit viel Wasser drin. Aber wenn Sie jetzt ein Stück Kohle, ein paar Mineralien und Eisen etc. in die Badewanne werfen und warten wollen, bis das so angereicherte Badewasser allgemeine Menschenrechte für sich einfordert, das könnte sich hinziehen.

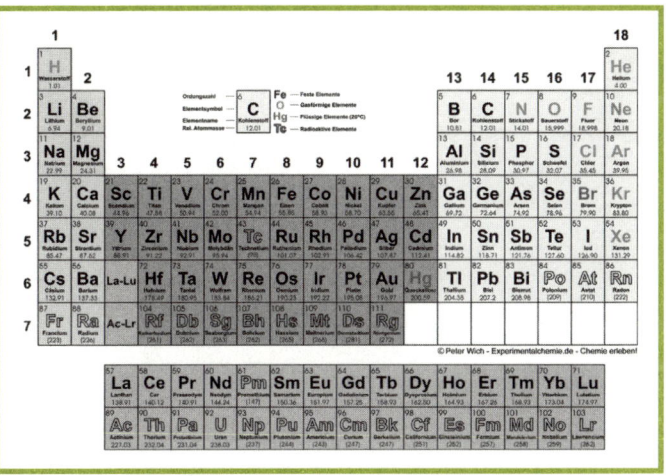

Abb. 11] Das Periodensystem der Elemente. Voilà, die ganze Welt!

Tatsächlich ist der Wissenschaft der Übergang vom Toten zum Lebenden noch immer rätselhaft. Nur – heute sagt man nicht mehr rätselhaft, man sagt: emergent (lat. *emergere*: auftauchen, hervorkommen, sich zeigen). Wenn's emergent ist, dann zeigt sich etwas, nämlich etwas Neues, was man nicht versteht. Wenn sich zum Beispiel in der Ursuppe vor etwa vier Milliarden Jahren nach und nach immer komplexere Molekülketten gebildet haben und sich diese Molekülketten dann aus noch ungeklärten Gründen zu noch komplexeren Gebilden geformt haben, die auf einmal ein Eigenleben besitzen, sich fortpflanzen und einander fressen, dann heißt man diesen Übergang Emergenz. Das bedeutet, dass sich die neuen Eigenschaften, die ein System hat, nicht auf die

Eigenschaften reduzieren lassen, die die Einzelelemente des Systems ihr Eigen nennen. Oder auch, dass man halt keine Ahnung hat, was passiert ist.

Will man jetzt den Unterschied zwischen Lebendem und Totem definieren, dann gilt das als schwierig. Man hat im Wesentlichen drei Möglichkeiten. Man kann bei plötzlichem Auftauchen von Leben rufen: »Ein Wunder! Ein Wunder!« Aber das erscheint heutzutage als eher unwissenschaftlich. Man kann aber auch das Tote leugnen. Man könnte zum Beispiel sagen, die neue Eigenschaft »Leben« hatten die Einzelelemente doch schon vorher, zumindest potenziell. Kurz: Alles lebt. Aber bei manchen Sachen merkt man es nicht (denken Sie zum Beispiel an Keith Richards). Oder man sagt drittens: Alles ist tot. Auch das Lebendige. Das ist nur scheinbar lebendig (denken Sie auch hierbei zum Beispiel an Keith Richards). Lebendigkeit wäre jetzt nur ein Begriff, der ungewöhnliche Eigenschaften von toter Materie bezeichnet, die so kombiniert einen höheren Grad an Flexibilität und Komplexität besitzt.

Beim Bewusstsein funktioniert das Ganze genau so. Entweder ist mit den Menschen mirakulös etwas Neues in die Welt gekommen. Oder man sagt, Bewusstsein war schon vorher da und hat nur durch den Homo sapiens einen neue Qualität bekommen – aber im Wesen ist die ganze Welt mit Bewusstsein bedröhnt, halt nur in unterschiedlichen Ausmaßen. Oder man behauptet drittens: Das mit dem Bewusstsein ist eigentlich nur Einbildung von egomanischen Schimpansen mit Auserwähltsein-Komplex. Geht auch.

Bei den Begriffen Böse und Gut geht man vergleichbar vor. Man kann nämlich entweder felsenfest darauf
beharren, dass Gut und Böse existieren und der Mensch
frei ist das Gute zu tun. Oder aber auch das Böse insgesamt leugnen und sagen – alles ist gut! (Man kann
auch sagen: Alles ist böse. Aber das ist im Prinzip der
gleiche Gedanke.) Das ist eine sehr beliebte Methode,
die gerne von spirituell durchwirkten Denkern verwendet wird. Sie erinnern sich, die Argumentation läuft wie
folgt: Gott ist allmächtig und gut. Wenn es aber das Böse
gibt, ist er nicht allmächtig oder doch nicht gut. Deswegen wird einfach gesagt, das Böse existiert nicht. Alles
was passiert, ist eigentlich gut, aber man versteht es halt
nicht immer.

Desgleichen lösen sich die Begriffe Böse und Gut auf,
wenn man nicht an einen freien Willen glaubt. Ohne die
Freiheit Entscheidungen zu fällen, entfällt auch die Ver-
antwortlichkeit für die eigenen Taten. Denn ohne freien
Willen konnte man ja nicht anders handeln, als man ge-
handelt hat. Böse ist also nicht die böse Tat, sondern nur
der böse Wille.

Ein Beispiel: Wenn durchgeknallte gelangweilte Jugendliche einen schweren Stein von einer Autobahn-
brücke auf ein fahrendes Auto werfen, dann empfinden
wir das als böse. Eine verabscheuungswürdige Tat, die
gesühnt werden muss. Wird das fahrende Auto aber von
einem Meteor getroffen, der einfach nur den ehernen
newtonschen Bewegungsgesetzen folgend zur falschen
Zeit am falschen Ort eingeschlagen hat, dann ist das
nicht böse, sondern tragisch.

Wenn wir aber über keinen freien Willen verfügen, dann unterscheidet sich unser Handeln nicht wesentlich von dem des Meteors. Oder besser, dann ist unser Handeln kein Handeln in dem Sinn, weil wir gar nicht entscheiden können, was ja das Wesen der Handlung ausmacht. Wir glauben nur wir könnten.

Man hat also die Wahl: Entweder ist alles gut, auch dann, wenn es schlecht ist, oder es gibt Gut und Böse, dann aber ist man ständig an irgendetwas schuld. Im Alltag benutzt man beide Varianten so irgendwie. Je nach Bedarf. Die Notwendigkeit, die ja die Erzfeindin der Freiheit ist, wird oft und gern bemüht, um unschöne Handlungen zu legitimieren. Besonders dann, wenn es um richtig große Verbrechen geht. Kein Völkermord oder sonstiges Großgemetzel in der Geschichte ist je ohne ausführliche Begründung durchgeführt worden, die vor allem eines unterstellt: Man konnte nicht anders. Immer sollte Schlimmeres verhindert werden und man musste das eigene Leben/Volk/Rasse etc. schützen. Gern wurde auch im Namen der Gerechtigkeit, der Demokratie und der Nächstenliebe gemordet. Wer könnte da dagegen sein?Aber nicht nur die »Entscheidungsträger«, auch die tatsächlichen Täter, die Mörder vor Ort, ziehen sich gerne auf die Notwendigkeit zurück, wenn es darum geht das eigene Handeln zu begründen. »Wir mussten es tun, es ist uns befohlen worden – wir dachten, es sei das Richtige – wir haben unseren Führern vertraut« etc. Und noch heute wird so manche Unmenschlichkeit legitimiert durch einen Rückgriff auf Sachen, die man schlecht zur Verantwortung ziehen kann. »Ich musste die armen Arbeiter feuern, weil es der Markt wollte oder die Globalisierung erfordert hat.« Ja, oder beide. Er und sie. Tatsächlich hat keiner je mit dem Markt mal geredet, oder mit der Globalisierung mal ein Tässchen Kaffee getrunken und sie gefragt, woher denn ihre scheußliche Tendenz zur Grausamkeit stammt. Und doch, es gibt immer übergeordnete Notwendigkeiten, die Sachzwänge, die angeblich ihren Sinn und auch ihr Gutes haben. Eben eine Frage der Perspektive.

Wenn wir aber hören, dass ein Minderjähriger mit Migrationshintergrund in der U-Bahn eine Oma geschubst hat, dann wollen wir von Notwendigkeit nichts wissen. Der hätte doch auch anders entscheiden können. Der Bengel war doch frei, anders zu handeln. Da ist man dann unwillig, wenn von wohlmeinenden Sozialarbeitern die Litanei der familiären und gesellschaftlichen Verfehlungen heruntergebetet wird, die den schlimmen Buben zum Oma-Schubsen veranlasst hätten. In diesem Fall wollen wir auf den freien Willen denn doch nicht verzichten. Man könnte als Faustregel sagen: Je schlimmer und größer das Verbrechen ist, desto eher sind wir bereit an die Notwendigkeit, an das im scheinbar Schlechten verborgene Gute und an die Schuldlosigkeit aller Akteure zu glauben. Kleine Verfehlungen aber bestraft vielleicht nicht Gott sofort, aber wir.

In der handelsüblichen Theologie wird übrigens ebenfalls zweigleisig gefahren. Bei Naturkatastrophen oder schrecklichen Unfällen (an denen ja eigentlich Gott schuld sein müsste, wegen unterlassener Hilfeleistung) wird gerne auf den zwar unverständlichen aber grundgütigen Gottesplan verwiesen, der dem schlimmen Ereignis im Himmel irgendeinen verborgenen Sinn zuweist. Auf der anderen Seite aber muss die Kirche auf der Existenz des freien Willens beharren, sonst müsste man sich von der Sünde verabschieden. Also sind an unseren Verfehlungen wir selber schuld, obwohl Gott schon im Voraus immer alles gewusst hat. Wenn das aber so wäre, wären wir zwar eigentlich, logisch betrachtet, nicht schuld, denn wenn es vorherbestimmt war, dann konnten wir ja nicht anders. Aber wer die Dreieinigkeit von Vater, Sohn und Geist denken kann, die eins sind, aber doch verschieden, der sieht da keinen Widerspruch.

Einschub Ende

Jetzt gibt es aber im Denken von Descartes ein schlimmes Problem. Wenn die Welt der Materie (Außen) und die Welt des Geistes (Innen) *strikt* voneinander getrennt sind, wie gelingt es Ihnen dann, Ihren Körper zu bewegen? Wie schaffen Sie es, dass Ihre Augen, die ja aus Materie bestehen und so zur äußeren Welt gehören, Ihrem Willen folgen, der ja zur Welt des Geistes gehört, und diese Zeilen lesen? Wie können Sie umblättern? Wie sind intentionale Akte möglich, wenn Geist und Welt getrennt sind?

Der Körper ist für Descartes ein toter Automat. Zwar beseelt vom Geist, der in ihm wohnt; aber wenn der Geist frei ist und der Körper den Gesetzen von Ursache und Wirkung unterliegt, wie ist dann bewusstes Handeln in der Welt möglich? Wie kann man sich am Hintern kratzen? An dieser Stelle setzt Descartes den Joker: Wenn er nun plötzlich doch eine direkte Verbindung zwischen Seele und Körper zuließe, könnte er sein Gedankengebäude in die Tonne treten. Deswegen muss als Vermittler zwischen Materie und Geist etwas Drittes her. Und zwar Gott. Um genau zu sein ein guter, ewig geduldiger, allgegenwärtiger Dienstleistungsgott, der, wenn Sie sich jetzt am Hintern kratzen (machen Sie ruhig, wir sind ja unter uns) dafür sorgt, dass die Verbindung zwischen Ihrem Willensakt »ich will mich am Hintern kratzen« und der Handlung in der äußeren Welt der Materie auch tatsächlich stattfindet. Natürlich muss Gott auch für das dem Kratzen vorangegangene Jucken am Hintern gesorgt haben. Denn auch die Sinneswahrnehmungen von Außen nach Innen können nur durch göttliche Intervention in die reine unberührte Welt des Geistes verbracht werden. Sonst wäre der Geist nicht frei und Gut und Böse wären Schimären und die Geschichte von Adam und Eva nur Mumpitz. Da hat sich der ewige Weltenschöpfer aber etwas aufgehalst. Nur weil Gut und Böse existieren müssen und deswegen der Geist frei zu sein hat, muss er erst das Jucken zu Ihnen nach innen rein und dann Ihr Kratzen von innen raus befördern. Und das immerzu. Ständig. Bei jeder noch so kleinen Kleinigkeit. Denn Sie können sich, wenn es juckt, ja immer auch dafür entscheiden nicht zu kratzen. Und genau um diese Entscheidungsmöglichkeit geht es. Um die aufrechtzuerhalten, hat Gott jede Menge blöde

Kleinarbeit zu leisten. Gut, selber schuld. Er hätte ja nicht zu schöpfen brauchen, dann hätte er nicht hernach so viel Arbeit.

Aber im Ernst. Die Sache stinkt. Das Einsetzen von Gott als allmächtigem Alleskönner in die ansonsten unüberbrückbare Lücke des Denkgebäudes, ist nicht so recht überzeugend. Descartes hatte die Welt in zwei Teile aufgespalten, die er Substanzen nannte. Die materielle Substanz und die geistige Substanz. Dazwischen als Vermittler – Gott. Eine immerzu beschäftigte Dreieinigkeit. Der jüdische Optiker Baruch de Spinoza wird dazu einen radikalen Einfall haben und die Welt wieder vereinen. Seine Lösung: Alles ist Gott, er ist gleichzusetzen mit der *einen* Substanz, die aber hat zwei Attribute. Das materielle Attribut und das geistige Attribut. Die beiden aber verhalten sich zueinander parallel.

Spinoza kürzt Gott aus der Gleichung

Von Baruch de Spinoza heißt es, er sei nicht nur hochintelligent, sondern auch ein herzensguter, liebenswürdiger, hochanständiger Mitmensch gewesen. Klar, dass so einer im Leben nichts zu lachen hat. Er wurde verfolgt, verfemt, musste Mordanschläge ertragen und wurde von allen möglichen Gruppierungen gehasst. Allzumeist deswegen, weil die Lösung, die Spinoza für das Körper-Geist-Problem vorschlägt, vielen seiner Mitmenschen überhaupt gar nicht gefallen will.

Was war noch einmal Spinozas Problem? Richtig. Er

wollte diese unüberbrückbare Kluft, die Geist und Körper trennt, nicht akzeptieren, in die Descartes einfach den Alleskönner Gott als Fräulein von der Vermittlung eingebaut hatte. Deswegen verkündete er einfach – ganz der Radikale –, es gebe gar keine solche Kluft, Geist und Körper seien einfach zwei unterschiedliche Aspekte ein und derselben Sache. Diese Sache nannte er Substanz oder auch Gott. Man könnte aber wohl auch Natur dazu sagen. Handlungen in der wirklichen Welt da draußen und Willensakte innen sind jetzt kein Problem mehr. Ich kann mich jetzt völlig gottlos am Hintern kratzen, weil Innen und Außen, kratzen wollen und die nämliche Handlung tatsächlich in der Welt der Materie ausführen, keine wirklich unterschiedlichen Dinge mehr sind. Geist und Materie verhalten sich im spinozistischen Denkgebäude strikt parallel. Zwei Seiten derselben Medaille, das Prinzip, das wir von psychosomatischen Krankheiten her kennen, sozusagen auf alle Bereiche des Alltags und Lebens übertragen. Außen und Innen sind gleich. Was in meinem Kopf passiert, hat auch eine Entsprechung in der Welt. Es gibt also physikochemische Prozesse in meinem Hirn und in meinem Körper, die exakt den Vorgängen in meinem Geist entsprechen.

Schön, also ein Problem gelöst, aber dafür hat man jetzt freilich jede Menge andere. Zunächst einmal hatte man es Herrn Spinoza recht übel genommen, dass er Gott und die Substanz (also kurz: die Welt) gleichgesetzt hat. Man könnte jetzt freundlich anmerken, na ja, er hat halt die Natur wieder rückbeseelt und Gott ist eben überall. Innen und Außen und nicht nur dazwischen wie bei Descartes. So ist Spinoza aber nicht verstanden worden. Man warf ihm Pantheismus vor. Die böswillige Aufspaltung des Herrn. Was natürlich ein Skandal ist, denn immerhin gibt es in der christlichen Lehre nur einen Gott, auch wenn der zu dritt ist. Aber das war's wohl nicht wirklich, was die Kritiker auf den Plan gebracht hat. Sondern die Tatsache, dass Gott als Vermittler zwischen Welt und Mensch nicht mehr benötigt wird.

Stellte Spinoza damit nicht insgeheim die Frage, ob Gott *überhaupt* noch benötigt wird? Sicher, Spinoza nannte das Ganze der Welt Gott, aber was bedeutet das? Gott kratzt sich an Gott, dann geht Gott in Gott zu Gott und trinkt einen Schluck Gott aus einem Gott, das ihm zu Gott wird. Sie merken, wenn Gott überall ist, dann ist die Tatsache, dass man alles Gott nennt, wirklich nur noch eine Frage der Bezeichnung. Dann kann man doch gleich auf Gott verzichten und alles Natur nennen.

Als oberster Weltenrichter über Gut und Böse hätte Gott bei Spinoza übrigens auch ausgedient. Denn Gut und Böse sind nicht mehr, weil es in Spinozas System auch keinen freien Willen gibt. Wenn Geist und Welt je zwei unterschiedliche Aussagen ein und der selben Sache sind und wir aus den Wissenschaften wissen, dass die eine Sache, nämlich die materielle Welt, den strengen Gesetzen von Ursache und Wirkung unterliegt, dann ist freilich auch die andere Sache, der Geist, nicht frei, sondern unterliegt ebenfalls den strengen Gesetzen von Ursache und Wirkung. Außen und Innen sind gleich. In jeder Hinsicht.

Das kam gar nicht gut an. Hatte man doch den Körper

seit Platon eher für eine Schweinerei gehalten und die schöne Seele für das erhabene, von Gott eingeblasene Wunderding mit Ewigkeitsoption. Gut und Böse waren ja bislang im Wesen dergestalt verortet worden, dass das Gute engelsgleich in der Seele seine Wohnstatt hat, das Böse aber im Körper zu schlimmen Erektionen führt. Mehr noch. Das Böse im Körper ist sogar recht genau lokalisiert. Es befindet sich in den Geschlechtsteilen (merkt man schon am Wort Ge»schlecht«steil) und da besonders im weiblichen Fortpflanzungsorgan. Die Frau ist nämlich noch schlechter als der Mann. Immerhin hatte Adam, der Blödel, erst von der verbotenen Erkenntnisfrucht genascht, nachdem Eva sich schon vom Verführer hatte beschwatzen lassen. Und auch grundsätzlich werfen Männer ihre Erektionen ja weniger sich selbst vor, als den Frauen, die nämliche auslösen. Da ist voll und ganz das Verursacherprinzip am Werk. Erschwerend hinzu kommt, dass man sich ja jahrhundertelang durchaus im Unklaren war, ob die Frau überhaupt eine Seele besitzt. Gut, Maria. Die Mutti. Das ist etwas anderes. Aber alle anderen Weiber? Schlampen. Den Frauen sprach man (und man tut es bis heute) gern das Geistige, also das Reine, Schöne, Himmlische tendenziell ab und betrachtete sie nur als triebgesteuerten Körper.

Gut, jetzt gibt es freilich viele Ideen in der abendländischen Denkgeschichte, die sich im Nachhinein als unhaltbar erwiesen haben, die aber trotzdem zu Recht ihren Platz in der Historie haben und die westliche Zivilisation auf dem Weg zur Wahrheit eine Zeit lang ordentlich befördert haben. Doch manche Ideen waren schon zum Zeitpunkt ihrer Erfindung steindämlich. Hätten die damals schon gewusst, dass Wahrnehmung Konstruktion ist, und dass man außen immer einen Spiegel des eigenen Inneren sieht. Das wäre peinlich gewesen für die körperverneinenden Sittenwächter. Aber vermutlich hätten sie das Problem wie immer gelöst: Den Überbringer der Information anzünden und munter um den Scheiterhaufen tanzen.

Bei Spinoza findet nun also eine gewaltige Aufwertung des Körpers statt. Einhergehend mit einer ebenso gewaltigen Abwertung des Geistes. Der war früher frei, ewig und gottgegeben. Jetzt unterliegt auch er strengen Gesetzen und ist auf Gedeih und Verderb mit dem lästigen Ding verbunden, das wir unseren Körper nennen. Das bedeutet nicht unbedingt, dass unsere Seele jetzt nicht mehr unsterblich ist. Denn wenn der Körper stirbt, ist er ja auch nicht weg. Er zerfällt, wird Wurmfraß, wird schlicht von der Welt wieder in seine düngungsnützlichen Bestandteile aufgelöst und sieht sich nach einiger Zeit gar nicht mehr ähnlich. Die Welt ist ein Magen und unser Schicksal ist es, verdaut zu werden. Mit der Seele wird es also genau so zugehen. Auch die wird in ihre Bestandteile aufgelöst.

Na schön. Nur wie geht es jetzt mit dem freien Willen weiter? Der ist ja Spinozas grundsätzlicher Welterkenntnis zum Opfer gefallen. Nur, wie konnte das passieren? Wir erleben doch unmittelbar immer und ständig unsere eigene Freiheit. Sicher, wir müssen arbeiten gehen, um die Miete zu zahlen, sicher, wir müssen zur Feier von Muttis sechzigstem Geburtstag, sicher, wir müssen uns an die Gesetze halten, sicher, Sie müssen an dieser Stelle weiterlesen, weil's grad so spannend ist – aber Sie und auch ich, wir könnten doch auch anders. Dem Chef mal die Meinung sagen und einfach am Strand leben, Mutti keine Blumen schenken oder raubend und brandschatzend durch die Städte ziehen. Könnten wir machen. Machen wir freilich nicht, weil wir einerseits vom Wissen über Gut und Böse durchdrungen sind und selbstverständlich immer nur Gutes tun wollen, und andererseits, weil wir Angst hätten, zu verhungern, dass Mutti einen nicht mehr lieb hat und dass wir in den Knast kommen. Also man merkt schon, das mit der Freiheit ist so eine Sache.

Die meisten Dinge, die man so treibt, macht man, weil man muss, nicht weil man mag. Sicher. Nur unser freier Wille ist doch noch viel dichter an uns dran, als so sozial erzwungene Handlungen. Sie können sich doch jetzt strecken, wenn Ihnen danach ist. Sie können sich schütteln, husten, drehen, rufen, herumfuchteln und was weiß ich noch alles, was immer Sie wollen und wann immer Sie wollen. Und die Tatsache, dass Sie das können, zeigt, dass Sie in Ihren Entscheidungen im Wesen frei sind. Freilich, es gibt Zwänge. Aber Sie können sich auch *gegen* die Zwänge entscheiden. Sie müssten dann die Konsequenzen tragen, aber im Prinzip geht es. Sie könnten jederzeit auch anders, wenn Sie wollten, weil Sie es wollen.

Was sagt Spinoza dazu? Einbildung. Er meint, Sie können nicht. Also aus Prinzip nicht. Alles, was Sie als freie Handlung aufgrund Ihrer ureigensten Willensakte empfinden, ist eine Illusion.

Die moderne Hirnforschung gibt Spinoza übrigens recht. Bei mannigfaltigen Probanden wurden und werden die Hirnströme gemessen, um zu gucken, was sich denn so tut, wenn jemand etwas tut. Herausgefunden hat man Folgendes: Wenn Sie jetzt bitte mal mit dem Finger diesen Zeilen beim Lesen folgen wollen. Machen Sie's einfach, sieht ja keiner. Ich weiß, Aufforderungen des Autors blind Folge zu leisten, ist demütigend und Sie können tun, was Sie wollen etc., aber jetzt machen Sie es doch mal kurz, damit ich etwas demonstrieren kann. Also, wenn Sie jetzt mit dem Finger diesen Zeilen folgen, dann hätte man im EEG gesehen, dass in Ihrem Gehirn, *bevor* Sie sich schlussendlich zu dieser Handlung entschlossen haben, bereits Ihnen unbewusste Regionen angesprungen sind, in denen die tatsächliche Entscheidung, diese Handlung auszuführen, gefallen ist. Ohne nämliche Aktivität in diesen Ihnen mit Ihrem Bewusstsein unzugänglichen Regionen, könnten Sie nämlich überhaupt nicht handeln. Sagen zumindest die Hirnforscher. (Sie können den Finger jetzt übrigens wieder wegnehmen und normal weiterlesen.)

Das bedeutet nun wiederum, dass Ihre Entscheidung, den Finger zu heben (oder nicht) eine *nachträgliche* Entscheidung gewesen ist. Zumindest nachträglich für den Teil, der uns bewusst ist. Also wer hat dann diese Entscheidung eigentlich gefällt? Sicher, schon Sie, denn Sie sind ja auch Ihre un- und unterbewussten Anteile. Aber es bedeutet ebenfalls, dass unsere Wahrnehmung, wir würden als autonomes Ich autonome Entscheidungen treffen, nicht ganz richtig sein kann.

Der Satz: »Ich denke, also bin ich«, ist damit schon mal widerlegt. Denn wir denken zwar, aber wir *sind* offensichtlich noch viel mehr, als der Teil, der ab und zu mal denkt. Nach welchen Kriterien nun aber in diesen unbewussten Regionen des Gehirns für oder gegen eine Handlung entschieden wird, ist unklar. Erst ein paar hundert Jahre nach Herrn Spinoza wird in Wien Sigmund Freud dazu ein paar interessante Vorschläge machen.

7]

Königsberger Klopse

O   O

Abb. 12] Haben Sie's erkannt?

Na, das ist doch jetzt wirklich mal ein erkenntnistheoretisch aufschlussreiches Bild. Wie? Sie finden nicht? Nun, es fehlt noch die Gebrauchsanweisung, dann wird's schon interessant werden. Passen Sie auf. Wenn Sie obiges Bild mit Gewinn bestaunen wollen, dann nähern Sie sich bitte den beiden Punkten auf etwa 10 cm. Machen Sie das linke Auge zu und fokussieren Sie mit dem rechten Auge den linken Punkt. Das Interessante passiert jetzt aber auf der rechten Seite. Nein, nicht hinübersehen, sonst passiert freilich nichts Interessantes. Aber wenn Sie den richtigen Abstand erwischt haben und den linken Punkt ordentlich fixieren, dann verschwindet der rechte Punkt einfach. Dort wo er war, da ist nur noch leeres weißes Papier.

So, jetzt machen Sie mal. Ich warte so lang. ... Na,

eindrucksvoll was? Jetzt fragen Sie sich wahrscheinlich: Warum verschwindet der rechte Punkt? Das kommt daher, weil wir an der Stelle im Auge, wo der Sehnerv angebracht ist, strukturell blind sind. Da sind nämlich aus Platzgründen keine Rezeptoren angebracht. Das Überraschende ist, dass wir unsere »Blindheit« nicht sehen können. Wir haben ja keine blinden Flecken in unserem Sichtfeld. Denn wenn man obige Punkte nach den erklärten Maßgaben bestaunt, dann löst sich der eine Punkt nicht in nichts auf, sondern an seine Stelle tritt seine Umgebung.

Was ist da passiert? Nun, an der Stelle, an der wir eigentlich nichts sehen können, konstruiert unser Gehirn einfach den »leeren Fleck« dazu, damit keine Lücke entsteht. Und zwar nach seiner Umgebung. Unser Bewusstsein, unser Ich, ist an diesem Vorgang offensichtlich nicht beteiligt, denn auch wenn wir wissen, dass da ein Punkt sein müsste, weil wir ihn ja vorher gesehen haben, ist er trotzdem weg, wenn wir so gucken wie oben angegeben. Diesen Vorgang des Zu-Ende-Konstruierens der unvollständigen Wahrnehmung, das macht unser Lieblingsorgan, das Gehirn, ständig. Auch jetzt, wenn Sie auf die Buchseiten schauen. Nur jetzt fällt es Ihnen halt nicht auf. Tatsächlich zeigt dieses kleine Experiment, dass Sie die Buchstaben hier und auch sonst die Welt überhaupt nicht sehen können. Zumindest nicht so unmittelbar, wie man glauben könnte. *Die gesamte Wahrnehmung ist Konstruktion.* An die äußere Welt da draußen ist kein Herankommen. Was wir sehen (und auch riechen, fühlen, schmecken etc.) ist immer nur das, was in unserem Kopf als Wahrnehmung konstruiert wird. Der unmittelbare Zugang zu dem, was Immanuel Kant »das Ding an sich« nannte, ist uns für immer und aus Prinzip versperrt. Was ich sehe, ist immer nur das Ding »für mich«. Unser Außen ist also eigentlich immer noch unser Innen. Oder anders gesagt: Wenn wir etwas wahrnehmen, dann stülpen wir unsere Innenwelt nach außen. Man bleibt aber immer im eigenen Kopf eingesperrt und sieht immer nur die eigenen Projektionen der Wirklichkeit.

Damit scheinen wir schon wieder irgendwie in der Nähe von Platons Höhlengleichnis gelandet zu sein. Es gibt da draußen eine wirkliche Welt des geheimnisvollen »Dings an sich«; aber wir sehen nur unsere selbsterzeugten schattenhaften Projektionen davon. Sie sehen vor sich also nicht wirklich das »Ding« Buch, sondern nur Ihre Konstruktion davon. Damit jetzt kein Missverständnis aufkommt – Kant ist kein Solipsist! Er glaubt wie alle anderen geistig gesunden Mitmenschen fest daran, dass ein Außen, »ein Ding an sich«, existiert. Aber es gibt keine verlässliche *objektive* Erfahrung davon. Freilich werden Sie auch meinen, so absolut kann doch diese Trennung zwischen »Ding für mich« und »Ding an sich« gar nicht sein, ansonsten müssten wir ja wie blind in der »an sich«-Welt herumtappen und uns unablässig an irgendwelchen Dingen stoßen und uns blaue Flecken holen. Richtig. Wir konstruieren offensichtlich eine angemessene Version der Realität, sonst wären wir schon längst aus der Welt verschwunden. Und diese angemessene Version der Realität wird durch Interaktion hergestellt. Durch Versuch und Irrtum. Denn wenn unsere Konstruktion der Realität gänzlich falsch ist, dann merken wir das, zum Beispiel weil wir in der geschlossenen Abteilung unter ärztlicher Beobachtung stehen. Aber auch wenn unsere Wahrnehmung der Realität *angemessen* ist – nach Kant ist sie nicht mehr *objektiv*.

Dieses Erkennen der Beschränktheit der eigenen Wahrnehmung ist erkenntnistheoretisch von allergrößter Bedeutung. Zum einen, weil sie endlich einmal eine gesicherte Erkenntnis in der philosophischen Zunft bedeutet, ist sie doch sozusagen die kantsche Weiterführung des sokratischen Satzes: »Ich weiß, dass ich nichts weiß.« Und damit eine nicht ignorierbare Philosophenweisheit. Das ist schon etwas Besonderes. Sicher, Sie können viele Weltdeuter jeder Couleur studieren und so manches Nützliche oder Erheiternde finden. Aber das allermeiste kann man auch bleiben lassen. Man kann es glauben, gut finden, für richtig halten, es nützlich finden oder blöd, oder was immer. Aber wenn man die Erkenntnis, dass die Wahrnehmung Konstruktion ist und das »Ding an sich« letztlich nicht erkennbar ist, anzweifelt, dann hat man sich schlicht geirrt. Und zum anderen tut sich nach Kant im westlichen Denken eine unüberbrückbare Kluft zwischen unserem Ich und der Welt da draußen auf.

Die kantsche Erkenntnis ist da sozusagen ein echter Fortschritt durch Rückschritt, denn Kant erteilt jedweder metaphysischen Spekulation erst einmal eine Abfuhr und verweist damit Begriffe wie »das Sein«, »Gott« oder Ähnliches in den Bereich, wo es hingehört. In den

Bereich des Glaubens. Kant weiß also jetzt wieder, dass man nichts *weiß*, weil man nichts wissen kann. Schließlich gibt unser Wahrnehmungsapparat ja gar keine verlässlichen Daten her. Wenn wir unser Außen wahrnehmen, dann ja nur als Projektionen des Innern. Also immer gefärbt mit unserem Psychokrempel. So kann man nicht arbeiten.

Freilich ist es faszinierend, wie gut unsere Wirklichkeitskonstruktion funktioniert. Immerhin können Sie diesen Text problemlos lesen. Ihre Konstruktion der Wirklichkeit ist also sehr gut. Nur manchmal merkt man, dass die Wahrnehmung erzeugt ist. Zum Beispiel wenn man gerade ausführlich über eine zünftige Orgie phantasiert und dann einen Satz liest wie: »Die Frauen sitzen zusammen und flicken.« Da kann es (besonders bei Männern) schon zu einer Wahrnehmungsverschiebung kommen. Das Gehirn, noch auf sexuelle Handlungen fixiert, konstruiert das Wort »flicken« falsch, es bleibt kurz bei dem Thema, mit dem es sich vorab gedanklich beschäftigt hatte, bis man dann doch feststellt, hoppla, im gelesenen Satz geht es ja um Näharbeiten.

Ähnlich wie Descartes kann Kant also den Informationen, die über seinen Wahrnehmungsapparat von draußen reinkommen, nicht absolut vertrauen. Gut, das heißt jetzt aber nicht, dass Kant von da ab keine Regel mehr erkannt hätte, im Gegenteil, jede Menge, dazu kommen wir gleich. Und freilich ist er immer noch überzeugt, dass ewige Naturgesetze wie »jede Ursache muss eine Wirkung haben« gültig sind, obwohl das ja auch nicht beweisbar ist. Wer war denn schon mal in einer

Nachbargalaxie, um zu sehen, ob da die gleichen Regeln wie hier gelten. Doch das nehmen wir mit guten Gründen an. Allein, wissen im Sinne von absolut sicher wissen kann man das nicht. Nur, wenn Regeln aus dem Inneren kommen und zwingend logisch sind, dann ist Kant überzeugt von deren Gültigkeit.

Was aber ist jetzt mit den Regeln, die uns von alters her überliefert sind? Regeln der Tradition und der Religion? Regeln, die eben aus unserem Ethos stammen? (Siehe Aristoteles.) Sind die noch gültig? Nun, Herr Kant lebte im 18. Jahrhundert und war von der Gunst von Königen und Herzögen abhängig. Ergo konnte er auf diese Frage nicht einfach mit »Nein Freunde, den alten Krempel könnt ihr über die Häuser hauen« antworten. Da hätte man dem guten Professor sogleich einen schönen Scheiterhaufen aufgeschichtet, um ein wenig soziale Wärme beim lustigen Häretikerverbrennen zu verbreiten (ja, die letzte Hexenverbrennung in Deutschland findet noch zu Kants Lebzeiten 1751 statt!). Da kann der Mann noch so recht haben. Aber was zu weit geht, geht zu weit. Also findet Kant die Regeln aus Tradition und Religion freilich weiter wertvoll und bedeutend. Aber nicht mehr zwingend. Zwingend ist, besonders im Bereich der Ethik, nur, was aus dem Innern kommt. Und da meint Kant jetzt nicht irgendein Bauchgefühl oder dass man Kontakt zu seinem inneren Kind aufnehmen soll. Im Gegenteil, der aufgeklärte Mensch soll denken. Und zwar selbstständig. Und vor allem logisch.

Wofür Kant bekannt ist

Der Vater der Aufklärung in Deutschland ist weltweit vor allem für drei überbreite Aussprüche berüchtigt, die man als kundiger Europäer immer parat haben sollte. Erstens sein unmittelbares moralisches Credo: »Der gestirnte Himmel über mir. Das moralische Gesetz in mir.« Will sagen: So sicher, wie im Kosmos die von Kollege Isaak Newton entdeckten Bewegungsgesetze gelten, gilt im Inneren meines Geistes der von mir entdeckte kategorische Imperativ. Welcher da aber zweitens lautet: »Handle stets so, dass jede deiner Handlungen als Grundlage für ein allgemeines moralisches Gesetz stehen könnte.« Und noch der dritte Ausruf: »Wage es, dich selbstständig deines Verstandes zu bedienen!«

Ich nehme an, Sie sind jetzt angemessen beeindruckt. Gut. Also, dann lassen Sie uns doch mal mit der praktischen Prüfung des berühmtesten und wirkungsmächtigsten Ausspruches beginnen, nämlich mit dem »kategorischen Imperativ«. Da ja von außen, aus der Tradition und der Religion, keine absolut verbindlichen Handlungsanweisungen mehr zu holen sind, muss Kant, damit in der Welt nicht Chaos und Anarchie ausbrechen, eine andere Quelle für das richtige Verhalten finden. Und er findet die Quelle des Guten (das moralische Gesetz) notwendigerweise (so notwendig wie den gestirnten Himmel über ihm) wie er meint, in sich selbst.

Wie der kategorische Imperativ jetzt konkret funktioniert, dafür findet der Neokantianer John Rawls ein hübsches Beispiel. Stellen Sie sich vor, Sie müssten eine Torte aufteilen. Und zwar zwischen sich und Person B. Es soll, um hässliche Szenen und destruktive Tortenschlachten zu vermeiden, gerecht zugehen. Wie kriegt man das hin? Ganz einfach, Sie und die Tortenkonkurrenz B geben sich eine Regel, die da lautet: Sie schneiden die Torte an. Person B nimmt sich das erste Stück.

Na? Ist Ihnen schon klar, wie Sie die Torte anzuschneiden haben, damit Gerechtigkeit herrscht? Richtig.

Abb. 13] So wird das nie was mit dem Imperativ!

Sie müssen sie in genau zwei Hälften schneiden. Sie müssen sie fünfzig zu fünfzig teilen, denn wenn Sie zum Beispiel nur ein Viertel Stück herausschneiden, dann könnte Person B einfach gierig das größere dreiviertel Stück auf ihren Teller laden und Sie sind gelackmeiert.

Das hatten Sie sich schon vorher gedacht? Wenn man etwas gerecht teilen soll, dann soll jeder halt den gleichen Anteil haben? Sicher. Aber jetzt bekommt diese Gerechtigkeit einen interessanten Aspekt. Es geht nicht nur darum zu verzichten, damit für andere Gerechtigkeit hergestellt wird. Es geht auch darum, nicht übervorteilt zu werden. Und diese vernünftige Regel der Gerechtigkeitserzeugung leuchtet auch jedem unmittelbar ein. Zumindest scheint es so. Dazu kommen wir später noch genauer. Denn tatsächlich wird es, wenn man über das moralische Problem der Tortenteilung hinaus ist, recht rasch wieder viel komplizierter. Aber zunächst einmal ist das grundsätzliche Prinzip des Vernunftgebrauchs im kategorischen Imperativ begriffen.

Mit Kant an der Kasse

Denken wir uns also noch eine andere Szene aus dem Leben eines Mitmenschen und versuchen wir, da ebenfalls den kategorischen Imperativ zur Anwendung zu bringen. Stellen Sie sich vor, Sie wären eine alleinerziehende supergestresste Mutter, die mit ihren 1,3 Normkindern beim Einkaufen ist. Die Kinder sind noch klein und deswegen haben tückische Verkaufsstrategen an der

Kasse auf Kinderaugenhöhe jede Menge Konsumartikel für die gierig staunenden Kleinen ausgelegt. Was passiert? Die Normkinder verlangen nach den Konsumprodukten. Die gestresste Mutti aber, die auch notorisch knapp bei Kasse ist, verweigert deren Einkauf. Jetzt plärren die Kinder und stampfen mit dem Fuß auf. Genau diese Stresssituation wollten die maliziösen Verkaufsstrategen herbeiführen. Es ist kurz vor Ladenschluss. Die Schlange an der Kasse ist lang. Alle wollen nach Hause. Auch die Mutti, die hundemüde ist und zwei Jobs hat, um sich und ihre Brut über die Runden zu bringen. Jetzt aber plärren die Kinder, weil sie von irgendwelchem Plunder affiziert sind, den ihnen Mutti nicht gönnen will. Die Kinder bocken. Der Fluss an der Kasse gerät ins Stocken. Die Kassiererin runzelt die Stirn. Die Mitmenschen hinten in der Schlange murren vernehmlich. Der allgemeine Sozialstress droht in lautstarke Beschimpfungen von unterschiedlichen Seiten zu eskalieren. Was soll die Mutti tun? Soll sie, um des lieben Friedens willen, einknicken und den Kindern den Konsumplunder kaufen, damit es weitergeht an der Kasse?

Jetzt mogelt sich Immanuel Kant durch die Warteschlange und sagt: »Liebe gnädige Frau, liebe Kassiererin, liebe Mitmenschen, die sie in der Warteschlange stehen und mit den Augen rollen – handelt stets so, dass eure Handlung Basis für ein allgemeines moralisches Gesetz sein kann.« Gut, mal überlegen. Wollen wir wirklich, dass hinterlistige Verkaufsstrategen schwer arbeitende Mütter in extreme Stresssituationen bringen, um ihren nutzlosen Plunder loszuwerden? Sollen die wirklich recht bekommen? Eher nein. Also sollte die Mutter die Geschäftsleitung herbeizitieren und gemeinsam mit der Kassiererin und den sich solidarisierenden wartenden Mitkonsumenten fordern, dass diese verurteilenswerte Praxis, Süßigkeitenplunder auf Kinderaugenhöhe an der Kasse zu platzieren, ab sofort und ein für alle Mal ein Ende hat.

Der Geschäftsleiter würde argumentieren, dass dann die sinnlosen Kinderverlockungen möglicherweise gar nicht mehr verkauft, viele Mitmenschen ihren Arbeitsplatz verlieren und in Zukunft darben würden. Da aber sollten die inzwischen zur solidarischen Masse verschmolzenen Wartenden mit einer Stimme rufen: Dann sollen die sich eben einen anständigen Beruf suchen! Wenn man sinnlose Waren produziere, dann brauche man sich nicht zu wundern, wenn die kein vernünftiger Mensch haben will! Und überhaupt könne das kein akzeptabler Grund sein, alleinerziehende Mütter in die Nähe eines Nervenzusammenbruchs zu bringen! Und außerdem sollten die halt mal Kant lesen!

Wir sehen, an dieser Stelle des Alltagslebens kann der kategorische Imperativ höchst nützlich und handlungsleitend sein.

Mit Kant kein Gurkensalat

Bleiben wir noch einen Augenblick beim alltäglichen Einkauf. Nur, dass wir uns jetzt noch nicht an der Kasse befinden, so weit werden wir es wohl auch diesmal nicht schaffen. Wir befinden uns in der Obst- und Gemüse-abteilung eines Supermarktes und strecken unsere bedürftigen Konsumentenhände nach einer artig in Plastik verpackten EU-Normgurke aus, verbunden mit dem Plan, zeitnah einen schönen Gurkensalat zuzubereiten. Klingt so weit recht harmlos und moralisch unbedenklich. Doch da halten wir mitten im Gurkengreifen inne und erinnern uns: Handle stets so, dass deine Handlung Grundlage eines allgemeinen moralischen Gesetzes sein kann. Ach ja, und zusätzlich soll man sich noch selbstständig seines Verstandes bedienen. Also beides – selbst und ständig. Auch beim Gurkeneinkauf. Gut. Wir halten also die Gurke in unseren Händen und sinnen. Wo die wohl herkommt? Wahrscheinlich aus Spanien, wo sie trotz immer schlimmer werdender Trockenheit unter enormem Trinkwasserverbrauch in plastikbeplanten Riesentreibhäusern gezüchtet wurde. Dieser geschmacklose grüne Wasserspeicher sorgt also dafür, dass die dräuende Klimakatastrophe im Nachbarland noch schlimmere Auswirkungen hat.

Vermutlich ist die grüne Problemfrucht nach ihrem treibhausbegünstigten Werden dann noch unter massiver Freisetzung von klimaschädlichen Gasen durch die halbe Welt kutschiert worden, bis sie schlussendlich im Supermarktregal gelandet ist. Doch es kommt noch schlimmer. Wir als aufgeklärte ständige Selbstdenker sind gut informiert und wissen, dass diese Gurke hoch subventioniert ist. Die westliche Welt spendet der Abteilung Landwirtschaft jeden Tag ca. eine Milliarde Euro. Das macht die Ausbeutergurke sensationell billig, sorgt aber auch dafür, dass afrikanische Gurkenbauer auf ihren heimischen Märkten ihre Produkte nicht mehr verkaufen können, weil sie mit den Megabilligpreisen der hoch subventionierten europäischen Importe nicht mithalten können. Ergo sorgt der Kauf der Gurke dafür, dass der europäische Gurkenkonsument seinen Mitmenschen und Bruder im Geiste der Menschenrechte in Afrika zugrunde richtet. Dessen Existenz bricht jetzt zusammen und er verhökert seine letzte Habe, um sich bei einem Menschenhändler einzukaufen, der ihm ein Ticket ins schöne Europa andreht. Bei der unmenschlichen Reise stirbt er entweder an Entbehrungen, wird von Grenzsoldaten erschossen oder ertrinkt in einem rostigen Seelenverkäufer im Atlantik auf dem Weg nach Fuerteventura. Falls er aber doch nicht stirbt und es tatsächlich nach Spanien schafft, muss er dort als geknechtete Billiglohnkraft in eben dem Gewächshaus schuften, in dem die Gurke, die Sie jetzt in Händen halten, das Neonlicht des Lebens erblickt hat. So weit, so schlecht.

Wie hieß es noch mal? Immer so handeln, dass die Handlung Basis für ein allgemeines moralisches Gesetz sein kann. O. K. Also die Gurke nicht kaufen. Denn an der grünen Frucht hängen Menschenhandel, Umweltzerstörung und brutale Ausbeutung. Wenn Sie die jetzt kaufen, wird aus dieser Kaufhandlung nie ein allgemeines moralisches Gesetz. Was tun? Am besten gleich rüber zum Biomarkt. Da fallen bei den angebotenen Früchten (hoffentlich) schon mal die Reisebelastungen weg. Wahrscheinlich aber nicht, weil die Nachfrage nach Biogemüse inzwischen so hoch ist, dass sie von einheimischen Bauern längst nicht mehr gedeckt werden kann. Die Bio-Gurke sieht zwar traurig aus, kommt aber vermutlich trotzdem aus Spanien. Wenigstens ist sie in ökologischen Anbau erzeugt worden. Immerhin.

Aber noch einmal. Es soll ein allgemein gültiges moralisches Gesetz durch die Kaufhandlung befördert werden. Doch wir aufgeklärte Konsumenten wissen: Wenn alle Menschen nur noch Biogemüse zu sich nehmen wollen, dann reicht es nicht für alle. Denn auf diesem Wege sind die benötigten landwirtschaftlichen Erträge, die man braucht, um über sechs Milliarden Menschen satt zu machen, nicht zu erzielen. Ergo bedeutet der Kauf der Bio-Gurke: Man akzeptiert, dass andere Menschen hungern müssen.

Sie sehen, da wird auch kein allgemeines Gesetz draus. Also kein Gurkensalat. Und auch keine Erdbeeren im Winter. Sowieso keine Südfrüchte. Und um Gottes willen: kein Kaffee! Und denken Sie nicht mal daran, sich den Tchibo-Billigklamotten zu nähern, welche sie im Winter vor grimmiger Kälte schützen sollen! Wenn man beim Kleidungskauf die Menschenrechte mitdenkt, bleibt man nackig. Aber das würde bedeuten: Um sich nicht im kantschen Sinne schuldig zu machen, müsste man anständigerweise verhungern oder und erfrieren. Was aber wiederum vom kategorischen Imperativ verboten ist. Denn dass alle sich durch konsequenten Nahrungsentzug und Selbstverfrostung selbst entleiben, kann nimmermehr Basis eines allgemeinen moralischen Gesetzes sein.

Man merkt, in unseren unübersichtlich vernetzten Zeiten kommt man mit dem kategorischen Imperativ in arge Bedrängnis. Also doch nur kategorischer Konjunktiv? Nach dem schönen horvathschen Motto: Ich wäre ja eigentlich ganz anders, aber ich komm so selten dazu?

Du hast keinen Imperativ – nutze ihn!

Also, kann man mit dem kategorischen Imperativ heute überhaupt noch etwas anfangen? Ich denke nein, aber man muss.

Denken wir noch einmal zurück an Herrn Rawls und seine kategorische Tortenteilung. Sicher geht es gerecht und vernünftig zu, in einem Ausmaß, dass Mr Spock seine Freude gehabt hätte, wenn man sich Regeln gibt wie: Ich schneide an. Du wählst aus. Aber um zu einer solchen Regelung zu kommen, muss man im Vorfeld schon jede Menge fundamentaler Entscheidungen getroffen haben. Man muss ja erst einmal mit Person B teilen *wollen*. Da könnte man sich schon fragen: warum eigentlich? Ich kenne diese Person ja vielleicht gar nicht. Möglicherweise ist sie auch ein Neger. Oder Moslem. Oder sogar ein moslemischer Neger. Vielleicht ist Person B ja sogar jemand, die alles, was ich für gut und richtig halte, für schlecht und schädlich hält. Vielleicht will sie, dass Frauen und Töchter beschnitten werden und dass Homosexuelle gesteinigt werden sollen. Vielleicht glaubt Person B auch an ein religionsinduziertes Kastensystem, in dem man selber gerade einmal so viel Würde und Bedeutung hätte wie eine Filzlaus. Und mit so einem Unmenschen soll ich jetzt meine Torte teilen?

Um überhaupt zu einer Situation zu kommen, in der man sich Gedanken um eine gerechte Tortenverteilung machen kann, muss schon im Vorfeld entschieden worden sein, dass ein gleicher Anspruch auf die Torte besteht. Wie wir aber oben beim Gurkeneinkauf gesehen haben, gehen wir in unserem Leben mitnichten davon aus, dass allgemeine Gerechtigkeit herrschen soll. Sicher – würde uns jemand fragen: Wollen Sie, dass allgemeine Gerechtigkeit herrscht? Dann sagen wir schon ja. Aber das hat tatsächlich ähnlich viel Bedeutung, wie wenn ein hübsches Mädchen im Bikini sich bei einer Misswahl weinend den Weltfrieden herbeiwünscht. Denn handeln tun wir nicht dergestalt, als ob wir an weltweiter Gerechtigkeit interessiert wären. Gut, vielleicht können wir auch gar nicht so handeln. Denn wenn wir nun einmal in unserem kapitalistischen System der Verteilung und Erzeugung von Wert und Ware agieren, dann muss es immer Verlierer geben. Sonst funktioniert es nicht. Das wissen wir. Und das wussten wir auch schon vor der weltweiten Banken- und Finanzkrise, die ja gezeigt hat, was der Satz: »Wenn jeder egoistisch nach seinem größten Vorteil strebt, dann mehrt er damit auch den Reichtum aller anderen«, wirklich bedeutet: Schwindel. Eine pseudomoralische Rechtfertigungskonstruktion der westlichen Welt, so faul wie ein amerikanischer Immobilienkredit.

Aber das ist eine Wahrheit, die die meiste Zeit des Tages aus unserem Bewusstsein verdrängt wird. Und auch dann, wenn wir uns der schreienden Ungerechtigkeiten der Welt, in der wir leben und die wir durch unser alltägliches Handeln mit befördern, gewahr sind, handeln wir so, als ob wir es nicht wüssten. Aber wenn nicht einmal wir, die wir dergestalt erzogen sind, dass der kategorische Imperativ und die Werte der Aufklärung für uns eine Bedeutung haben sollten (da nämliche ja in unseren Breiten erdacht wurden), danach handeln – wer sollte diese Gedanken denn dann als verbindlich betrachten?

Tatsächlich beziehen auch wir unsere ethischen Werte aus unserem Ethos (dem Ort des Wohnens). Sie sind uns durch »Gewohnheit« beigebracht. Und gelten nur denjenigen gegenüber als verbindlich, die (im weitesten Sinn) zu unserer sozialen Gruppe dazugehören. Dabei könnte aber doch der kategorische Imperativ ein universaler Wert sein, der für alle Menschen Gültigkeit besitzt.

Man muss also an dieser Stelle noch einmal zu dem Punkt zurückkehren, ob wirklich die Tatsache, dass man vom »Ding an sich«, von der äußeren Welt, für immer abgetrennt ist und die Wahrnehmung immer nur das »Ding für mich«, also die eigene Konstruktion der Wirklichkeit darstellt, ob das tatsächlich ein hinreichender Grund sein kann, in sich selbst das moralische Gesetz des kategorischen Imperativs zu finden. Und zwar mit der gleichen Notwendigkeit, wie man die kausalen Bewegungsgesetze des »gestirnten Himmels« über sich in Gleichungen festhalten kann, Empirisch gibt unser Leben schon längst die Antwort und die fällt freilich negativ aus. Aber auch im Bereich des rationalen Denkens kann ich die *Notwendigkeit* leider nicht finden. Die Tatsache, dass man nichts weiß und auch nichts wissen kann, erzeugt leider nicht eine innere Notwendigkeit des moralisch wertvollen und richtigen Handelns. Man könnte, im Gegenteil, auch die Tatsache des Fehlens von absolut verlässlichen Urteilen über die Welt zum Anlass nehmen, von jedweder Moral Abschied zu nehmen.

Tatsächlich hatte eigentlich schon Kant Gott den Todesstoß versetzt, als er ihn wieder in den Bereich des Glaubens verbannte (befreite, wie er meinte). Doch tatsächlich ist das auch genau der Bereich, in dem man den kategorischen Imperativ hinzustellen hat. In das Regal mit den anderen ausgemusterten metaphysischen Wahrheiten. Da steht er denn gleich neben Gott und dem platonischen Sein. Denn der kategorische Imperativ ist eben nun mal nicht eine *notwendige* Konsequenz aus der Einsicht in die Begrenztheit des menschlichen Erkennens, sondern vielleicht im besten Fall eine gut begründbare Entscheidung für moralisches Handeln nach dieser Einsicht.

Denn die Tatsache, dass wir prinzipiell unwissend sind und bleiben müssen könnte uns tatsächlich zu Brüdern und Schwestern im Geiste der Unsicherheit machen. Und diese Geschwisterlichkeit wäre nun ein Fortschritt gegenüber den nur erlernten Traditionen eines wie auch immer gearteten Ethos, da man diese kantsche Unsicherheit und Grundskepsis einsehen und erlernen kann – um dann seine Sicherheiten zu verlernen. Wer nicht wissen kann, muss immer agieren unter der Prämisse: Der andere könnte recht haben. Da hat man schon mal eine Basis für ein fruchtbares Gespräch. Und wer weiß, dass er nicht wissen kann, der kann den kategorischen Imperativ dazu benutzen, die eigenen Traditionen und Werturteile kritisch zu prüfen und gegebenenfalls zu modifizieren.

Aber wer alles auf den Prüfstand stellt, der betritt ein gefährliches Terrain. Sind doch auch unsere als ewig und universal postulierten Menschenrechte von Freiheit und Gleichheit tatsächlich nur erlernt. In unserem Ethos vom sozialen Umfeld mehr oder minder gut vermittelt und begründet. Wer sich da mit skeptischem Blick annähert, dem könnte alsbald der ontologische Boden unter den Füßen so zu schwanken anfangen, dass es wieder nix wird mit dem Weltfrieden. Denn wie schwierig es ist, ein verbindliches Weltethos zu schaffen, zeigen ja die immer noch kläglichen politischen Versuche in den Laberclubs der UN. Dort kann man sich ja kaum auf eine gemeinsame Uhrzeit einigen. Darüber hinaus ist es ja ein allseits bekannter Abtörner für jegliches verantwortliches moralisches Handeln, dass man als Einzelner die Welt nicht nur nicht begreifen, sondern dass man sie durch eine partikulare Handlung auch kaum verändern kann.

Um zu den Gurken zurückzukommen. Was soll man denn sonst essen, wenn nicht das, was im Supermarkt angeboten wird? Ja, man kann sich ein wenig engagieren und versuchen, Fair-Trade-Produkte zu kaufen etc. Aber es bleibt das dumpfe Gefühl, dass sich nichts ändert, wenn die Mehrheit nicht mitmacht und man durch den Versuch, sein eigenes kleines Gewissen so rein wie möglich zu halten, nur zur einer Verkörperung der Freudlosigkeit wird. Immerhin ist es doch interessant, dass wir in Zeiten leben, in denen der Begriff »Gutmensch« zum Schimpfwort avanciert ist. Wollten wir das nicht alle mal sein? Ein guter Mensch? Und vor allem, wenn »Gutmensch« nicht gut ist, was sollen wir dann sein? Bösmenschen? Nein, wir sollen Konsumenten sein. Dumm, faul, geil und geizig.

Und da stellt der kategorische Imperativ jetzt eine durchaus motivierende Frage: Handelst du wirklich so, dass jede deiner Handlungen die Basis für ein allgemeines moralisches Gesetz sein könnte? Die Antwort kennen wir schon. Nein. Aber man könnte die Frage auch offener formulieren: In welcher Welt willst du leben? In einer gerechten, in der Verlierer beschützt werden und zweite und dritte Chancen bekommen? Oder in einer Welt, in der nur das Recht des Stärkeren zählt und in der jeder, der unter die Räder kommt, kalt lächelnd zu Humus verstoffwechselt wird? Die Frage lautet also: Wie organisieren wir unser Zusammenleben vernünftig? Und da kann man bei Kant ein paar Antworten finden. Und auch im Christentum. Oder im Koran. Sicher haben die Buddhisten einiges Hörenswerte dazu zu sagen. Und auch alle anderen. Was fehlt, ist ein allgemeingültiges Bewertungskriterium. Aber was wir von Kant gelernt haben, ist die Voraussetzung gemeinsam eines zu finden. Nämlich die Tatsache, dass unsere Wahrheiten keine sind. Und dass wir unablässig kritisch mit uns und anderen zu sein haben.

Das klingt nicht lustig? Entschuldigen Sie. Sie wissen wohl nicht, worauf es im Leben ankommt! Disziplin!

8]

Endlich: Die Welt wird ideal!

An sich sollte man doch meinen, jetzt, nach den epochalen Erkenntnissen Immanuel Kants, würde die Philosophie bescheiden. Nun, da klar ist, dass man das »Ding an sich«, die äußere Welt, nicht erkennen kann und Gott und Metaphysik zusammen unter »G« wie »Glaube«, aber eben nicht unter »W« wie »Wissen« oder gar »Wahrheit« einsortiert worden sind, da werden die Denker doch bestimmt kleinere Brötchen backen. Allemal wo doch auch die politischen Freiheitsträume der deutschen Politik in der Paulskirche zerlabert worden sind. Kurzzeitig hatte man ja meinen können, auch in Deutschland würde es revolutionär. Man debattierte aber so dermaßen lange über die großen Fragen von Gerechtigkeit, Wahrheit, Freiheit etc., dass schlussendlich der zunächst vom revolutionären Tun geschockte Adel sich von nämlichem Schock erholte und die Aufständischen verhaften ließ. Danach war dann Restauration angesagt.

In Frankreich, da war Revolution. Aber als so durchweg erfreulich stellte sich das Terrorregime unter Marat und Robespierre insgesamt auch nicht heraus. In England herrscht pragmatischer Empirismus, immerhin hatte man da schon seit Jahrhunderten ein Parlament und wusste inzwischen, dass einen das auch nicht weiterbringt. Und in Deutschland halt sowieso nicht. Da regieren nach einem kurzen Aufflackern von republikanischem Geist sogleich wieder Zensur und Kleingeistigkeit.

Man sollte also meinen, dass da doch wohl die Dichter und Denker jetzt keine dicken Bände mit Titel wie »System des ...« mehr erzeugen. Keine überspannte Gedankenakrobatik, sondern nützliche, vernünftige und redliche Rationalität. Aber alles kommt wieder einmal ganz anders, als man denkt. Im Tübinger Stift wohnen auf einer Studentenbude Hegel, Schelling und Hölderlin zusammen und erschrecken mit ihrem Überintellekt die Professoren. Man kann sich direkt vorstellen, wie die Herrn Lehrer auf der Flucht vor den tiefen Fragen der drei von der Gedankenstelle das Weite gesucht haben. Denn genau jetzt beginnt in Deutschland die fruchtbarste – fast hätte ich geschrieben »furchtbarste« – Phase der Großdenkerei. Es beginnt der von allen Philosophiestudenten gefürchtete deutsche Idealismus.

Goethe lässt seinen Werther den programmatischen Satz der neuen Ära sagen: »Ich kehre in mich selbst zurück und finde eine Welt.« Will sagen, die Welt ist Mist, sogar das Wetter ist schlecht, denn die kleine Eiszeit dauert immer noch an. Die Chance zur politischen Erneuerung ist auch vertan, also ab in die Innenwelt, nach

Kant gibt's doch sowieso nichts anderes, und die wird man sich jetzt geräumig möblieren. Mit dem Wahren, Guten und Schönen. Man erfindet sich neu als »Ich«. Ein empfindsames und schmerzensreiches Ich, das gerne mal an der harten kalten Welt verzweifelt. Nach der Lektüre von »Werthers Leiden« schickt es sich für einen Jüngling des 18. Jahrhunderts, ernsthaft zu erwägen, sich stilvoll aus dem Dasein zu subtrahieren. So mancher denkt nicht nur darüber nach, sondern entleibt sich tatsächlich. Ein künstlerischer Sensationserfolg. Wenn ein Buch Leben kostet, dann will es jeder lesen. Goethe wird von nun an in Deutschland, was Dichten und Denken angeht, das Maß aller Dinge sein. Und er ist in seiner Eigenschaft als Sturm-und-Drang-Genie den Philosophen mit seiner Ich-Begeisterung um eine Dichternasenlänge (was in Schillers Falle übrigens gar nicht so kurz ist) voraus: Er erdenkt und erdichtet sich das Ich, das jetzt eine neue Innerlichkeit auslöst und allerlei Begehrlichkeiten weckt.

Begehrlichkeiten, die uns Moderne bis heute ins Burn-out jagen. Alles soll das Ich erleben. Liebe und Hass. Verzweiflung und Freude. Ekstase und Tiefe. Nur keine Langeweile. »Genug ist nicht genug« wird der Schweizer Conrad Ferdinand Meyer dichten. Der ist zwar schon der Epoche des Realismus zugeordnet, doch damit zeigt sich, wie tief sich die Forderung nach totaler Ich-Erfüllung in die Kultur gebrannt hat. Die Dauergier nach Erlebnissen wird ab jetzt das oberste Gebot – und es gilt bis heute –, das Event, bei dem du nicht teilgenommen hast, die Lust, die du versäumtest, der Sex, den du nicht hattest, das ist deine größte Schuld. Und die wird nie vergeben. Von wem auch? Gott war zwar noch nicht tot, erst Heine und Nietzsche werden ihn zu Grabe tragen, aber zu Beginn des 18. Jahrhunderts hatte ihm Kant immerhin schon eine Vitrine im Museum der Denkgeschichte freigeräumt.

Der deutsche Idealismus wird zwar insgesamt mit Ergebnissen aufwarten, die unhaltbar sind, aber bis heute die im Nachhinein wirkungsmächtigste Denkbewegung bleiben. Bringt er doch nicht nur die Lust an der totalen Ego-Erfüllung hervor, die uns heute in den Versuch zwingt, mindestens drei Leben gleichzeitig zu führen, sondern auch den einflussreichsten Philosophen aller Zeiten: Karl Marx. Aber dazu später.

Zunächst muss man sich fragen, warum das Ich denn plötzlich so wichtig ist. Warum ist es nach Kant, der doch nur in aller Redlichkeit die Begrenztheiten des Erkenntnisorgans aufzeigen wollte, auf einmal zum Event-Coach des totalen Ego-Taumels geworden? Schuld ist wie immer keiner, es war wohl der Zeitgeist, der feinstoffliche Luftikus. Nämlichen aber erkannte Johann Gottlieb Fichte und brachte ihn als Philosophie zu Papier. Fichte hatte seinen Kant gelesen, doch möglicherweise nicht genau so verstanden, wie jener verstanden werden wollte. Man weiß es nicht. Kant verstirbt, bevor sich Fichte zum Verkünder und Hohepriester der neuen Ich-Ekstase aufschwingt und kann ablebungsbedingt keine Stellungnahme mehr abgeben.

Fichte ficht gegen das Nicht-Ich

Von Kant hatte Fichte gelernt, dass man das »Ding an sich« nicht erkennen kann und dass die äußere Welt vom eigenen Ich erzeugt wird. Doch an dem, was bei Kant ein Aufruf zur ultimativen Denkbescheidenheit war, begeistert sich Herr Fichte nur mäßig. Hat der Geist nicht welterschaffende Fähigkeiten? Und wenn das Ich eine Welt erschaffen kann, wozu braucht man dann noch einen Gott?

Jetzt darf man Herrn Fichte nicht falsch verstehen, er will schon noch anerkennen, dass es die äußere Realität gibt, auch er ist kein Solipsist, aber die Realität interessiert ihn nicht. Warum auch, wo doch bewiesen ist, dass man sie nicht erkennen kann. Er will *in sich* und *für sich* seine Welt erschaffen und dafür postuliert er ein Mega-Ich, das alles kann. Und die Mehrheit der Dichter und Denker folgt ihm begeistert in die Innenwelt. Jetzt ist das Empfinden der Poeten, die in jedem fallenden Herbstblatt die Vergänglichkeit der Welt erblicken und in jede vorbeiziehende Wolke ihre geheimsten Wünsche projizieren, endlich legitimiert. Jetzt darf man die Wirklichkeit da draußen getrost als Spiegel der eigenen Seele bestaunen. Überall ist nur noch Ich. Der Baum da drüben, das bin auch ich. Hab ich den nicht prima gemacht? Und der Himmel. Der ist mir doch auch wieder recht vorzüglich geworden. Die anderen und die Welt sind das Nicht-Ich. Und Sie es ahnen schon – das Nicht-Ich stört, nervt und atmet einem die ganze frische Luft weg. Was tun? Einfach noch tiefer in das eigene

Selbst eintauchen, da liegt die Lösung aller Fragen verborgen.

In seinem durchaus lesenswerten Buch »Über die Bestimmung des Menschen« erläutert Herr Fichte die Vorteile seiner Sicht der Dinge. Er nähert sich zunächst dem eigenen Ich von außen. Sozusagen die Welt aus spinozistischer Sicht. Betrachtet man die Welt nun von außen (obgleich es da die von Kant erkannten erkenntnistheoretischen Schwierigkeiten gibt), dann erkennt man mittels Deduktion das Gesetz von Ursache und Wirkung, das allüberall anwest. Die Welt ist ein Uhrwerk, ein Rädchen greift ins andere, eine Bewegung erzeugt die nächste Bewegung. Überall ist Notwendigkeit, nirgends Freiheit. Sortiert man sich mit seinem eigenen kleinen Leben in diesen Megaapparat mit ein, dann ist man auch nichts weiter als ein Rädchen in der herzlosen Nicht-Ich-Riesenmaschine. Getrieben von Naturgesetzen und deren unerbittlichen Notwendigkeiten ist da von außen betrachtet kein transzendentes Ich zu finden, kein Wollen und vor allem keine Freiheit.

Das sieht auch Fichte so. Doch es gefällt ihm nicht. So macht das Leben keinen Spaß. Ein Scheinindividuum in der Kismet-Welt der totalen Notwendigkeit will er nicht sein. Deswegen lässt er jetzt in seinem Buch einen Engel auftreten. Eine bezeichnende Wahl, ist doch ein Engel ein Bote des Herrn, ein transzendentes Luftwesen, eingeschwebt aus dem Reich der Mythologien. Und dieser Engel zeigt ihm jetzt, wie er sich, der fröhlichen Pippi Langstrumpf gleich, seine Welt so machen kann, wiediewiediewie sie ihm gefällt. Er schaut einfach aus der anderen, der inneren Perspektive auf die Welt da draußen. Sozusagen vom Ich aus Richtung Nicht-Ich. Und tatsächlich, guckt man von innen nach außen, dann findet man ein Ich vor, nämlich eines das guckt. Wäre es nämlich nicht da, was würde denn dann da gucken?

Dieses Ich ist plötzlich auch frei von den Zwängen der Notwenigkeit. Es setzt apriori seine transzendenten Bedingungen und schreitet erhobenen Hauptes, welches man, wie den Rest der Welt auch, eigentlich doch erst durch sein Ich selbst geschaffen hat, in die ebenfalls von der eigenen Wahrnehmung hervorpraktizierten Außenwelt. Die dann ja eigentlich eine Innenwelt ist, weil, wie wir ja von Kant gelernt haben, man an das Außen gar nicht herankann. Und in dieser selbst gemachten Welt, da lässt sich's trefflich empfinden und philosophieren.

Heute, lange nachdem Nietzsche und Freud unabhängig voneinander das »Es« entdeckt haben (das in Wahrheit unseren Willen lenkt), und uns auch die modernen Hirnforscher sagen, dass das mit dem freien Willen wohl eher eine Einbildung ist (denn das, was wir unseren Willen nennen, scheint nur eine nachträgliche Begründung unseres Bewusstseins für unsere Handlungen zu sein, deren Initialzündung aber unser geschätztes Bewusstsein gar nicht ausgegeben hat), da sind wir einer solchen fichteschen Ich-Begeisterung gegenüber deutlich skeptischer.

Aber dennoch ist die Geste des »Ich will alles« noch längst nicht erschlafft. Erst heute treibt sie uns maßloser denn je alle in den Wahnsinn. Arbeiten, erfolgreich sein, liebe- und verständnisvolle Partner sein, auch im Urlaub einen Event nach dem anderen abarbeiten, jede Mode mitmachen, schön sein und dabei auch noch ständig Sex haben. Das hält kein Ich aus.

Hegel holt sich die Welt zurück – und erklärt sie erschöpfend

Misstrauisch gegenüber der bewusstseinsseligen Ich-Taumelei ist Hegel. Der wird wieder deutlich mehr den Blick von außen ins Visier nehmen. (Die kantschen Einsichten von wegen Beschränktheit der Erkenntnis sind irgendwie über Fichte in Vergessenheit geraten.) Geht doch Hegel in seiner Weltdeutung von Begriffen aus, von denen er behauptet, diese seien *unmittelbar* mit der Wirklichkeit verknüpft. Berühmt ist der hegelsche Satz: »Was vernünftig ist, das ist auch wirklich und was wirklich ist, ist auch vernünftig.« Da war aber jemand schon lange nicht mehr in der Wirklichkeit zu Gast. Also wenn die Wirklichkeit ein Attribut zugeschrieben bekommen soll, das sie mit einem Wort beschreibt, dann fiele den meisten wohl eher nicht »vernünftig« ein. Vielleicht mehr so was wie: irrsinnig. Oder grausam. Oder eben sonst wie grauenhaft. Aber vernünftig? Wie kommt man auf so was?

Nun, Hegel will eben die Welt grundsätzlich bejahen. Alles was passiert ist gut (aus seinem erhabenen Blickwinkel des alles bestimmenden Weltgeistes heraus), und führt über kurz oder lang (schon eher über lang) hin zu einer besseren Welt. Und er sagt: Die Geschichte ist eine

Geschichte des Fortschritts. Aber wer schreitet da fort? Eben der Weltgeist. Dieses flüchtige Gespenst durchwirkt, glaubt man Hegel, unser aller Dasein. Denn die Welt ist nicht nur eine materielle, das wissen wir schon, sondern auch eine geistige, was wir auch schon wissen, allein, die beiden sind, so Hegel, einander gleich. Quasi parallel, wie damals schon vermutet vom Denkkollegen Spinoza. Und da die wirkliche Welt und die der Begriffe so eng verwandt sind, kann Hegel jetzt einfach nur über Begriffe nachdenken und seine Ergebnisse dann problemlos auf die Wirklichkeit übertragen. Wenn es trotzdem einmal nicht passt, dann haben die Tatsachen eben Pech gehabt.

Hegel greift da implizit auf das leibnizsche Motto zurück, wir lebten in der besten aller möglichen Welten. Nur hatte Leibniz diese Erkenntnis noch der vermuteten Güte Gottes abgerungen, der ja in seiner Erhabenheit nichts anderes als das Vollkommenste schaffen kann und daraus geschlossen, wenn uns die Welt nicht passt, ist nicht die Welt schuld (und damit dann mittelbar auch Gott), sondern wir selber. Bei Hegel übernimmt jetzt die Stelle Gottes der alles durchdringende Weltgeist. Der ist vernünftig und deswegen muss auch die Welt vernünftig sein oder zumindest auf dem Weg dahin. Das erfährt Hegel aber nicht durch seine Analyse der Welt, sondern der Begriffe, die er der Welt unterschiebt.

Nur: Hatte nicht Kant bei seiner Widerlegung des ontologischen Gottesbeweises überzeugend dargelegt, dass ein Begriff keines seiner Attribute allein durch die Tatsache verliert, dass er nicht real ist? Das war ja – Sie erinnern sich – das Argument von Anselm von Canterbury gewesen, der Gott schon dadurch bewiesen sehen wollte, dass Gott vollkommen ist. Und zur Vollkommenheit, meinte Herr Canterbury, gehört natürlich auch die Existenz. Sonst ginge nämlicher Vollkommenheit doch etwas Entscheidendes ab. Da geht nix ab, kontert Kant. Denn die Vollkommenheit, die Gott als Attribut verpasst wird, ist nur ein Begriff. Und ein Begriff ist ein Begriff und die Realität ist die Realität. Die beiden können, müssen aber nichts miteinander zu tun haben.

Also könnte man meinen, dass man den gesamten Hegel plus Weltgeist in die Tonne treten könnte. Aber der erfreute sich bei seinen Zeitgenossen großer Beliebtheit. Seine Botschaft kam einfach zu gut an, besonders bei den Mächtigen. Sagte er doch, dass letztlich alles gut wird, und zwar von ganz allein. Auch wenn uns heute manches grausam, brutal oder rückständig vorkommt – der Weltgeist wird's schon richten. Und alles, was jetzt noch auf unseren Seelen lasten mag, von wegen Zensur, staatlicher Willkür und Absurdität, das seien alles insgesamt gesehen positive Schritte auf dem Weg hin in eine strahlende Zukunft der Vernunft. So etwas hört man gern.

Und außerdem lernten die Menschen von Herrn Hegel auch die berühmte Dialektik. Die hatte Hegel zwar im Wesen von Fichte übernommen, aber keiner wusste sie so herrlich anzuwenden wie Hegel, um sich die Welt als Ausbund der Vernunft oder zumindest auf dem Weg dorthin schön zu denken. Er dialektisierte zu diesem Zwecke mal kurz die Weltgeschichte durch und fand heraus: Es geht voran. Der Weltgeist entwickelt sich immer weiter. Ein evolutiver Prozess, der notwendig erzeugt, dass aus dem einen das andere folgt. Das haben wir ja auch in der Schule noch so gelernt. Auf eine These erfolgt die oppositionelle Antithese, die beiden aber dialektisiert man zusammen zu einer versöhnlichen Synthese, die dann wieder selbst zur These wird und das Spiel beginnt von Neuem. Auf Sturm und Drang folgt die Klassik. Auf die, die Romanik. Auf die der Biedermeier. Und so weiter bis heute.

Das kann man freilich so sehen. Muss man aber nicht. Denn auf eine Sache folgen jede Menge anderer Sachen, und zwar aus vielen Gründen. Und so ist diese dialektische Sichtweise, die den Fortschritt der Menschheit als der Historie immanente Tatsache verkündet auch nur eine Art, die Geschichte zu sehen. Die stört es nicht. Der wird ständig eine neue Sichtweise drübergebürstet. Die Geschichte als eine Art Endlosroman. Eine Geschichte eben. Wenn sie nett erzählt ist, dann freuen sich die Menschen. Und gern wird die Geschichte auch so erzählt, dass sie dem Erzähler oder doch zumindest dem, der den Geschichtenerzähler zahlt, dienlich ist. Ob das aber je etwas mit dem zu tun, was tatsächlich damals passiert sein mag? Wer weiß das schon? Ach ja, der Weltgeist. Aber der redet auch nicht mit jedem.

Im Grunde ist es ganz einfach. Es geht darum, dass jeder Begriff auch schon sein Gegenteil mit in sich enthält. Sozusagen als unsichtbare Unterseite, die aber vom Denker nach oben gekehrt werden kann. Jetzt werden Sie sagen: Ein Begriff ist kein Ding und deshalb hat er auch keine Unterseite. Richtig. Aber er hat eine verborgene Seite. Sozusagen einen unbewussten Anteil, der immer schon im Begriff mit gesagt ist, aber ohne, dass das unbedingt bemerkt wird. Ein Beispiel: Sehen Sie sich doch bitte einmal diesen schönen roten Sportwagen an. Was sagt er Ihnen?

Sportwagen sagen gar nichts? Weil sie nicht reden können? Kommen Sie – das Auto da oben hat doch eine

Abb. 14] Egoprothese Protzo Plus.

Botschaft. Und die lautet: Ich bin schick und war sehr teuer und ich verkünde durch meinen üppigen Chromglanz und meine auffallende Rotheit, dass mein Besitzer ein toller, dynamischer Typ ist, der sich mich leisten kann, weil er über üppige Produktionsmittel verfügt und von enormer Potenz durchwirkt ist. Wer mich fährt, ist fast schon James Bond. Der Inbegriff des virilen Übermannes. Eigentlich bin ich eine fahrende Erektion. Denn ich bin eine Verlängerung desjenigen, der mich besitzt. Im wahrsten Sinne des Wortes. Wer in mir sitzt, mit dem verschmelze ich zu einem neuen, viele Hundert Pferdestärken mächtigen Megakraftkörper. Kurz: Ich mache dich schön. Das ist die eine Seite. Sozusagen die Oberseite des Begriffes.

Aber gleichzeitig brüllt einem doch so ein protziger roter Sportwagen entgegen: Mein Besitzer hat mich nötig! Er ist in der Midlifecrisis und will Zwanzigjährige mit mir beeindrucken, obwohl er nicht mehr so besonders viel Tinte im Füller hat. Sein Haupthaar wird lichter und an seinem Körper hängt seine Haut herunter wie ein zu großer schwabbeliger Überzieher. Daran ändert sich auch nichts, seit seine neue Freundin ihm jetzt dreimal in der Woche Pilates verordnet hat. Deswegen bekommt er vermutlich noch etwas früher seinen wohlverdienten Herzinfarkt. Was aber wohl auch der Zweck der ganzen Aktion ist, denn die Kleine will ihn heiraten und dann ganz schnell durch stressigen Extremsex töten, um ihn anschließend zu beerben. Ach ja – und er ist eine unsoziale Ökosau! Denn ich verbrauche schon beim Anlassen so viel Sprit wie Ihr Kleinwagen auf fünfzig Kilometern. Man sieht – zwei Botschaften auf einmal. Nur bei der zweiten muss man grinsen.

Man kann die Denktechnik der Dialektik freilich auch gewinnbringend auf gewichtigere Begriffe anwenden, wie zum Beispiel auf den Begriff »Menschenrechte«. Die hatte man doch dereinst festgeschrieben, um ein für alle Mal klarzustellen, was man mit Menschen machen darf und was nicht. Um die Würde des Menschen zu sichern, und um ein Programm für die Zukunft auf-zustellen, auf dass nach und nach in allen Staaten die-ser Erde nämliche Menschenrechte in der täglichen Praxis umgesetzt würden und auf dass der Weg geebnet werde hin zu einem brüderlichen und schwesterlichen Miteinander und zu einer glorreichen prosperierenden und friedlichen Zukunft. Das hat bislang nicht funktio-niert. Auch nicht bei den Staaten, die die Charta der Menschenrechte feierlich unterzeichnet haben. Warum? Nun, vielleicht auch, weil die Antithese des Begriffs »Menschenrechte« ist, dass Menschen eben keine Rech-te haben, deswegen muss man sie ja aufstellen. Aber schon durch den Akt der Festschreibung wird offenbar, dass die Menschenrechte weder klar noch eindeutig sind und dass sie, wie alle anderen Rechte auch, eine Verein-barung und eben kein Naturrecht sind. Mit dem Begriff der Menschenrechte hätte man also nur etwas ins Leben gerufen, das man im Anschluss kraftvoll mit den Füßen treten kann.

Das wäre also die dialektische Sichtweise. Nicht un-bedingt These, Gegenthese und die beiden verschmelzen kompromisslerisch zu einer janusköpfigen Synthese.

Nein, der Begriff allein ist schon Synthese, dadurch dass in ihm sowohl die These als auch die dazugehörende Antithese enthalten sind.

Wenden wir nun diese Denkbewegung mal auf den Begriff Dialektik selbst an. Was passiert denn da? Wäre die Antithese zur Dialektik die begriffliche Eindimensionalität? Ist die andere Seite der Dialektik, dass gerade sie keine andere Seite hat? Oder wäre die Antithese zur Dialektik (die ja selbst eine Metathese ist, die beschreibt, wie Begriffe sich zueinander verhalten), dass es nicht nur einen Gegenbegriff zu einer These gibt, sondern gar viele?

Um das zu klären, machen wir kurz einen Abstecher in den Bereich des total Abstrakten, nämlich in die Welt der Zahlen. Was wäre denn die Antithese zum Begriff »eins«? Doch nicht zwei oder minus eins, sondern nicht-eins. Und nicht-eins ist jede andere mögliche Zahl, die eben *nicht* eins ist. Das wären unendlich viele.

Wenn wir diesen Gedanken mit zurücknehmen in unsere Versuche, Begriffe zu analysieren, dann sagt uns der Begriff Dialektik möglicherweise nur, dass er nicht so eindeutig ist, wie man glauben könnte. Es gibt für jede These eine ganze Menge Antithesen und ob dessen ist die dialektische Arbeitsweise vielleicht doch nichts anderes als eine Form der Poetik. Denn durch die Auswahl der Antithese zu einem Begriff aus dem Meer der möglichen Antithesen bestimmt man durch eben diese Auswahl den Fortgang des dialektischen Prozesses. Der ist dann eben nicht mehr logisch notwendig so wie er ist, sondern, vielleicht sogar unbewusst, manipuliert. Man kann also, so betrachtet, mit der Methode der Dialektik jedes erwünschte Ziel erreichen. Damit wäre die Dialektik aber keine Methode der abstrakten Wissenschaft mehr, deren Ergebnisse Anspruch auf Objektivität erheben dürfen, sondern nur noch ein Teilgebiet der Rhetorik. Ein manipulativer sprachlicher Trick, um seine Argumente durchzudrücken.

Einschub Ende

Auch Hegel selbst verkörperte in sich eine gewisse – man könnte sagen – zynische Dialektik. War er doch durch den Erfolg seiner Schriften zu großem Einfluss und in die Nähe der Staatsmacht gekommen. Und diese Nähe nutzte er durchaus, um ungeliebte Kritiker seiner Philosophie bei den Behörden als Tunichtgute anzuschwärzen, um ihnen Schreibverbot erteilen zu lassen und so die Denkkonkurrenten vom Markt zu nehmen. Auf der anderen Seite soll er sich an jedem 14. Juli, zur Feier der Französischen Revolution, ein Glas Rotwein eingeschenkt haben. Aber mei, der Weltgeist hat da offensichtlich Verständnis.

Marx macht mobil

Andere aber waren unzufrieden mit Hegels Konservativismus. Sein berühmtester Schüler wird den Satz absondern: »Es kommt nicht mehr darauf an die Welt zu interpretieren. Wir müssen sie verändern.« Der Satz stammt von Karl Marx. Mit dessen Erscheinen im Weltgeist wendet sich die Dialektik gegen Hegel hin zu neuen revolutionären Gedanken. Und der Weltgeist wird jetzt ersetzt durch einen eben nicht mehr verblasen-geistigen, sondern einen kernig-kriegerischen, nämlich den Geist des Klassenkampfs. Der, will Karl Marx herausgefunden haben, durchwirkt tatsächlich die Geschichte, die, quasi gleich nebenher, schon wieder neu erfunden wird. Jetzt als Geschichte der Klassenkämpfe. Nämliche aber führe ebenfalls, wie damals Dank des Weltgeists, hin zu einer vernünftigen, weil gerechten Gesellschaft, die jetzt einfach klassenlos heißt. Das Paradies ist also nun nicht mehr in der Vergangenheit verortet (Sie wissen schon: die Vertreibung unsereins daraus durch einen beleidigten Gott), es liegt jetzt in der Zukunft, als telos der menschlichen Entwicklung. Das war immer schon so, meint Herr Marx, aber vor ihm ist das halt keinem aufgefallen.

Dass es zur klassenlosen Gesellschaft kommt, ist, so Marx, eine notwendige, also absolut sichere Entwicklung. Denn eigentlich müsste man nichts tun als abzuwarten, bis der Kapitalismus sich selbst aufgefressen hat. Dann kommt aufgrund der historischen Dialektik die gerechte klassenlose Gesellschaft schon von selber. Aber ein bissel nachhelfen kann trotzdem nicht schaden. Wollten doch die kommunistischen Denker eben keine Denker mehr sein, die in der luftigen Welt des Geistes Blütenträume erzeugen, sondern im Gegenteil, kernige Geistesarbeiter für die gerechte Sache.

Aber um diesen wünschenswerten Zustand des Kommunismus möglichst bald herbeizuführen, muss ein neuer Mensch her. Der alte ist von sich entfremdet durch das Kapital und taugt nicht mehr. Heute wissen wir, ab da wurde es gefährlich. Immer wenn irgendwo der neue Mensch gefordert wird, sollte man schleunigst das Weite suchen, dann wird es meist zeitnah recht hässlich. Wird der neue Mensch doch besonders gern in Umerziehungslagern erzeugt.

Doch konnte man das schon zu Marxens Zeiten ahnen? Da war man noch zu Recht bewegt von der Not der Arbeiter und vom Zynismus der Herrschenden, da konnte man noch ganz Kämpfer für die gute Sache sein. Dass sich alsbald schon der realexistierende Sozialismus als ziemliche Pleite in jeder Hinsicht entpuppen würde, das konnte man noch nicht wissen. Nur – hätte man nicht wissen müssen, dass es keine Wahrheit gibt? Auch keine sozialistische Wahrheit? Dass jedes Denksystem, das sich für abgeschlossen und vollständig hält, auf jeden Fall Panne ist? Das hätte man wissen können. Sokrates und Kant hätten dafür Pate gestanden. Die hat Herr Marx auch bestimmt gelesen. Und bestimmt auch tiefer und besser verstanden als ich. Aber die Entscheidungen trifft eben nicht der Verstand. Der Mensch ist vom Gefühl regiert und damit irrational. Der Marxismus ist ein Beispiel für das Paradox, dass sogar die Ratio irrational sein kann. Denn vernünftig begründen kann man im Nachhinein alles. Sogar die Idee, die klassenlose Gesellschaft würde aufgrund eines quasi mechanischen Effektes schon kommen – aber kämpfen müsse man trotzdem jetzt dafür, sonst kommt sie nicht.

Aber man soll den Herrn Marx auch nicht nur mies-machen. Seine geniale Analyse des Kapitals sei jedem Wirtschaftsheini zu studieren zur Pflicht gemacht. Und solange er auf den von Hegel vorgezeichneten Bahnen bleibt, leistet der Mann hervorragende Arbeit. Nämlich als jemand, der die Welt eben genau nicht verändert, sondern nur analysiert. Das macht er so brillant wie kaum ein Zweiter. Nur mit dem eher »messianischen« Teil der notwendigen Herbeiführung der klassenlosen Gesellschaft ist er hinein in die politische Realität, und damit über sein denkerisches Ziel hinausgeschossen. Oder besser: Wieder dahinter zurückgefallen. Hatte er doch, ohne dessen gewahr zu werden, nur eine weitere Erwartungsreligion gegründet. Neben den Juden und den Christen, die auf den Messias warten, warten jetzt auch noch die Kommunisten auf den Kommunismus.

Die Welt ist immer noch, wie bei Hegel und letztlich sogar wie bei Aristoteles teleologisch, der Weg der Ge-schichte sollte zu einem klar definierten Ziel führen. Mit Aristoteles hat Marx ebenfalls gemein, dass seine denke-rische Arbeit nicht als Theorie gelten soll, denn sie hat den Anspruch wissenschaftlich zu sein. In Wahrheit aber ist der Marxismus ein Dogma. Kein Wunder, dass sich am Ende aus dem marxistischen Denken eine Partei ent-wickeln wird, die nicht unrecht haben kann und damit ihrem Erzfeind, der katholischen Kirche in Teilen doch unerquicklich ähnlich ist. Die marxistische Theorie, die keine Theorie sein will, da Theorien ja erstens Beweise brauchen und zweitens falsch sein können, ist also dem deutschen Idealismus treu geblieben. Sie setzt ans Ende der Geschichte ein Ideal. Eine Utopie. Aber eine Utopie, die sich für eine Realität ausgibt. So wie Hegel schon seine Begriffe und die Wirklichkeit verwechselt hatte.

Marx nachfolgend, hat sich natürlich auch Gutes durchgesetzt. Die sozialistische Partei ist zwar eine Kirche geworden, die in ihren eigenen Dogmen erstarrte, doch immerhin hat sich die Sozialdemokratie, ebenfalls inspiriert vom marxschen Denken, aber abgefallen von der reinen Lehre, die wie immer nur ins reine Leere führt, ebenfalls durchgesetzt. Und die war nach ihrem, oder besser durch ihren Sündenfall weggeglitten von der Pseudowissenschaft der historischen Dialektik hin zur politischen und gesellschaftlichen Realität. Da scheint die Sache mit der Dialektik nun doch wieder recht stimmig. Aus einer nüchternen und inspirierten Analyse unserer munteren Warenwelt wird mir nichts dir nichts die unwissenschaftliche Antithese der klassenlosen Gesellschaft. Und dieses Märchen wiederum wird dialektisch umgewandelt in die bedeutendste und progressivste politische Strömung des 19. und 20. Jahrhunderts, indem man die Zauberzukunft der totalen Gerechtigkeit zugunsten des politischen Realismus über Bord wirft.

Während in Deutschland die Geschichte also wieder und wieder neu erfunden wird, denkt man auch in England genau über historische Zusammenhänge nach. Doch dort noch deutlich umfassender, denn Charles Darwin schreibt an nichts Geringerem als einer umfassenden Geschichte allen Lebens auf der Erde. Und als einer der Ersten schafft er es eben nicht, seine Deutung auf kontingente Ereignisse zu pressen, bis die Ereignisse ein Einsehen haben und aufgeben. Nein, er findet einen Mechanismus, der allen bisherigen Versuchen, die Vergangenheit zu verstehen zuwider läuft.

9]

Der »früher war alles besser«-Irrtum

Bevor wir aber jetzt zu dem epochalen Denken von Charles Darwin kommen, will ich noch ein wenig ausholen, um das radikal neue der Idee von der Evolution aufzuzeigen. Immerhin verneint das darwinsche Denken eine Grübelgeste, die über Jahrtausende bestimmend war und uns bis heute gefangen hält.

Denn haben Sie nicht auch manchmal Sehnsucht nach der guten alten Zeit? Nach diesen sonnigen Sommertagen, die viel länger und heißer waren als heute? Als die Äpfel noch richtig nach Apfel schmeckten und man noch keine Sorgen hatte? Ach, ich auch. Aber machen wir uns nichts vor. Diese Zeiten hat es nie gegeben. Früher war natürlich nicht alles besser. Früher war Weltkrieg, Diktatur, Inquisition und Unterdrückung. Die Ärzte verschrieben einem Aderlass gegen Krebs und die Zahnbehandlung führte der Schmied durch. Und trotzdem – so ganz kann man sich des Gefühls nicht erwehren, früher wäre alles, wenn schon nicht besser, so doch vielleicht echter und einfacher gewesen. Aber das stimmt freilich auch nicht. Früher waren wir nur jünger und dümmer und hatten deswegen die Probleme nicht, die uns heute quälen. Nicht deswegen, weil sie nicht da gewesen wären. Wir haben sie nur ignoriert. Aus Doofheit.

Aber ist denn die Welt nicht viel gewalttätiger geworden, fragt man sich? Die Antwort lautet auch hier: nein. Im Gegenteil. In einem Aufsatz meines Lieblingssoziologen Joachim Kersten habe ich kürzlich gelesen, dass man herausgefunden haben will, dass trotz Darfur, dem Nahen Osten, Tibet und Tschetschenien die Gewalt weltweit insgesamt ab- und nicht zunimmt. In den westlichen Industrienationen sowieso. Wir haben jede Menge zivilisierter Formen von Gewalt erdacht, bei denen niemand zu Schaden kommt: Fußball. Überhaupt Sportveranstaltungen. Kleine Kriege, zwar mit Verlierern aber meist ohne Tote. Und Film und Fernsehen. Gewalt ohne Ende, aber nur simuliert. Und natürlich die perfekte Kriegssimulation im Computerspiel. Gut, die Kinder werden dick und dumm. Aber sie killen (meist) ausschließlich virtuell. Das ist doch etwas. Oder denken Sie an diese oft Tage dauernden Open-Air-Konzertveranstaltungen, bei denen sich Adoleszente und die Berufsjugendliche ballen, um alldorten Musikgruppen zu lauschen, deren Stromgitarren so laut sind, dass startende Jumbojets vor Neid erblassen würden, wenn sie das könnten. Die Musikanten sehen aus wie Menschen, die nach dem Konzert Geiseln nehmen, die Zuhörer sehen aus wie ungewaschene Satanisten, in allen Liedern geht es um Zerstörung und Leid und insgesamt wirkt die Veranstaltung von außen betrachtet so amüsant wie die Nürnberger Parteitage. Aber alles nur Simulation. Die Bands kommen zwar rüber wie tätowierte Dämonen aus dem All, sind aber größtenteils dufte Kumpel. Die Kinder rempeln und schubsen sich. Allein, verletzt wird kaum jemand. Schlimmstenfalls gerät der Alkoholkonsum außer Kontrolle und der eine kotzt dem anderen vor lauter Eventbegeisterung ins Kapuzenshirt.

Überhaupt gilt Gewalt ja inzwischen weltweit, zumindest offiziell, als abzulehnen. Das war nicht immer so. Genauer gesagt, die meiste Zeit der Menschheitsgeschichte war das Gegenteil der Fall. Wenn man mit jemandem Streit hatte und dem dann den Schädel abgehackt hat, war der Fall meist erledigt. Und das fanden auch alle gut so. Noch vor dreihundert Jahren ergötzten sich die Menschen johlend an öffentlichen Hinrichtungen, und wenn einmal gar keiner zum Vierteilen da war, dann half man sich mit einer Katze aus. Nämliche wurde zur öffentlichen Volksbelustigung dann über kleiner Flamme gegrillt, bis nach Stunden der Tod eintrat. Die Menschenmenge delektierte sich derweilen an den Schreien der gemarterten Mieze. Das ginge heute nicht mehr.

Sicher gibt es immer noch Sadismus, Ungerechtigkeit und Grausamkeit in allen nur erdenklichen Formen. Aber die soziale Akzeptanz hat deutlich nachgelassen. Tatsächlich beschleicht den Autor manchmal das Gefühl, dass wir, die wir das Glück haben in Mitteleuropa zu leben und über ein geregeltes Einkommen zu verfügen, in der besten, gerechtesten, sichersten und offensten Gesellschaft leben, die Menschen zu gestalten möglich ist. Ich hoffe, ich täusche mich und in Zukunft wird alles noch viel besser. Aber ich denke nicht.

Nur, wenn das, was hier eben vorgebracht wurde, auch nur ein wenig Wahrheit enthält, woher kommt dann diese merkwürdige Denkbewegung des »früher war alles besser«? Das denken ja nicht nur wir heute. Das dachten die Menschen immer schon. In jeder historischen Epoche lässt sich diese Sehnsucht nach dem Damals finden. Schon immer taugte die Jugend »von Heute« nichts. Schon immer ginge es mit der Kultur bergab. Warum? Als mögliche Antwort auf diese Frage hätte ich zwei Vorschläge zu machen.

Jenseits von Eden oder Sesshaftigkeit war ein Fehler

Die größte bisherige Veränderung in der Lebensweise der bösen Schimpansen, die sich selber Homo sapiens nennen, fand vor etwa 8' bis 10 000 Jahren statt. Man wurde sesshaft. Zehntausende Jahre lang war man vorher in einem nimmer enden wollenden Campingausflug unterwegs gewesen. Hatte als Jäger und Sammler gelebt und das nicht schlecht. Tatsächlich zeigen die Skelette der Frühmenschen deutlich weniger Zeichen von Mangelkrankheiten, Hunger und früher Abnutzung als die der ersten Bauern. Denn ein Bauer ist an einen Ort gefesselt. Wenn das Wetter mal nicht mitspielt und die Ernte verhagelt, dann kann man einen Winter lang auf den Nägeln kauen. Nomaden ziehen einfach weiter, wenn's nicht gut läuft. Und zwar so lange, bis es besser läuft.

Außerdem ist ein Leben als Jäger viel spannender. Abends gibt es immer etwas zu erzählen. Wer war bei der Jagd ein Held? Wer ist in Mammutscheiße getreten? Da war immer was los. Bei den Bauern jahraus, jahrein dieselbe öde Maloche. Und auch bei sozialen Spannungen mit anderen Gruppen gab es für die Nomaden einfache Lösungen. Wenn man sich gar nicht leiden konnte, musste man sich nicht notwendigerweise die Schädel perforieren, um herauszufinden, wer recht hat. Man konnte beispielsweise einfach etwas ausmachen wie: Geht ihr da lang. Wir gehen dort lang. Und man begegnete sich höchst wahrscheinlich nie wieder. Die Welt war groß damals. Wenn bei einem Bauern übellaunige Mitmenschen zu Besuch kommen, um ihm die Lebensluft wegzuatmen, muss er, ob er will oder nicht, Soldat werden und seinen Besitz verteidigen. Oder Soldaten bei sich in der sozialen Bezugsgruppe als ständige Einrichtung durch Abgaben mitfinanzieren.

Die Erfindung der Immobilie ist also auch die Erfindung der sozialen Hierarchie. Einigen geht es besser als vorher. Den meisten aber nicht. Und warum hat man sich auf dieses Experiment überhaupt eingelassen? Für den Evolutionsbiologen Josef Reichholf hängt das hauptsächlich mit einer Klimaveränderung und dem Bierkonsum zusammen. Ganz kurz seine These: Das Wetter wird nach der letzten Eiszeit deutlich milder. Alles wächst und gedeiht, dass es nur so kracht. Die Welt ein Garten Eden. Weil alles im Überfluss da ist, muss man nicht mehr so weite Wege zurücklegen um seine Bedürfnisse zu befriedigen. Man fängt an, Samen auszustreuen und erntet nämliche, wenn man nach einer kleinen Nomadenrunde wieder an seinem Acker vorbeikommt. Nach Herrn Reichholf macht man aber aus den Körnern nicht zuallererst Brot. Dazu ist viel mehr Kulturerfahrung nötig. Immerhin muss die Backmischung erst erfunden werden. Doch man hat schon, während man unterwegs war und in Lederbeuteln Körner zum Knabbern aufbewahrt hat, herausbekommen, dass die sich nach einiger Zeit im Beutel verändern. Sie gären. Und wenn man sie in diesem Zustand zu sich nimmt, dann wird man prall. Man erfindet also im Vorbeigehen Getränke mit Rauschoption. Weil die Ernte aber jedes Jahr im Herbst stattfindet, hat man zu dieser Zeit besonders viele Körner zur Hand. Und weil der Rausch ja gesellig macht, organisiert man kultische Treffen von unterschiedlichen Nomadenfamilien, die sich dann volllaufen lassen und den Genpool durchmischen. Kurz, man erfindet das Oktoberfest. (Für einen Bayern wie mich ist es selbstverständlich ein naheliegender Gedanke, dass die Wies'n die Grundsteinlegung der Zivilisation bedeutet. Immerhin findet dort ja auch deren zeitweise Außerkraftsetzung statt.) Und bis man gemerkt hat, was läuft, ist man gar nicht mehr unterwegs. Man hat sich an sein Stück Land gewöhnt, nennt es sein Eigentum. Und schon nach ein paar Generationen ist die alte Lebensweise vergessen.

Abb. 15] Ein Haufen phallischer Klötze soll den Ex-Nomaden das neue Leben schmackhaft machen. Eine echte Steinerei.

Nun, vielleicht nicht ganz vergessen. Man nimmt nämlich zum Beispiel an, dass der Steinkreis in Stonehenge möglicherweise unter anderem eine Propagandamaßnahme war, um die nun ehemals freien Nomaden mit ihrem neuen Leben als geknechtete Bauern zu versöhnen.

Denn: Zu Zeiten, als das Leben noch ein ewiger Trip war, glaubten die fröhlichen Nomaden an die Macht der Mondgöttin. Zumindest glauben wir, dass sie das glaubten. Schließlich mussten die Mädels ja (und müssen bis heute) einmal im Monat der Mondin Tribut zollen. Da wird geblutet. Das hängt wohl irgendwie mit Fruchtbarkeit und Kinderkriegen zusammen. Wie genau, das kriegt die Menschheit erst mit dem Eintreffen des »Kinsey-Reports« wirklich heraus. Aber die mystische Monatsbluterei und der Mond werden als heilig betrachtet. Nur leider haben die frustrierten Landarbeiter zur Zeit der Errichtung des berühmten Steinkreises wohl die Sonne angebetet. Immerhin war deren Wechselspiel im Verlauf der Jahreszeiten jetzt lebensbestimmend für sie geworden. Stonehenge aber ist, sagen einige Forscher, ein Sonnen- *und* Mondkalender, der dazu benützt hätte werden können, den Sonnen- und den Mondkult miteinander zu versöhnen. Denn an einem Tag im Jahr scheinen (kurz nacheinander) erst die Sonne, dann der Mond durch ein und dasselbe Fenster der Anlage. Das könnte als Argument gedeutet worden sein, dass Sonne und Mond eigentlich sowieso das Gleiche sind und dass man zumindest spirituell eine Versöhnung zwischen der alten und der neuen Lebensweise hinkriegen kann. Und außerdem gibt's jetzt ja für die durch Sonne und Mond gleichermaßen erhellten, schwer schuftenden Bauern jedes Jahr mindestens einmal einen Vollrausch. Hat auch seinen Wert. Muss es haben, denn dieses Argument für die sesshafte Lebensweise zieht ja bis heute – sicher, dein Leben ist anstrengend, unnatürlich und macht dich irre. Aber du kannst Alkohol bekommen. Na dann.

Ja, zu dieser Zeit hatte der Satz: früher war alles besser, bestimmt noch seinen Sinn und vielleicht haben wir die Denkbewegung deswegen so gern, weil tief in den Eingeweiden unseres Bewusstseins eingespeichert ist, dass der Satz mal richtig war.

Gottes Eigentümergrundbuch

In der Bibel wird dieser Konflikt zwischen der alten nomadischen Lebensweise und der neuen ortsfesten Lebensweise des Bauern noch deutlich robuster ausgetragen. Kain erschlägt seinen Bruder Abel. Aus Neid, weil Gott ihn mit seinen Feldfrüchten mehr liebt als Kain mit seinem Opferlamm. Als Kind hab ich das nie verstanden und fand Gott einmal mehr ungerecht und launisch, weil er Zwist unter den Brüdern sät, anstatt moderierend zu wirken und beide zu lieben. Was hatte Kain denn falsch gemacht? Im Religionsunterricht wollte man mir weismachen, Kains Geschenk sei eben nicht mit Liebe gemacht worden. Aber das wollte mir auch nicht einleuchten. Nur, weil einer kein Schleifchen um seinen Präsentkorb gebunden hat, soll gleich Mord und Totschlag in die zu der Zeit noch gewaltfreie Welt kommen? Nun, man hätte mir eben erklären müssen, dass es in diesem Mythos um etwas ganz anders geht. Kain ist ein Auslaufmodell. Er ist Hirte und damit Nomade. Und Gott liebt die Immobilität. Also Abel. Der ist der neue Mensch. Und warum steht Gott auf bewegungslose Kulturen? Weil Nomaden in der Welt herumkommen. In frühbiblischen Zeiten beten Nomaden nicht unbedingt ihren eigenen Gott an, sondern immer denjenigen Gott, der eben da angebetet wird, wo sie gerade haltmachen. Es gibt also viele Götter in der Welt. Und der Nomade huldigt strukturell bedingt vielen von ihnen. Erst Abraham erfindet den transportablen Gott und führt die Neuerung ein, nur noch seinen eigenen Gott anzubeten und die anderen nicht. Das Konzept eines allumfassenden Gottes kann also nur von sesshaften Menschen entwickelt werden. Denn die huldigen so lange dem gleichen Gott, bis man sich an ihn gewöhnt hat. Und dann pumpt man ihn irgendwann zum einzigen Gott überhaupt auf.

Kain hat sich also der falschen Lebensweise schuldig gemacht. Einer Lebensweise, die leicht zu spiritueller Volatilität führt. Das mag der Herr nicht leiden. Der Gott des Alten Testamentes ist überhaupt sehr für Grund und Boden. Seinem auserwählten Volk verspricht er das Gelobte Land. Die Bibel ist bis heute also Gottes Eigentümergrundbuch. Grundbesitz und ein Konzept von einem allmächtigen Weltenherrscher sind eng miteinander verknüpft. Deswegen bevorzugt der Herr Abel. Den neuen Menschen, der über sein Verortet-Sein Konzepte wie den Monotheismus überhaupt erst zu entwickeln in der Lage sein wird. Der ortlose Kain dagegen ist erstens ein Auslaufmodell und außerdem vermutlich eine Quelle des Ärgers. Wir erinnern uns an den weit gereisten Xenophanes und dessen Feststellung, wenn Pferde Götter hätten, hätten die vier Beine. Ja, Reisen bildet. Aber Gott ist gegen Bildung, denn die nährt am Ende nur Zweifel an der göttlichen Allmacht und Autorität.

Und doch ist auch die Bibel durchzogen von einer Sehnsucht nach dem früheren Leben. Immerhin lebten Kain und Abels Eltern noch im Paradies. Im Zustand der Unschuld. Freilich ist da das Paradies der Kindheit gemeint, aus dem man mit dem Erwachen der Sexualität vertrieben wird. (Eva reicht eine *Frucht* und wird belabert von einer bösen *Schlange*. Da muss man kein großer Freudianer sein, um zu wissen, wovon hier eigentlich die Rede ist.) Aber in dem verlorenen Paradies könnte freilich auch noch die Sehnsucht nach dem schöneren Nomadenleben mitschwingen. Auf jeden Fall aber ist die Geschichte von Kain und Abel ein Hinweis, dass der Übergang von der einen zu der anderen Lebensweise nicht konfliktfrei abgelaufen ist.

Die »früher war alles besser«-Sehnsucht der Bibel hat aber noch einen anderen, gewichtigeren Grund. Und den findet man in der Genesis, beschreibt sie doch, wie unsereiner erzeugt worden ist. Wir sind von Gott gemacht. An sich ein banaler Lehmklumpen, feuchter Staub und anderer wasserlöslicher Dreck, doch Gott adelt uns, indem er uns seinen göttlichen Geist einhaucht. Die Psyche, der Wind, wird uns einpneumatisiert vom ewigen Überwesen und Weltschöpfer. Und in diesem Sinne sind wir verwandt mit Gott. Also geistesverwandt, weil er uns, so steht es geschrieben, nach seinem Bilde erschaffen hat. Wir sind gottähnlich, weil wir einen Geist haben. Nun, Spötter könnten an dieser Stelle sagen, aha, daher also unsere schlimmen destruktiven Impulse. Wir sind wie der Gott des Alten Testaments. Rachsüchtig, egoistisch, ohne zureichende Impulskontrolle und, wenn wir enttäuscht werden, mit einer Tendenz zum Genozid. Hatte doch auch Jehova aus Entnervtheit über allzu viel Lebensfreude in Sodom und Gomorrha gleich mal den ganzen Erdkreis überfluten lassen und damit die ganze Schöpfung mit einem Streich wegformatiert. Sicher, für den Re-boot hatte er Noah die Arche bauen lassen. Aber immer noch ein ganz schön grausiges Gemetzel. Darüber hinaus foltert er Hiob aufgrund einer zynischen Wette mit dem Teufel oder schickt überhaupt mal Plagen aller Art, wenn ihm danach ist. Und wenn wir mitunter genau so irre sind, dann kommt das eben daher, weil Gott uns das mit seinem Geist mit eingeblasen hat.

Oder wenn Gott doch gut ist, auch wenn man ihn nicht immer versteht, dann ist wohl beim Kopiervorgang der Geist-Einhauchung irgendetwas schiefgegangen. Aber wie auch immer. Wir sind und bleiben als Gottes Geschöpfe geadelt. Ein Funke der ursprünglichen göttlichen Reinheit ist noch in uns. Und daher kommt der Gedanke, früher war alles besser, weil wir so einen exquisiten Stammbaum haben. Wer von Urschleim und Affen abstammt, der soll sich schämen. Wer von ewigen Weltenschöpfern abstammt, darf stolz sein. Aber selbstverständlich weicht dieser adlige Kern immer mehr. Nützt sich von Generation zu Generation immer mehr ab. Schwindet durch Verteilung auf immer mehr missratene Individuen.

Platonismus fürs Volk

Für Friedrich Nietzsche war das Christentum nicht nur eine von Masochismus durchfurchte Sklavenreligion, die todessüchtig das Leiden lobt und den Körper verachtet. (Hätte er die Filme von Mel Gibson sehen können, dann hätte er mal gemerkt, wie recht man haben kann. Aber davon war Herr Nietzsche sowieso überzeugt.) Nein, das

Christentum war für ihn strukturell auch »Platonismus fürs Volk«. Später wird Marx bei dieser Formulierung eine Anleihe nehmen und vom »Opium des Volkes« sprechen.

Aber treten wir zunächst dem Gedanken von Herrn Nietzsche einmal etwas näher. Wieso Platonismus? Nun, Platon hatte ja mit seiner Unterscheidung des Seins, also der Welt der reinen geometrischen Formen, und des Seienden, also den übel riechenden minderwertigen Schatten der heiligen Urformen, den Himmel quasi erfunden. Im »Phaidon« freut sich Sokrates aufs Sterben und trinkt bestgelaunt den Schierlingsbecher, weil er jetzt gleich wieder in die Welt der reinen Formen und klaren Definitionen reisen darf. Die irdische Welt ist ja nur ein matter Abglanz dieser eigentlichen Wunderwelt der Reinheit, Klarheit und des Glücks. Aus dieser aber, sagt Platon, kommen wir und dorthin gehen wir wieder zurück. Deswegen ist lernen für Platon ja auch nichts anderes als sich erinnern. Sich erinnern an die Klarheit, die man in der Welt der Formen vor seiner Geburt hatte (siehe Kapitel 2).

Das heißt also, wir und die ganze Welt stammen ursprünglich aus einer besseren Welt. Doch die ist uns leider verborgen. Es ist unsere Lebensaufgabe, diese bessere Welt wiederzuentdecken. (Was an sich nicht logisch ist; wenn man nur sterben muss, um wieder dorthin zu gelangen, dann sollte man sofort Selbstmord begehen. Beim Christentum ist es dasselbe. Eigentlich müsste man sich sofort umbringen, um endlich in den Himmel zu kommen. Aber da hat man kundig einen Riegel vorgeschoben. Selbstmord ist eine Todsünde. Morden steht nur Gott zu. Schließlich will er ja nicht vor völlig entleerten Kirchen predigen lassen. Oder ist man sich seiner Sache doch nicht ganz sicher?)

Jetzt kommt aber, bei Platon genau wie im Christentum (und auch Judentum und bei den Moslems), ein weiterer Grundgedanke dazu: Es kann nichts »Höheres« von etwas »Niedrigerem« abstammen. Eigentlich kein Problem, oder? In der Welt geht es schließlich immer nur abwärts. Früher war die Welt noch reiner und besser. Mit zunehmender Dauer der Benutzung wird sie immer ekliger. Aber da muss man durch. Nach geduldigem Durchschreiten des irdischen Jammertals wird man entrückt ins himmlische Avalon. Bei Platon ins Reich der Klarheit, bei den Religionen hin zu Gott. Was aber in beiden Fällen absolut unausdenkbar ist, ist die Idee des Aufstiegs. Die ist ausschließlich in Ausnahmefällen möglich, durch seltene Gnadenakte für ausgewählte Heilige und Religionsstifter. Also für Christus, Mohammed oder Moses. Aber generell geht das nicht. Alles wird schlechter, nicht besser. Das ist die Grundannahme. Die Welt verhält sich zu ihrem Ursprung bei Platon wie auch bei den drei großen Religionen wie die Kopie zum Original. Die Kopie ist weniger wert. Sie hat Fehler. Sie hat weniger Substanz. Kein Wunder, dass es Charles Darwin mit seiner Idee von der Evolution des Lebens in dieser, in 2500 Jahren erzeugten Stimmung, nicht unbedingt einfach gehabt hat.

10]

Entweder, Gott versteckt die Fossilien oder Darwin hat doch recht

Der Biologe Charles Darwin hat mit seiner Idee der Entwicklung der Arten durch die Evolution diese Gedankenwelt in jeder Hinsicht auf den Kopf gestellt. Mit ihr lässt sich nicht nur verstehen, dass Entwicklung vom »Niederen« zum »Höheren« durchaus möglich ist. Nicht zwingend – aber möglich. Auch die Begriffe »höher« und »nieder« werden jetzt anders verwendet; und zwar nicht mehr wertend. Es geht vielmehr um höhere oder niedrigere Komplexität einer Lebensform. Es geht um Anpassung und Mutation. So gesehen ist das Evolutionsprinzip von unmenschlicher Gleichgültigkeit. Einer Gleichgültigkeit, die mit Worten gar nicht zu beschreiben ist, weil Worte ja immer schon eine Wertung enthalten.

Die Evolution verläuft, so wie sie verläuft, in zwei unterschiedlichen dynamischen Prozessen. Der eine läuft innen drin in einem Wesen ab. Seine Struktur, also die des Wesens, (heute wissen wir, seine *genetische* Struktur) ist nicht bis zum Sankt-Nimmerleins-Tag so wie sie ist, sie kann sich ändern. Durch Mutation, also durch Zufall. Die meisten Mutationen sind auf den ersten Blick schlecht. Das Lebewesen, das die Mutation ereilt, stirbt daran, oder Nachkommen, die durch zum Beispiel einen Übertragungsfehler bei der Fortpflanzung mutieren, sind nicht lebensfähig. Aber nicht alle Mutationen sind von Übel. Manche bemerkt man gar nicht. Und wieder andere, und das sind jetzt die besonders interessanten, eröffnen neue Möglichkeiten des Daseins. Aus Greifarmen werden Flügel oder Flossen, neue Lebensräume können besetzt werden. Diese innere Dynamik der Veränderung braucht vor allem eines, um ihr kreatives Potenzial zu entfalten. Zeit. Sehr viel Zeit. Milliarden von Jahren. In sieben Tagen ist das kaum zu schaffen.

Der zweite Prozess, die äußere Dynamik der Veränderung, kommt durch die Umwelt eines Lebewesens in Gang. Die kann sich verändern. Wenn es dem Lebewesen nicht gelingt sich anzupassen, stirbt es aus. Das nennen die Biologen Selektionsdruck. Der steigt dann nämlich, wenn sich die Umwelt verändert. Wir sagen dazu Katastrophe. Aber wie auch immer. Diese Veränderungen des Lebensraumes sind ebenfalls streng sinnlos. Nicht grundlos. Aber sinnlos.

Ein Beispiel: Irgendwann vor Millionen von Jahren durchflog unser Sonnensystem ein dichteres, mit Materie durchwirktes Gebiet der Galaxis. Deswegen kam es zu einigem Gerumpel in der sogenannten Oortschen Wolke. Das ist Planetenmüll, der ganz außen um unser Sonnensystem herumfliegt. Ein Teil dieses Gerümpels wurde aus seiner Bahn geschleudert und eierte jetzt ziellos in unserem Sonnensystem umher. Schließlich aber wurde die Reise des Gesteins jäh gestoppt, als es mit Karacho auf dem dritten Planeten des Systems aufschlug, der später von listigen Affenwesen »Erde« genannt werden würde. Das Ganze soll sich vor etwa 65 Millionen Jahren zugetragen haben und muss die Umwelt für die Lebensformen, die zu dieser Zeit auf der Erde herumturnten, tüchtig durchgewirbelt haben. 95 Prozent aller Lebensformen gingen den Weg alles Irdischen. Am auffälligsten taten das die Riesenechsen, die vorab über Hunderte von Millionen Jahren das Landschaftsbild geprägt hatten. Aber das sorgte für Platz für Neues. Ein lächerliches kleines rattenähnliches Nagetier zum Beispiel vermehrte sich munter und ist deswegen wahrscheinlich unser aller Vorfahr.

Abb. 16] Ecce Vorfahr. Der Puratorius. Vermutlich der Urahn. Oder die Urahnin. Kann man schlecht sehen, finde ich.

Der Lebensraum hatte sich durch die Explosion drastisch verändert und alle Tiere, die sich nicht anpassen konnten, starben aus. Man sieht, es gibt einen *Grund* für die Veränderungen im Verlauf der Evolution. Sie haben aber keinen *Sinn*. Da steckt nichts drin, woran wir uns inhaltlich erbauen könnten. Das Ganze ist reinster Zufall. Die Saurier sind nicht ausgestorben, weil sie plötzlich die Homo-Ehe erlaubt hatten, oder weil sie vom wahren Glauben abfielen und zu Götzen gebetet hatten und der Herr in seinem Zorn deswegen Feuer von Himmel auf sie fallen ließ. Sie haben es einfach nur nicht geschafft.

Denn in der Evolution überlebt nur der »fitteste«. Das ist ein irreführender Begriff, wie in diesem Bereich die Begriffe oft in die Irre führen, weil die grundsätzliche Gleichgültigkeit der Mechanismen der Natur in der Sprache, die auf Bedeutung gebürstet ist, kaum darzustellen ist. »Fit« bedeutet hier einfach »passend«. Die sozialdarwinistisch angehauchte Übersetzung: »nur der Stärkste überlebt« ist schlicht falsch. Schwache überleben auch (siehe das Nagetier da drüben), wenn sie in ihre Evolutionsnische passen. Sogar dreibeinige Rehpinscher können es schaffen zu überleben, wenn ihre Nische eine nette Dame mit Streichelbedürfnis und ausreichend Hundefutter ist.

Kurz: Die Evolution ist ein Schlüssel-Schloss-System. Was passt, überlebt. Was nicht passt, geht hopps. Dabei kann sich im Lauf der Zeit sowohl der Schlüssel als auch das Schloss verändern. Der Schlüssel (das Individuum) ist meist tendenziell langsam via Mutation und sexueller

Zuchtwahl. Das Schloss (also die Umwelt) kann sich mal langsam verändern (wie bei einer Versteppung der Landschaft, herbeigeführt durch eine Klimaveränderung, durch allzu üppiges Abweiden von Stauden, durch zu zahlreiche Pflanzenfresser, die zu wenige Feinde haben etc.), oder auch mal plötzlich durch Vulkanausbrüche, Meteoreinschläge, tödliche Partikelstrahlung von der Sonne oder ähnliche Scheußlichkeiten.

Kleiner Einschub Sex und Rauchen

Die Rolle der Sexualität in der Evolutionstheorie muss noch ein wenig genauer betrachtet werden. Denn tatsächlich war Charles Darwin lange Zeit doch recht verzweifelt über etliche lästige Lebewesen, die beim besten Willen nicht so recht in seine stimmige Theorie der natürlichen Auslese passen wollten. Zum Beispiel der Pfau. Der protzige Angebervogel mit seinem prachtvollen Bürzelschmuck hätte so nämlich gar nicht von der Evolution hervorgebracht werden sollen. Denn warum sollte der nüchterne Mechanismus der Auslese ein Lebewesen mit einem zwar schönen aber extrem unhandlichen, schweren und hemmenden Schweif belasten? Dadurch war er ja nicht nur für seine Fressfeinde leichter zu sehen. Er war auch Fluchtbehindert.

Also warum hat die Evolution so etwas überhaupt hervorgebracht? An welche Umwelt soll denn bitte der Pfauenschweif angepasst sein? Und warum zum Henker ist der nicht längst, als irrtümlicher Evolutionspfad, ausgemendelt worden? Woher kommt überhaupt dieses, überall in der Natur zu beobachtende, Mehr? Wo man hinsieht, begegnet einem mehr als zum *Überleben* notwendig ist. Vielleicht ist die Natur ja von Natur aus verschwenderisch. Immerhin ist diese verschwenderische Note des Daseins auch bei uns Menschen zu beobachten. Denn bei uns im Leben geht es doch mitnichten nur darum zu überleben. Überleben ist die Grundvoraussetzung für leben. Aber es erschöpft sich in keiner Weise darin.

Also was tun? Darwin dachte im heimischen England lange darüber nach, wie der Luxus in die Welt kam. Schlussendlich lag aber die Antwort bei ihm im Bett. Der Pfau ist, wie der menschliche Mann, an die Umwelt »Weibchen« angepasst. Die Frau ist die Evolutionsnische des Mannes. Wenn er da nicht hineinpasst, dann wird es nichts mit der angestrebten Vermehrung.

Durch die sexuelle Vermehrung aber war die Evolution enorm beschleunigt worden, denn durch die Kombination unterschiedlicher DNS-Stränge konnten bestimmte erwünschte Eigenschaften besser in einer Art verankert und perfektioniert werden. Und um das zu erreichen, musste es möglich werden, bei der Auswahl der Sexualpartner durch äußere Zeichen auf innere Qualitäten hinzuweisen.

Die inneren Werte der Evolution sind jetzt freilich nicht unbedingt das Wahre, Gute und Schöne – aber fast. Denn Schönheit ist nichts anderes als ein Hinweis auf ein gutes Immunsystem und generelle Stärke. Die inneren Werte der Evolution, die sich hinter dem prachtvollen Federschmuck oder einem wohlproportionierten Körperbau verbergen, sind gute Gene. Denn was zeigt der unhandliche Pfauenschweif tatsächlich? Er zeigt, dass es dem Schweifträger trotz seines hinderlichen Heckgefieders bislang gelungen ist allen Feinden erfolgreich zu trotzen. Dass er sich trotz seiner Behinderung im Dasein halten konnte. Und je größer und prächtiger der Schweif ist, desto schwieriger ist diese Aufgabe. Also wählen die Weibchen das Männchen mit dem größten Schweif und damit also mit der größten Behinderung, denn dessen Leistung im Kampf uns Dasein ist die größte. Das klingt paradox. Gleichwohl signalisiert eben gerade die »Behinderung« ein eindrucksvolles Trotzdem des Überlebens. (Biologen haben in Experimenten mal gemeinerweise dem ein oder anderen prächtigen Pfau die Federn gestutzt. Und sogleich mussten die Gerupften Single bleiben.)

Das erklärt jetzt auch, warum junge menschliche Männchen bei der Brautwerbung mitunter so enorm autodestruktiv erscheinen. Sie trinken toxischen Alkohol in großen Mengen, sie vergiften sich mit Nikotin und anderen schädlichen Substanzen und sie zeigen bei Autorennen und Kraftproben aller Art Risikobereitschaft bis zu Lebensmüdigkeit. All das soll den Weibchen vermitteln: Ich bin so stark, dass ich all diese »Behinderungen« wegstecken kann, immer verbunden mit der Hoffnung dich zu beeindrucken, um dann bei dir einen wegzustecken.

Doch freilich sind Männchen, die dermaßen risikobereit die Qualität ihrer Gene anpreisen, nicht immer die Geeignetsten um die Brut großzuziehen. Denn wahrscheinlich sind sie entweder tot oder doch zumindest durch den Konkurrenzkampf an der Balzfront sehr geschwächt, bevor die Kinder flügge geworden sind. Deswegen gehen die menschlichen Weibchen öfter als man so meint den Weg, den auch beispielsweise viele ihrer Vogelkolleginnen im Laufe der Evolution ersonnen haben. Sie lassen sich zwar von hervorragendem Genmaterial befruchten. Zur Aufzucht aber wählen sie stillere, beständigere Männchen. Die halten länger.

Einschub Ende

Was der faszinierende aber eiskalte Mechanismus der Evolution aber jetzt definitiv nicht mehr braucht, ist ein Lebensodemeinhauchender Schöpfer. Der ist wegerklärt. Das System erzeugt sich selbst. Alles, was es braucht, ist Zeit. Und alles, was es hat, ist: *kein Ziel*. Die Evolution läuft auf nichts hinaus. Der Mensch ist nicht die Krone der Evolution. Wir sind einfach nur da, solange wir flexibel genug sind, uns der sich verändernden Umwelt anzupassen. Wenn wir unsere Nische verseucht haben, werden wir ausgemendelt. Die Evolution evolutioniert derweil munter weiter, nur gibt es dann keinen mehr, der sich darüber aufregt. Das Gerede von einem Ziel der Evolution, wie zum Beispiel so etwas: *die Evolution hat Wesen hervorgebracht, die über sie nachdenken können*, ist typisches Menschengerede. Die Evolution braucht niemanden, der über sie nachdenkt. Die kann auch mal ganz aufhören, wenn in fünf Milliarden Jahren die Sonne zur Supernova wird und die Erde verdampft. Oder vielleicht auch nicht. Wir werden auf jeden Fall nicht benötigt. Die Natur kam Milliarden Jahre ohne uns aus, und sie wird wieder Milliarden Jahre ohne uns auskommen. Wir haben keine Sonderstellung. Oder wenn wir sie haben, weil wir eben da sind und damit als Evolutionsgünstlinge gelten dürfen, dann haben die auch die Schnabeltiere, die Schnupfenbakterien und dreibeinige Rehpinscher. Die sind auch da. Wenn wir die Krone der Schöpfung tragen wollen, dann müssen wir sie mit allen anderen Mitwesen teilen.

All diese Gedanken von Herrn Darwin kamen bei seinen Zeitgenossen gar nicht gut an. Kein Gott mehr. Keine Sonderstellung des Menschen in der Schöpfung (die ja gar keine Schöpfung mehr ist, sondern ein Mechanismus). Und dann stammen wir Menschen nicht mehr von Gott ab, sondern vom Affen. Also das ist so nicht ganz richtig, denn tatsächlich haben wir mit den heute lebenden Affen gemeinsame Vorfahren. Aber kränkend ist das Ganze allemal. Eine Schande. Deswegen weigert sich bis heute eine nicht zu kleine Anzahl von Mitmenschen, an die Idee von Herrn Darwin zu glauben.

Dumm nur, dass die so leistungsfähig ist. Mit ihr lassen sich Computerprogramme schreiben, die sich selbst programmieren und verbessern können. Mit ihr lässt sich das Leben auf der Erde erklären. Mit ihr lassen sich die Bewusstseinsprozesse im Gehirn besser verstehen. Aber sie ist eben nicht nett. Im Wortsinn inhuman.

»Welch ein Meisterwerk ist doch der Mensch! Wie edel durch Vernunft! Wie unbegrenzt an Fähigkeiten! In Gestalt und Bewegung wie bedeutend und wunderwürdig! Im Handeln wie ähnlich einem Engel! Im Begreifen wie ähnlich einem Gott! Die Zierde der Welt! Das Vorbild der Lebendigen!«

Das hat Shakespeare freilich schon ironisch gemeint. Hamlet, dem er diese Worte in den Mund legt, hasst sich und, zum Zwecke der besseren Übersicht, den Rest der Menschheit gleich mit. Das Ganze endet bekanntermaßen tragisch. Alle sterben. Gehen hinüber »in das unentdeckte Land, von dem kein Wanderer wiederkehrt«, weil sich der Grübelprinz nicht so recht entscheiden kann. Nach ihm regiert dann Fortinbras, ein zweifelresistenter Militärstiefel und »das unentdeckte Land« wird zum Titel des fünften Star-Trek-Filmes. So weit, so schlecht.

Trotzdem bin ich immer rührbar, wenn mir der berühmte Hamlet-Monolog durch die Neuronen gefeuert wird. Immerhin ist doch auch etwas dran. Der Mensch – also ich – gut Sie auch –, also wir Menschen sind schon recht eindrucksvoll. »In Gestalt und Bewegung wie bedeutend und wunderwürdig.« Stimmt, wenn man so manchem Ballett beiwohnt oder Fabian Hambüchen beim Turnen zusieht. Stimmt schon weniger, wenn man auf Malle rotgesichtigen Zirrhosekandidaten mit machtvoller Plauze beim Buhlen um das andere Geschlecht zusieht. Und stimmt gar nicht mehr, wenn man an Kim Jong-il denkt.

Aber auch die unansehnlichsten Exemplare der Spezies Mensch verfügen über ein Gehirn. Und damit über das komplexeste Ding im Kosmos, von dem wir wissen. Sterne, Galaxien, Galaxienhaufen und schwarze Löcher, all das ist simpelst gegen ein Gehirn. Ein tropischer Regenwald mit all seiner hochkomplexen Ökologie, gegen das Gehirn – nachgerade einfach. Kein Computer kann auch nur annähernd mithalten mit dem, was unser Hirn zu leisten imstande ist und ständig leistet. Es ist phantastisch. Und doch spätestens bei dem Satz »Im Begreifen wie ähnlich einem Gott!«, da muss der Mensch grinsen. Also ich. Sie auch, oder? Denn wir begreifen unsere Welt ja doch eher rudimentär. Es reicht gerade um allerhand Meinungen zu meinen und mit noch mehr Vorurteilen zu urteilen, aber etwas richtig Gutes will einfach nur selten gelingen. Sicher. »Wie unbegrenzt an Fähigkeiten!«, das scheint zu stimmen. Aber da kann man nur sagen: leider. Ja, wir haben enorme Fähigkeiten entwickelt. Wir bewegen uns, wenn wir es wollen, mit 900 Kilometern pro Stunde in elf Kilometern Höhe, nehmen währenddessen auch noch eine heiße Mahlzeit zu uns und sammeln dabei Vielfliegermeilen. Wir bauen Häuser, die Hunderte von Metern hoch sind und Staudämme, die gewaltige Ströme zähmen. Wir fliegen ins All, wir tauchen in die Tiefen des Meeres und wir können schadhafte Organe bei Bedarf gegen neuwertige ersetzen. Also ich kann das alles nicht. Sie vermutlich auch nicht. Aber wir können das – wir Menschen. Nur, unsere Fähigkeiten – so eindrucksvoll sie auch sind –, bringen uns jeden Tag näher an den Rand des Abgrunds. Sie zerstören die

Umwelt, heizen das Klima an und machen uns zu zutiefst unglücklichen sozialen Autisten. Ach ja. Und im Prinzip haben wir immer noch die Fähigkeit, den Planeten mehrmals atomar zu sprengen. Glückwunsch. Wir sind toll.

Einschub Ende

Schon zu Darwins Zeiten gab es wegen der grausigen Kühle der Idee und der kränkenden Affenverwandtschaft, hübsch ausgedachte Einwände gegen den Darwinismus. Zum Beispiel den hier: Die Fossilien, die man in tiefen Gesteinsschichten findet, scheinen zunächst der darwinschen Theorie recht zu geben. Da sind sie, die Reste einer Spezies, die Verwandtschaft, die es nicht geschafft hat. Man kann ihre Skelette bestaunen und Rückschlüsse über ihr Alter und ihre familiären Bande zu heute lebenden Wesen ziehen. Also man kann. Aber könnte es nicht auch sein, dass Gott bei der Schöpfung diese scheinbaren Hinweise auf die Richtigkeit der darwinschen Theorie in nämliche Gesteinsschichten hinein erschaffen hat? O. K. Könnte sein. Aber warum? Nun, ganz einfach, um unseren Glauben zu testen.

Was? Sie meinen, man wird von so viel Glauben an die Schöpfung ganz erschöpft? Und entgegnet nur noch matt: Ja, könnte schon sein. Es könnte auch sein, dass sich im galaktischen Zentrum kein gewaltiges schwarzes Loch befindet, sondern ein sehr, sehr schweres Schwein, das schwedische Volkslieder singt. Kann auch sein. Man weiß es nicht.

Aber halten Sie sich doch einen Moment vor ihre matten Augen, dass solche behämmerten Pseudoargumente leider nicht mit voranschreitender Zeit und Aufklärung das gleiche Schicksal erfahren haben, wie die Saurier und ausgestorben sind. Weit gefehlt. Gerade in Amerika blubbern die Kreationisten, die unbelehrbar an die Bibel als kosmisches Handbuch für alles glauben wollen, immer noch ähnliches Gedankenschlecht in die Welt hinaus.

In ihrem lesensunwerten Buch »Fragen an den Anfang – die Logik der Schöpfung« zum Beispiel behaupten die Autoren an einer Stelle, das Universum sei nicht wie heute allgemein von Kosmologen angenommen etwa 13.7 Milliarden Jahre alt, sondern viel jünger. Dumm nur, dass das Hubble-Teleskop Bilder aus einer Entfernung von fast 13 Milliarden Lichtjahren aufgenommen hat. Also musste man sich etwas einfallen lassen. Und zwar was ganz Kreatives. Die Autoren behaupten nun, die Lichtgeschwindigkeit (seit Einstein eine der ehernen Konstanten der Welt) sei früher höher gewesen. Die habe mit der Zeit halt abgenommen. Vielleicht hat sie jetzt nur damit aufgehört, weil sie sich gerade auf so schöne 300 000 Kilometer pro Sekunde eingependelt hat. Das weiß man nicht genau. Aber früher war sie garantiert schneller. Deswegen tun die Bilder von Hubble nur so, als wären sie weit entfernt, sind aber viel näher. Und deswegen ist das Universum auch nicht so alt, wie man glaubt und deswegen kann die Evolutionstheorie auch nicht stimmen, weil die ja viel mehr Zeit gebraucht hätte, als tatsächlich zur Verfügung stand und deswegen ist bewiesen: Es gab einen Schöpfer.

Ja, das tut weh. Aber solcher Gedankenunsinn erfüllt eben ein Bedürfnis. Man muss sich nicht als zufälliges Produkt eines sinnlosen Prozesses sehen, sondern kann munter die eigene Wichtigkeit in die Welt hineinprojizieren.

Allein, wie hat doch der kluge Heinz von Förster so richtig bemerkt: Wenn man jemanden nach dem Anfang fragt und er sagt: »Am Anfang war der Urknall.« Und man einen zweiten fragt und der sagt: »Am Anfang hat Gott die Welt erschaffen«, dann weiß man nichts über den Anfang. Aber man weiß, der eine ist Physiker und der andere katholisch.

Kleiner Einschub   Glauben und Wissen

Wer glaubt, weiß nicht. Wer weiß, glaubt nicht. So glaubt man. Denn ansonsten würde man auf Muttis Frage, ob Vati in seinem Geräteschuppen ist, nicht antworten: »Glaub schon.« Das zeigt nur, dass man es eben nicht weiß. Vati könnte auch in der Kneipe sein, die Hecke schneiden, den Nachbarn schlagen, bei seiner Geliebten sein oder auf dem Flug nach Timbuktu, um dort Missionar zu werden. Das ist eben unklar, wenn man nicht sicher weiß, ob Vati im Geräteschuppen ist. Wenn man es aber weiß, weil man ihn gerade noch gesehen hat, wie er in seinen Schuppen hineingegangen ist, oder man gerade noch mit ihm gesprochen hat und er einem seine Pläne für die nahe Zukunft verraten hat, dann kann man eine kompetente Wissensantwort geben.

Nämlich entweder: »Ja, isser.« Oder: »Nein, er befindet sich gerade auf dem Weg zu seiner zwanzigjährigen Geliebten.« Und wissenssatt nicken, wenn Mutti dann anmerkt: »Was? Bei seinem Bluthochdruck. Das wird er bereuen.«

In der Alltagssprache bedeutet glauben etwas annehmen, was man nicht sicher weiß. Wissen aber bedeutet, dass man sicher ist. In der Abteilung kluge Menschen denken große Gedanken verhält es sich genau andersherum. Der Chefdenker aus der Schweiz, der Dichter Friedrich Dürrenmatt, hat es am griffigsten auf den Punkt gebracht: »Der Gläubige glaubt zu wissen. Der Wissenschaftler weiß, dass er glaubt.« Nämlich an eine Theorie.

Auch hier sind die Begrifflichkeiten zunächst einmal dazu angetan, Verwirrung zu stiften. Heißt doch »theoria« aus dem Griechischen wörtlich übersetzt: *die Schau des Göttlichen.* Glaubt man dieser Wortbedeutung, dann schaut ein Wissenschaftler also, wenn er eine Theorie erdenkt, direkt in Gottes Plan. Aber man soll sich von der Genealogie, von der Abstammung der Worte, nicht in die Irre führen lassen. Worte erhalten ihren Sinn nach der jeweilig gegenwärtigen sozialen Vereinbarung. Sie ändern ihre Bedeutung und tragen manchmal überhaupt gar keine Restbedeutung früherer oder ursprünglicher Bedeutungen mehr in sich. Und heute verstehen wir unter Theorie nun mal eine ausgeklügelte, wohlbegründete Meinung über die Welt (oder einen Teil der Welt), die Vorhersagen macht, welche sich in Experimenten bestätigen lassen. Trotzdem, also obwohl sie ihre Theorien unablässig überprüfen, *glauben* die Wissenschaftler nur an ihre Theorien, weil sie wissen oder zumindest wissen sollten, dass sie keine letztgültigen, hundertprozentig überzeugenden Argumente für deren Richtigkeit haben können.

Da hat man als Wissenschaftler im besten Sinne sokratisch zu sein. Man muss wissen, dass es absolutes Wissen nicht gibt und für die Wissenschaft niemals geben kann. Denn eine Theorie ist nur so lange gut, solange sie erstens, die Welt auf (möglichst) einfache Art beschreibt und solange sie sich zweitens im Experiment in der Wirklichkeit bewährt. Und das immer! Findet man nur *ein* Experiment, bei dem die Vorhersagen der jeweiligen Theorie nicht eintreffen, kann man sagen: Schade, die Theorie stimmt doch nicht. Dann muss sie durch eine bessere, leistungsfähigere ersetzt werden.

Gut, wir wollen jetzt auch nicht übertreiben. Auch Wissenschaftler sind nur Menschen. Im Allgemeinen bahnen sich auch in der Welt der Labore und Universitäten neue Theorien dadurch ihren Weg in den wissenschaftlichen Mainstream, dass die Anhänger der alten Theorie an Altersschwäche hinscheiden. Aber eigentlich ist den Wissenschaftlern klar, dass sie nur Modelle der Welt erzeugen, die mehr oder weniger gut passen. Und sogar wenn sie ein Modell gefunden hätten, das hundertprozentig passt, dürften sie sich ihrer Sache nie sicher sein. Das wusste schon Xenophanes. Sie erinnern sich, der Lehrer von Parmenides.

Und warum? Ein Beispiel. Die Relativitätstheorie von Herrn Einstein ist eine der besten, im Experiment bestätigten, Theorien, die derzeit im Umlauf sind. Jedes Mal, wenn Sie die kleine Frau, die in Ihrem GPS-Gerät wohnt, an den richtigen Ort bringt, bestätigt das die Richtigkeit der einsteinschen Gleichungen. Denn die Uhren in den GPS-Satelliten in der Erdumlaufbahn und die Uhren in dem kleinen Kasten, der im Auto zu Ihnen spricht, gehen unterschiedlich. Im Orbit vergeht aufgrund der niedrigeren Gravitation die Zeit messbar langsamer. Würde dieser Effekt nicht mit hineingerechnet, Sie kämen sonst wo an. Falls Sie ab und zu trotzdem sonst wo ankommen, sind Sie einfach zu doof das Ding zu bedienen.

Trotzdem: Immer noch könnte sich irgendwann bei einem Experiment herausstellen, dass die einsteinschen Vorhersagen nicht erfüllt sind. Da kann man Millionen Experimente machen. Das Millionste geht anders aus und man muss ganz neu denken. Alle *möglichen* Experimente kann man nicht machen, denn dann müsste man das gesamte All durchtesten, in allen vier Dimensionen, also auch zu jedem möglichen Zeitpunkt. Auch wenn man sich so etwas sehr, sehr vornimmt. Das wird nicht klappen. Deswegen also wissen die Wissenschaftler, wenn sie munter Wissen schaffen, dass sie eigentlich nur glauben. Glauben im Sinne von vermuten. Aber vermuten mit guten Gründen.

Die Gläubigen aber, die glauben zu wissen. Und dieses Wissen der Gläubigen, ob über Gottes Dreifaltigkeit, Allah, Jahwe, UFOs, Illuminaten, die Kraft von magischen Kristallen oder schlicht dem SYSTEM, kann nicht in

Zweifel gezogen werden. Es ist absolut, denn es ist auf direktem Wege, via Erleuchtung in die Welt gekommen. Jeder Zweifel ist hier ein Irrweg. Wenn alles gut läuft. Bei schlechter Laune: Häresie. Lästerung. Religionskrieg. Das macht das Gespräch der Religionen untereinander so mühsam, weil ja jeder den anderen, im besten Fall, für nur verblendet hält. Im schlimmeren Fall für den Antichristen. Kein Wunder, dass auch das Gespräch zwischen Gläubigen und Atheisten oft recht anstrengend ist.

Gleichwohl, rein logisch betrachtet muss der Atheist immer zugeben, dass es Gott geben *könnte*. Gottes Existenz ist zwar nicht beweisbar, aber seine Nichtexistenz freilich auch nicht. Der Atheist kann also immer einen kleinen Schritt auf den Gläubigen zugehen und sagen: Sicher, Gott hat keine eindeutigen, nachprüfbaren Beweise seiner Existenz hinterlassen. Er äußert sich nur manchmal gegenüber auserwählten Personen und drückt sich dabei auch meist eher nebulös aus. Aber es könnte ihn geben. Desgleichen verhält es sich übrigens auch mit Geisterspuk, Seelenwanderung und UFOs und dergleichen. Die Existenz dieser Dinge ist nicht beweisbar. Aber deren Nichtexistenz auch nicht. Eben Glaubenssache.

Doch bei all diesen, aus der Sichtweise der Skeptiker gesprochen, metaphysischen Spekulationen wird nach demselben Muster verfahren. Nehmen wir als Beispiel etwas Harmloses: den Glauben an die Existenz von Außerirdischen, die uns Menschen Gutes wollen und mit denen man in der kalifornischen Wüste Kontakt aufnehmen kann. Wie läuft so etwas? Man fährt nach Kalifornien zu netten Menschen, manche in wallenden weißen Gewändern, andere rustikal in Jeans, wieder andere mit knappen Badehosen bekleidet, aber dafür gebräunt bis tief in die inneren Organe. Man redet mit den freundlichen UFO-Gläubigen und die sagen meist sehr nette, wenn auch sehr unterschiedliche Sachen. Man nimmt gemeinsam makrobiotische Speisen und linksdrehendes Mineralwasser zu sich und geht in die Wüste. Dort steht man im Kreis und fasst sich bei den Händen. Irgendwann ruft einer: Ich habe Kontakt! Alle sind höchst erquickt, das zu hören. Dann verkündet die Person, die Kontakt hat, was die Außerirdischen uns Menschen wissen lassen wollen. Meist sind es ebenfalls sehr nette Sachen wie, Planet nicht verseuchen, zu Kindern und Nachbarn nett sein, Müll trennen. Ect. Dann gehen alle auseinander und sind spirituell erbaut. Wenn man jetzt aber skeptisch einwendet, man selber hätte weder ein Raumschiff gesehen noch telepathisch evozierte Stimmen gehört, dann erwidern die Gläubigen gelassen, das sei normal, denn die Außerirdischen könnten nur Kontakt zu denen herstellen, die sich auf der *richtigen Stufe des Bewusstseins* befänden.

Wie bei jeder gut gebauten paranoiden Wahnvorstellung ist auch hier die Argumentation wasserdicht. Wer glaubt, hat das richtige Bewusstsein und kriegt Kontakt. Wer nicht glaubt, kriegt einen Sonnenbrand. Und vermutlich ist das Ganze noch nicht einmal erlogen, nur um Touristen Geld aus der Tasche zu ziehen. Möglicherweise glauben die Gläubigen tatsächlich, Kontakt mit

Außerirdischen aufnehmen zu können. Und dieser Kontakt ist für sie völlig real. Für den Skeptiker wiederum ist es gerade die Vorhersehbarkeit der kosmischen Ratschläge, die ihn vermuten lässt, die von den UFO-Adepten vernommenen Stimmen stammten nicht von fernen Sternen, sondern aus deren Kopf. Beweisen lässt sich das aber nicht. Eben eine Sache des Glaubens. Und bei allen anderen Glaubenssystemen ist es im Wesen dasselbe.

Wohlan denn. Also stellt sich die Frage: Welche Form der Annäherung an die Geheimnisse der Welt ist die überlegene? Glauben oder Wissenschaft? Die Beantwortung dieser heiklen Frage überlasse ich freilich voll und ganz Ihnen. Schon allein deswegen, damit ich nicht Objekt einer wie auch immer gearteten Fatwa werde. Doch ein paar Begleitgedanken möchte ich Ihnen schon gern auf den Weg geben: Gläubige sind meist gefestigter in ihrem Weltsystem und müssen weniger mit Zweifeln und Sinnkrisen fertig werden. Der Nachteil aber ist, dass sie meist eine sozial problematisch geringe Frustrationstoleranz an den Tag legen, wenn sie auf Nicht- oder Andersgläubige treffen.

Nichtgläubige müssen sich ständig und unaufhörlich mit Sinnkrisen und Zweifeln herumplagen, können aber Wege finden, die eigene Unzulänglichkeit und Unsicherheit zur Grundlage eines Gefühls von Brüder- und Schwesterlichkeit mit ihren Mitwesen zu machen. Nach dem Motto: Du bist ein Depp. Ich bin ein Depp. Lass uns gemeinsam Deppen sein. Sicher, auch und gerade spirituell durchwirkte Mitmenschen zelebrieren oft und gern Allverbundenheit und geschwisterliche Wir-Gefühl-Veranstaltungen. Doch immer nur so lange, wie es darum geht, alle Menschen zu lieben. Wenn man spezielle Mitmenschen lieben soll und die dann auch noch einer anderen Konkurrenzglaubensgemeinschaft hörig sind, dann ist es mit der allumfassenden Liebe meist vorbei.

Generell lässt sich sagen, dass gläubige Menschen Atheisten gern der ethischen Unzuverlässigkeit zeihen, weil ihnen ja jegliches moralische Fundament fehle. Während Atheisten und Freigeister Gläubige meist moralisch verdächtig finden, weil sie eben halsstarrig auf die Richtigkeit ihres Glaubens pochen – bis hin zum Religionskrieg.

Also dann doch lieber die Wissenschaft? Vielleicht gibt uns die Frage nach der Plausibilität einen Hinweis, für welches Weltbild man sich entscheiden möchte. Und da hat nun der deutsche Philosoph Ludwig Feuerbach einige hilfreiche Überlegungen angestellt. Er hat sich gefragt: Was glauben wir Menschen über Gott? Welche Eigenschaften hat er? Wir glauben Gott sei allmächtig, allwissend und ewig. Was aber sind wir Menschen? Wir sind meist ohnmächtig, unwissend und zeitlich mit Verfallsdatum versehen. Diese unmenschlichen Tatsachen des Menschseins sind lange bekannt und werden gemeinhin als recht deprimierend bewertet.

Was aber, fragt Herr Feuerbach, wünschen sich ohnmächtige und deswegen ängstliche, zweifelnde, weil unwissende und schreckensstarre, weil sterbliche Wesen? Sie wünschen sich Superkräfte. Da sie die aber nicht haben können, projizieren sie diesen Wunsch auf ein Superwesen, das all das kann, was sie selbst nicht können. Und all das hat, was sie selbst nicht haben. Denn das impliziert die Hoffnung, dass irgendwann, wenn das Superwesen einen guten Tag hat, alle quälenden Fragen der Existenz beantwortet werden und der Tod seinen Schrecken verliert, weil man ja, mit Hilfe des Superwesen, alles das erlangen kann, was man sich wünscht. Wenn Sie diese Gedanken von Herrn Feuerbach plausibel finden, dann müssen Sie jetzt glauben, dass Gott ein von Menschen erdachtes Konstrukt ist, dessen Geburtshelferin das Minderwertigkeitsgefühl war.

Der Gedanke von Herrn Feuerbach lässt sich übrigens auf jeden Lebensbereich ausweiten. Denn: Ist der Wunsch der Vater des Gedankens, ist dem Gedankenkind aufs Äußerste zu misstrauen. Sämtliche Vorstellungen über die Welt, die mit einem Bedürfnis beklebt sind, wie – das Dasein hat einen verborgenen Sinn, grundsätzlich herrscht Harmonie in der Welt, jeder kann es schaffen, wenn er nur will etc. –, all diesen Ideen ist grundsätzlich zu misstrauen. Das soll nicht heißen, dass etwas, nur weil man es sich wünscht, deswegen schon nicht wahr sein soll. Aber da muss man besonders vorsichtig und kritisch sein. Denn da die Möglichkeiten der Welt generell ungeheuer sind, ist die Wahrscheinlichkeit, dass gerade die Variante, die man sich aufgrund eines Bedürfnisses herbeisehnt, real ist, nicht besonders groß. Eher klein. Sehr klein. Gleichwohl – die Hoffnung stirbt zuletzt. Und die Hoffnung und der Glaube sind verschwägert. Das kritische Denken ist eine Luxusangelegenheit für Friedenszeiten, ein Wohlstandskind, das aber meist beim ersten Anzeichen von echten existenziellen Schwierigkeiten über Bord geworfen wird. Wenn's ernst wird, haben Hoffnung und Glaube Hochkonjunktur.

Einschub Ende

Was der Mensch nun also braucht, um ohne metaphysischen Trost auszukommen, ist vor allem eines: Selbstbewusstsein. Wer sich seiner selbst sicher ist, kann angstfreier Zweifel zulassen und wird vom Gedanken einer ziel- und sinnlosen Evolution nicht so sehr gebeutelt. Nun ist aber »Selbstbewusstsein« im Sinne von »mit sich im Reinen sein« oder »sich mit sich selber gut fühlen« keine Kategorie, die in der Evolution eine Rolle spielt. Oder vielleicht doch? Seit mit uns der Geist auch in die sinnfreie Zone der Evolution Einzug gehalten hat, haben sich die Regeln zwar vielleicht nicht direkt geändert aber zumindest modifiziert. Das merkt man unter anderem daran, dass von allen Primaten der menschliche Mann über das größte Zeugungsorgan verfügt.

An dieser Stelle wird sich die männliche Leserschaft in zwei Lager spalten. Die einen, die diese Information gedanklich mit einem satten, selbstgewissen »das hab ich mir immer schon gedacht« kommentieren. Und die anderen, die denken, »ehrlich?«. Und diese zweiten haben ein Problem. Und zwar ein weitverbreitetes; angeblich glauben nämlich zwei von drei deutschen Männern, ihr Zeugungsorgan, Zentrum ihres Lebens und Hort der Glückseligkeit, sei, im Wortsinn, zu kurz gekommen.

Das mag ja sein, werden vor allem die Frauen jetzt meinen, aber was um des Daseins willen, hat die geografische Ausdehnung des männlichen Geschlechtsorgans mit Selbstbewusstsein und vor allem aber, mit Evolution zu tun? Ganz einfach – die Frage, warum wir menschlichen Männer über ein so relativ gewaltiges Zeugungsorgan verfügen, ist unter Anthropologen noch gänzlich ungeklärt. Warum hat die Evolution es hervorgebracht? Weil sie doch ab und an eine gute Fee sein kann, die herbeizaubert, was Männer wünschen? Wohl eher nicht. Aber wenn, wie oben erwähnt, die evolutionäre Lücke des Mannes die Frau ist, dann wird es wohl an den Frauen liegen. Haben die sich also immer schon Partner gewünscht, die, wenn sie die Hosen vor einer Elefantenherde fallen lassen, von den berüsselten Dickhäutern als einer der ihren begrüßt werden und deswegen bei der Auswahl der Geschlechtspartner die großorganigen vorgezogen? So muss es wohl gewesen sein, denn dass die Frauen und nicht die Männer bei der Partnerwahl die Auswahl treffen, gilt ja, wie gesagt, in Biologenkreisen als erwiesen.

Immerhin weiß bis heute nur das limbische System der Frauen, wann sie wirklich empfängnisbereit sind. Der Eisprung erfolgt verdeckt. Bei anderen Säugetieren ist die Empfängnisbereitschaft eine offensichtliche Angelegenheit. Deswegen können die ihre Zeugungsgymnastik auch auf eine klar definierte Brunftzeit eingrenzen. Bei uns Menschen ist immer Brunft, weil ja nie einer weiß, wann es sich lohnt. (Also biologisch lohnt. Oder katholisch. Im Prinzip kann es ja immer lohnend sein, denn Menschen paaren sich eigentlich kaum zum Zwecke der Zeugung, sondern aus mannigfaltig anderen, meist höchst neurotischen Gründen.)

Also wenn die Frauen die Auswahl treffen, dann müssten menschliche Weibchen große Zeugungsorgane bevorzugen. Das aber tun sie erwiesenermaßen nicht! Vielleicht manche im Einzelfall. Der Regelfall aber ist, dass die Penisgröße für Frauen irrelevant bei der Partnerwahl ist. Wenn sie aber dennoch Begeisterung für

Abb. 17] Ha!

den Mercedes unter den Geschlechtsorganen heucheln, dann weil sie glauben, dass die Männer das freut. Was es ja auch tut. Und da wären wir jetzt wieder beim Selbstbewusstsein. Denn Penisneid gibt es eben nur unter Männern. Männer gucken sich in der Umkleidekabine oder auf der Toilette verstohlen auf ihr Gemächt, um Vergleiche anzustellen. Und wer einen großen Kazonng sein Eigen nennt, der tritt ganz anders auf, als einer, der glaubt, nur mit minimalem Zeugungsgemüse ausgestattet zu sein. Was Frauen jetzt aber eben durchaus anziehend finden, ist Selbstbewusstsein. Frauen wollen keine komplexbeladenen Jammermänner, die neigen unter Alkoholeinfluss nur zu Gewaltausbrüchen oder Weinkrämpfen. Frauen wollen selbstbewusste Männer, die sich gut finden. Dann finden die nämlich leichter auch andere gut. Und so könnte es doch sein, dass tatsächlich in der Evolution Männer mit großem Penis bevorzugt wurden (und werden), aber nicht, weil Frauen große Penisse erfreulich finden, sondern weil Frauen auf Männer stehen, die mit sich im Reinen sind und das wiederum sind nun mal die Männer, die in der Umkleidekabine dem Blick der Konkurrenten standgehalten haben. Folglich könnte man sagen, Gottes Wege mögen unergründlich sein, die der Evolution sind mitunter grotesk.

11]

Freud euch! Wir sind in Wien

Das Athen des Denkens im ausgehenden 19. und dem beginnenden 20. Jahrhundert ist Wien. Wie dichtet doch Hansi Hölzl, besser bekannt unter seinem Pseudonym Falco, so richtig über die Stadt: »Mir ham die Medizin. Mir ham der Dekadenz an Preis verliehn. Dabei san mir moralisch überbliem.« Das stimmt in den wilden 1980ern nicht nur schon wieder, sondern immer noch. Wien ist schon lange ein Sumpf aus Neurosen und Dekadenz und schmierigem Charme – und wie in jedem Sumpf blühen in den stinkigsten Ecken die schönsten Blumen.

In diesem geistigen Biotop trifft sich also Anfang des 20. Jahrhunderts der »Wiener Kreis«, ein bunt zusammengewürfelter Haufen von Naturwissenschaftlern, Philosophen und Mathematikern, die sich alle um das Banner des Positivismus scharen wollen. Denn nach dem Schock des Ersten Weltkriegs war man auch im Denken in die Krise geraten. Man hatte das Gefühl, die alten

Konzepte taugen nicht mehr, immerhin hatten die doch die Katastrophe des technisierten Mordens in Verdun nicht verhindert, vielleicht sogar mitbewirkt. Also sollten neue Wege beschritten werden.

Die unumstrittene Bienenkönigin des »Wiener Kreises« war Ludwig Wittgenstein. Der junge schöne Apoll des positivistischen Denkens wollte, wie seine Mitstreiter, das grundsätzliche Problem der Welt im Phänomen der Sprache ausgemacht haben. Die war verwirrend. Ständig dunkle Anspielungen, Missverständnisse, Dummheiten, Doppeldeutigkeiten, Unklarheiten, Irrungen und Wirrungen. Kurz, um es mit den Worten von William S. Burroughs zu sagen: Language is a Virus. Und zwar ein Virus der babylonischen Verwirrung. Dem soll nun ein Ende gemacht werden.

Der »Wiener Kreis« will eine völlig klare Sprache »erkreißen«, auf dass die Verwirrung von der Welt weiche und Klarheit werde, wo dunkle Missverständnisse den Zugang zur Wahrheit versperren. Denn die Positivisten waren, wie der Name schon sagt, positiv. Sie wollten nur noch über Dinge reden, über die man auch tatsächlich etwas Substanzielles, »Positives« sagen kann. Positiv ist hier allerdings jetzt nicht wertend im Sinne von im Gegenteil zu negativ zu verstehen. »Positiv« bedeutet hier: real. In der Wirklichkeit beheimatet und beweisbar. Über alles andere, das Spekulative, Mystische und geheimnisumwittert Raunende soll, geht es nach dem Willen von Herrn Wittgenstein, in Zukunft geschwiegen werden. So lautet denn auch der berühmte und viel zitierte letzte Satz aus seinem »Tractatus logico-philosophicus«: »Worüber man nicht reden kann, darüber soll man schweigen.« Klar, dass sich an diesen guten Rat mal wieder kein Schwein gehalten hat. (Ich auch nicht.) Was schade ist, es wäre uns mannigfaltige Logorrhö erspart geblieben.

Aber an sich war das Projekt des »Wiener Kreises« doch einfach zu herzig. Als ob die Welt sich bessern würde, wenn die Menschen sich einer klareren Sprache befleißigten. Möglicherweise ist doch eher das Gegenteil der Fall. Wer kann schon sagen, wie oft mild gestimmte Simultanübersetzer in den Vereinten Nationen gewalttätige Konflikte verhindert haben, indem sie aggressive Brandreden von durchgeknallten Politikern schlicht zu harmlosem Diplomaten-Blah-Blah herunterübersetzt haben. Sie sehen schon, würden sich die Menschen immer völlig verstehen, dann gäbe es vermutlich noch mehr Mord und Totschlag als jetzt schon.

Abgesehen davon ist es doch eine der schönsten Gaben unserer Psyche, sich die Welt schönschminken zu können, mitunter auch mittels wohldosiert eingesetzter Ignoranz. Aber von Ignoranz hatten die jungen Wilden des »Wiener Kreises« jetzt erst einmal die Nase voll. Sie waren auf Wahrheit und Klarheit aus. Und auf Widerspruchsfreiheit. Da lag es doch nahe, dass man neben einer unbabylonischen Klarsprache auch leidenschaftlich nach einer Mathematik suchte, die ohne Antinomien auskommt. Zwar hatte man in der Mathematik, wie in allen anderen Wissenschaften, im 20. Jahrhundert enorme Fortschritte erzielt und erstaunliches Neuland betreten, doch immer wieder tauchten in den formalen

Systemen plötzlich Sätze auf wie: »Die Menge aller Mengen, die sich selbst nicht als Element enthalten.« Das ist jetzt dumm. Denn diese Menge wäre, per Definition eben eine Menge, die sich nicht selbst als Element enthält. Nur, die Menge *aller* Mengen, die sich selbst *nicht* als Element enthalten, ist nur dann vollständig, wenn sie auch die Menge enthält, die da heißt: »Die Menge aller Mengen, die sich selbst nicht als Element enthalten«. Wenn sie aber sich selbst als Element enthält, dann ist sie ja wiederum *nicht* die Menge aller Mengen, die sich selbst eben *nicht* als Element enthalten.

Es war zum Wahnsinnigwerden. Es ist nur dann richtig, wenn es falsch ist. Immer wenn man glaubte, man hätte durch kluge Axiomenwahl eine widerspruchsfreie Mathematik erwirkt, tauchten solche Knoten auf. Schlussendlich würde in den 1920er-Jahren der geniale Mathematiker Kurt Gödel mit seinem epochalen »Unvollständigkeitstheorem« mathematisch beweisen, dass widerspruchsfreie formale Systeme nicht möglich sind. Es gibt immer ein Loch in der Welt. Auch in der Welt der reinen Logik. Ein Schock für die Abteilung Positivismus. Aber nicht der einzige. Denn während sich die Herren des »Wiener Kreises« noch um eine völlig von Vernunft regierte Welt und Sprache mühten, hatte schon längst ein anderer bedeutender Wiener herausgefunden, dass die Vernunft sowieso nichts zu sagen hat.

Die wüste Wohngemeinschaft im Kopf

Das Ich, das Subjekt, wird regiert von einem narzisstischen, neurotischen Dreijährigen, der Sex mit Mutti will und Papa meucheln möchte. Sein patriarchal strukturierter Gegenpart aber hält den irrationalen Dreikäsehoch, der im Hirn auf die Hormonausschüttregler drückt, dadurch im Zaum, dass er unablässig Gesetzestafeln hochhält. Beide aber sind dem armen Ich, dem Subjekt, das sie beherbergt, unbewusst. Bei Sigmund Freud, dem Neurologen und Erfinder der Psychoanalyse, heißen die Dauerduellanten: Es und Über-Ich.

Bei Freud wird das Ich scheinbar zu einem Gebäude – dem »Freudschen Haus«. Im Keller tobt das Es, das Lustprinzip, und schreibt mit Fäkalien »Ich will ficken« an die Wände. Im Parterre wohnt das bewusste Ich und hat Schuldgefühle. Und oben unterm Dach, in Himmelsnähe, haust das Über-Ich und wirft strafende Blicke nach unten ins Parterre, wenn das Ich sich mal wieder vom Es hat zur Selbstbefleckung anstiften lassen. Eine nette Wohngemeinschaft, die uns da regiert. Die Vernunft ist in diesem Haus nicht die leitende Kraft, sondern bestenfalls noch die freundliche Reinemachfrau, die einmal wöchentlich nach dem Rechten sieht und aufräumt. Sich aber freilich hütet, jemals die Kellertüre zu öffnen.

Das Ich wird jedoch bei Freud nur scheinbar zu einem Haus. Das bedeutendere Bild für die Psyche ist bei ihm das Theater.

Kopfdramen

Vor Freud hatten schon Nietzsche und Kierkegaard spekuliert, es gebe gar kein Ich, sondern nur Masken hinter Masken; unter nämlichen Masken aber befände sich gar nichts, außer eben wieder Masken. Rollenspiel reiht sich an Rollenspiel. Das Ich, das ist immer jemand anderes. Immer der-/diejenige, der/die es je nach der momentanen Gegebenheit zu sein hat. Mal Sohn, mal Chef, mal Verführer, mal Student, mal Angestellter, mal Kumpel. Immer derselbe Körper, aber je bewohnt von unterschiedlichen Seelen. Bei Goethes Faust wohnen bekanntlich »zwei Seelen« in der Brust. Bei Nietzsche sind es ganze Horden.

Also wer oder was ist das Ich jetzt? Man könnte sagen, das Ich ist eigentlich eine Art Ego-Roman, erfunden von der Erinnerung, die aus Fragmenten eine kohärente Geschichte erzeugt. Und so wird bei Freud das Maskenspiel der Identität zu einem wahrhaften Theaterstück, bei dem man gleichzeitig alle Akteure, die Bühne und auch das Publikum selber ist. Und das Stück, das gegeben wird, heißt »Ödipus« und ist von Sophokles. Es hätte allerdings nicht viel gefehlt und wir hätten alle einen »Hamlet-Komplex«. Denn Freud war nicht nur von den Griechen, sondern auch von Shakespeare begeistert. Und der den Vatergeist rächen wollende Muttibubi mit schlimmem Onkelhass wäre sicher auch eine feine Ausgangsfigur für unser unsichtbares Theater des Unbewussten gewesen.

Aber Freud hat sich dann doch anders entschieden.

Vermutlich deswegen, meint der Psychogrübler Klaus Theweleit, weil der Onkel von Freuds Frau, den Freud ob seiner herausragenden Stellung als eine Vaterfigur bewunderte, halt Altphilologe und nicht Anglist gewesen war. Man heiratet eben immer die ganze Familie mit. Deswegen sind wir jetzt keine gründelnden Dänen, sondern tragische Griechen. Gut, auch egal – beide Stücke gehen nicht gut aus. Bei Hamlet sterben alle. Und Ödipus tötet unwissentlich seinen Vater, bebeischläft seine Mutti, die erhängt sich, als sie erfährt, dass ihr zweiter Mann ihr Sohn ist; und der sticht sich anschließend die Augen aus, um das Debakel nicht mehr sehen zu müssen. Kurz, Freud hatte die Sexualität entdeckt.

Und zwar gleich in ihrer unerquicklichsten Form. Dem Missbrauch. Wie das? Nun, zu dem jungen Arzt kommen damals viele sogenannte Hysterikerinnen. »Hystera« kommt aus dem Griechischen und bedeutet »Gebärmutter«. Zu Doktor Freud kommen also in Massen junge, meist noch kinderlose Frauen, die man als Gebärmütter bezeichnet. Denn das ist, oder besser wäre, ihr Auftrag in der Gesellschaft, in der sie leben. Sie sollen Kinder zur Welt bringen. Gebären. Doch jetzt gebärden (auch da steckt im Begriff das »Gebären« schon mit drin – als das Zur-Welt-Bringen eines Ausdrucks) sie sich wie die Wilden. Warum? Freud fragt es aus den jungen Damen der Gesellschaft heraus. Sie sind missbraucht worden. Von Vätern, Onkeln oder Lehrern. Also von genau den Autoritätsfiguren, die ihnen ansonsten den lieben langen Tag eintrichtern, dass unkeusche Gefühle von Übel sind und dass sie artige, funktionstüchtige, folgsame

Mädchen sein sollen. Bis zu dem Tag, an dem sie mit einem Mann verheiratet werden, dem sie dann artige, folgsame und tüchtige Frauen sein sollen. Kein Wunder, wenn man auf solche Doppelmoral allergisch reagiert. (Heute heißt man deswegen auch hysterische Frauen nicht mehr Hysterikerin, sondern Mitmenschen mit einem reaktiven Syndrom. Und nämliche können mittlerweile auch Männer haben, immerhin sind wir emanzipiert.)

Doch diese Offenbarung seiner Patientinnen ist für Freud, der sich mit seiner Erforschung der Psyche ohnehin auf heikles Terrain begibt, deutlich zu gefährlich. Anstatt also hinaus in die Öffentlichkeit zu gehen, mit dem Rat, doch bitte in Zukunft die jungen weiblichen Familienmitglieder nicht mehr zu vergewaltigen, stellt er, um seine Theorie wenigstens einigermaßen gesellschaftlich verträglich zu machen, die Tatsachen auf den Kopf. Er behauptet, die Kinder würden die Eltern begehren und nicht umgekehrt. Ödipus will seiner Mutter beiliegen und empfindet Hass auf den Vater, der statt seiner mit Mami das Bett vollschwitzt.

Sie meinen, man darf jetzt nicht zu hart mit Freud ins Gericht gehen? Freilich, seine Entdeckung der kindlichen Sexualität und damit des unbekannten Kontinents des Unterbewussten überhaupt, ist ein echter Durchbruch. Und das Herausposaunen der schmierigen Wahrheit des Missbrauchs hätte zweifellos das vorzeitige Ende der Psychoanalyse bedeutet. Doch jetzt wird man beginnen, den armen Patientinnen einzureden, sie hätten sich den erlebten Missbrauch nur gewünscht und das an ihnen begangene Verbrechen wäre tatsächlich ihre ureigenste Wunschphantasie. Die empfundenen Seelenqualen seien Schuldgefühle ob dieser unerlaubten Wünsche und nicht die Folge eines Schocks durch die Vergewaltigung durch Menschen, die einem doch eigentlich Schutz und Liebe zukommen lassen sollten. Das ist eine, gelinde gesagt, ungute Verdrehung der Tatsachen.

Aber auch so rennt Freud nicht gerade offene Türen ein. Die Auffassung, dass die Handlungen der Menschen nur scheinbar von Vernunft und Moral bestimmt sind, aber in Wahrheit Ausstülpungen der alles überwuchernden Libido darstellen, kommt bei seinen Zeitgenossen nicht gut an. Darüber hinaus darf, bei aller berechtigten Kritik, die Psychoanalyse als funktionstüchtige Methode dafür betrachtet werden, dass verwirrte und unglückliche Individuen Kontakt mit der Wirklichkeit aufnehmen, um zwischen den eigenen neurotischen Phantasien und der tatsächlich vorhandenen Realität unterscheiden zu lernen. Und wer um des Über-Ichs willen kann das schon wirklich wollen? So gilt auch heute noch zum Beispiel bei Militärparaden eine freudianische Deutung als unerwünscht.

Was Freud durch seine Forschung anstößt, wird die dritte große narzisstische Kränkung des abendländischen Menschen darstellen. Der war immerhin dereinst Gottes Lieblingsprojekt gewesen, um den sich der gesamte Kosmos zu drehen hatte. Doch dann hatten uns Kopernikus und Kepler aus dem Zentrum der Welt vertrieben, Dar-

Abb. 18] Und da soll man jetzt weder lachen, noch rot werden.

win hatte uns die Schöpfungskrone abgenommen und festgestellt, wir stammen nicht von Gott, sondern vom Affen ab und jetzt kommt auch noch ein jüdischer Arzt und behauptet, man wäre noch nicht einmal der Herr in seinem eigenen Gehirn. Und nicht nur das – man würde auch noch ständig nur an Sex denken. Sogar dann, wenn man gerade nicht an Sex denkt. Dann würde man nur verdrängen und die Sexgedanken mit Pseudokeuschheit bemänteln. Das ist starker Tobak.

Und doch, Sex sells. Die Psychoanalyse wird alle Anfeindungen überstehen, viele Revolutionen und Evolutionen durchmachen und sich schlussendlich als etwas ganz anderes herausstellen, als zunächst intendiert. War sie noch erfunden worden als Heilmittel für Neurotiker, die mit ihrem Leben nicht mehr zurande kommen, stellte sie sich, neben ihrer unzweifelhaften therapeutischen Erfolge, für Denker wie Michel Foucault als Weiterführung der Beichte mit anderen Mitteln heraus. Der listige Franzose wird in seinem Werk »Sexualität und Wahrheit« die Psychoanalyse als ein weiteres Mittel entlarven, den Sex zur Sprache zu bringen. Denn, so Foucault, Sex ist nur ein scheinbar tabuisiertes und totgeschwiegenes Sujet. Tatsächlich wird unablässig über nichts anders geredet. Der Sex kann deswegen, laut Foucault, auch nur scheinbar befreit werden. Denn zu einer Befreiung gehört etwas zu Befreiendes, eine Urform, eine Art von natürlichem, »richtigem« Sex. Den gibt es aber gar nicht. Sexualverhalten wird, wie jedes andere Verhalten auch, von je unterschiedlichen Gesellschaften in unterschiedlichen Zeiten anders erzeugt, und zwar genau durch das Mittel des Diskurses, also durch die Art, wie man über eine Sache spricht oder eben nicht spricht. Was erlaubt ist, was verboten, was verboten aber gerade deswegen in bestimmten Situationen doch ein bissel erlaubt ist, das formt das jeweilige Sexualverhalten. Richtig und falsch gibt es in diesem Zusammenhang gar nicht. Auch ursprünglich oder frei gibt es nicht.

Und so wird bei Foucault das private Therapeutengespräch und auch die öffentliche Diskussion über Sex, die in den 1970ern beginnt und bis heute andauert, zu einer Form, den Sex zum Sprechen zu bringen. Und zwar in Form des Geständnisses. Und wer etwas zu gestehen hat, hat sich ja wohl einer Verfehlung schuldig gemacht. Über Sex zu sprechen ist also nur eine Scheinbefreiung; tatsächlich ist es ein subtiler Kontrollmechanismus, der ihn (den Sex) in die momentan von der Gesellschaft benötigte Form bringt. So gesehen ist die Macht, die den Diskurs über den Sex kontrolliert, bei Foucault keine nur negative kastrierende Macht, sondern sogar eine positive, Individuen erzeugende. Doch gibt es beruhigenderweise für Foucault niemanden, der den Diskurs kontrolliert. Der wird von allen Beteiligten gemeinsam erzeugt und somit erschafft er sich quasi von selbst. Doch freilich gibt es immer Mächte, die irrtümlicherweise glauben, sie übten die Kontrolle aus. Deswegen können so manche Strategien der »Mächtigen« nach hinten losgehen.

Sex macht Konsum

So hatte man im Beichtspiegel der katholischen Kirche zur Kontrolle des intimen Lebens der Gläubigen einen akribischen Fragenkatalog erstellt, um tief in die erotische Vorstellungswelt der Christenkinder einzudringen. Außerdem wollte man bei der Sanktion des Verbotenen auch keine Unterlassung begehen. Nur war der Katalog der möglichen Verfehlungen so detailliert geworden, dass man die mitunter arglosen Gläubigen auf Praktiken aufmerksam machte, auf die sie von selbst gar nicht gekommen wären. Was sich ein verklemmter Priester an Sünden in seinem Büßerkabäuschen so zusammenphantasierte, schien also allemal schweinischer zu sein als das, was die gemeine Landbevölkerung zu bieten hatte.

Die Kontrolle kann sich also auch gegen sich selbst wenden, wenn sie zu rabulistisch wird. Aber eben genau über diese Kontrolle, diese Sorge, um das »richtige« Sexualverhalten, formt der Diskurs den Sex zu dem, was er dann wird. Wahre Befreiung klingt anders. Selbst in unseren Zeiten des fröhlichen Konsums ist unsere Sexualität nur scheinbar befreit. Sicher, wir können alle Konstellationen und Praktiken durchexperimentieren. Doch unsere Unfreiheit besteht darin, dass wir, vom gesellschaftlichen Anspruch her, eigentlich ständig Sex haben müssten. Und gut muss er sein. Stehend in der Hängematte mit mehreren Partnern gleichzeitig und mit Geräten. Klar, dass das kaum einer hinkriegt. Schon allein deswegen nicht, weil wir ja, um den richtig guten Sex zu haben, der allenthalben angepriesen wird, auch total sportlich, schön, jung und enthemmt sein müssten. Da wir das nicht schaffen, nicht schaffen können, sollen wir uns unablässig schlecht und minderwertig fühlen, damit uns ebenso unablässig ein Ersatz für unsere Minderwertigkeit angedeihen kann. Sie wissen nicht, wovon ich rede? Na, vom Konsum, von was denn sonst. In der sexuell befreiten Gesellschaft wird die Pflicht zum Sex eine Last, die durch konsequentes Shoppen kompensiert wird. Der Nichtsex ist sozusagen die Sünde, Einkaufen die Erlösung. Man sieht, es geht vorwärts in der Menschheitsentwicklung.

Vor allem seit Freud. Zu ihm kamen ja hauptsächlich Patient(inn)en, die unter der Repression ihrer Gefühle zu leiden hatten. Der Druck kam von innen, denn das von der Außenwelt übergestülpte Korsett des Anstands war zu eng und zu verlogen. Heute kommen zu den Seelendoktoren hauptsächlich Menschen, die von ihrem Leben überfordert sind. Der Druck kommt jetzt von außen. Die Verpflichtung, ständig dynamisch, geil und in jeder Hinsicht kompetent zu sein, erzeugt immer mehr erschöpfte, überforderte Ichs mit hässlichen Ringen unter den Augen.

Hatte noch Dostojewski düster geunkt, »wenn Gott tot ist, ist alles erlaubt«, verkehrt Slavoj Zizek diesen Satz in sein Gegenteil. »Wenn Gott tot ist, dann ist alles verboten, denn dann ist das einzige Gebot die Verpflichtung, ständig zu genießen.« Dauergenuss allerdings stellt im lebenspraktischen Vollzug ein Problem dar, da Genuss seinem Wesen nach nicht ohne Folgen für die Gesundheit bleibt. Genuss macht dick, matt und auf die Dauer krank. Das aber wiederum hindert die zu Dauerspaß Verpflichteten, weiter zu genießen, weil die Dicken, Matten und Kranken nun mal, wie jeder weiß, keine Freude im Leben zu empfinden haben. Um dieses Dilemma aufzulösen, erfand die große Konsum- und Spaßmaschinerie des Westens Produkte, die ihrer Substanz beraubt sind wie koffeinfreien Kaffee, fettfreie Butter, zuckerfreie Süßmittel und überhaupt Lightprodukte aller Art. Damit soll man jetzt zwar ständig genießen, allerdings ohne den Preis des Genusses zahlen zu müssen.

Doch die Rechnung geht nicht auf. Die ständige Verpflichtung, Spaß und Ekstase zu verwirklichen, erzeugt nur das ebenso ständige Gefühl, zu kurz zu kommen. Die Immerlustigen haben nur das Gefühl, dass alle anderen immer Spaß haben. Das Paradies ist immer nebenan. Man selbst aber ist nie auf der richtigen Party. Unablässig begleitet einen das Gefühl, bei der Ekstase zu versagen und schon wieder zur falschen Zeit am falschen Ort zu sein. Es ist wie bei einem Handyvertrag: Kaum hat man ihn abgeschlossen, beschleicht einen der Verdacht, man hätte einen besseren, billigeren, mit mehr Leistungen abschließen können. Das Leben haut einen unablässig übers Ohr.

Kurz: Zu Freuds Zeiten war das Problem zu wenig, heute ist das Problem zu viel Freiheit. In beiden Fällen werden die Spielregeln, mit denen die Individuen nur schlecht zurechtkommen, durch die Machtverhältnisse von außen gesetzt.

Sex macht Macht

Überhaupt ist der Zusammenhang zwischen Sex und Macht – oder besser »Status« – so eng verwoben, dass man die beiden Begriffe kaum noch auseinanderzuhalten vermag. Nehmen wir mal Darwin, Freud und Foucault zusammen, dann erhalten wir folgendes Szenario: Wir sind böse Affen. Unser genetischer Auftrag lautet, wenn möglich, nicht zu sterben und sich fortzupflanzen. Unser Verhalten wird dabei reguliert durch das Lustprinzip. Das Lustprinzip wird über Machtbeziehungen reguliert und definiert.

Konkret jetzt: Beim Männchen lautet der Auftrag: Streu deinen Samen, wo's geht. Quantität ist Qualität. Die Weibchen haben es schwerer, weil sie auch noch für die Aufzucht der Brut aufkommen müssen. Und weil wir aber Affen sind, ist uns als Herdenwesen der Wille zur Hierarchie quasi in die Gene montiert. Bei Affen darf sich immer nur das ranghöchste Männchen fortpflanzen. Es begattet den Harem, in dem ebenfalls unter den Weibchen eine Hierarchie herrscht. Je beliebter beim Alpha-Affen desto besser. Die rangniederen Männchen sitzen auf den Bäumen und wichsen. Oder bespringen ganz auf die Schnelle mal ein Weibchen, wenn der Alpha-Affe grad wegguckt. Die soziale Position und die Erlaubnis zum Sex sind also eng miteinander verknüpft.

Sicher, wir Menschen sind zu viel komplexeren Verhaltensweisen fähig als unsere haarigen Vorfahren, immerhin haben wir sogar Komplexe. Und doch, im Grunde ist alles ganz einfach. Man strebt nach Macht, um einen gesellschaftlichen Status zu erreichen, der uns erlaubt Sex zu haben und unser hormonelles Belohnungssystem im Gehirn dazu veranlasst, erfreuliche Substanzen auszuschütten. Wer mächtig ist, braucht also mitunter gar keinen Sex mehr zu haben, um sich gut zu fühlen, die bloße Möglichkeit dazu reicht schon aus. Dient der Sex doch nur in den seltensten Fällen wirklich der Fortpflanzung, sondern ist eher eine Form der Selbstvergewisserung der sozialen Position. Oder kurz: Sex ist Macht. Wer aber an sich eine rangniedere Position in der Gesellschaft einnimmt, also weniger mächtig ist, der muss wenigstens Sex haben, um überhaupt von seiner Lebensberechtigung überzeugt zu sein. Jung und begehrenswert zu sein erhöht also nicht nur die Wahrscheinlichkeit, Sex zu haben, sondern ist anders herum auch wieder eine Form, Macht zu erlangen. Und dabei herrscht das Gesetz von Angebot und Nachfrage. Wer etwas will, dem fehlt was. Mit einem, dem was fehlt, will keiner ins Bett. Wer nichts will, der hat offenbar etwas. Was hat er? Will ich auch, was er hat. Und schon bahnt sich ein präerotisches Geplauder an. Sie sollten also, wenn Sie ausgehen und dabei prinzipielle Paarungsabsichten haben, besser gleich zu Hause bleiben. Denn man bekommt in unserer paradoxen Affenwelt immer nur dann etwas, wenn man nichts will. Oder zumindest dann, wenn man nichts braucht. Bedürftig zu sein ist eher unattraktiv. Außer man findet jemanden, der jemanden braucht, der etwas braucht. Dann kann man sich gegenseitig brauchen.

Sexualität wird so zu einem gesellschaftlichen Unterscheidungskriterium, vergleichbar dem Geld. Wer viel Geld hat, ist mächtig und kann sich alles leisten. Wer aber jung und schön ist und ob dessen viel Sex hat, oder haben kann, ist ebenfalls mächtig. Nur stellt bei dieser Art von Macht keiner die Frage nach der Verteilungsgerechtigkeit. Oder haben Sie schon mal von einem Sozialismus der Sexualität gehört, der dafür sorgen soll, dass die Lust gerecht in der Gemeinschaft verteilt wird? Vielleicht stellt sich die Frage aber ja auch gar nicht, weil das ja eine eher private Angelegenheit ist. Obwohl man ja den Eindruck haben könnte, Sex sei ein öffentliches Gut geworden. Egal. Jedenfalls gab es Zeiten, da sind auch sexuell Unterprivilegierte verheiratet worden, die heute größte Schwierigkeiten hätten, eine/-n abzukriegen. Aber bevor ich jetzt anfange die Zwangsehe zu verteidigen, stelle ich mal lieber eine ganz andere Frage.

War Freud mit seinem Konzept des Unbewussten überhaupt auf der richtigen Spur? Auch das wurde und wird immer wieder stark bezweifelt. Oder um es mit den Worten der amerikanischen Serienfigur »Hammer« zu sagen (ein harter Cop, der nur seine Pistole liebt und zuerst schießt und dann redet): »... ich habe gar kein Unterbewusstsein!«

Das ist so wohl nicht richtig. Die Hirnforschung unserer Tage hat dafür gesorgt, dass so mancher den bereits unter »ach, was soll's« abgelegten Freud wieder aus der Ahnenvitrine der Geistesgeschichte holen musste. Glaubt man den Ergebnissen der heutigen professionellen Schädeldurchleuchter, dann ist am Prinzip des Unbewussten und auch des Unterbewussten durchaus etwas dran.

Sicher, die Bedeutung der »Traumata«, der prägenden Erlebnisse, wird heute anders eingeschätzt als zu Freuds Zeiten. Heute meint man eher, das Umfeld, in dem man aufgewachsen ist, habe einen zu der Person werden lassen, die man ist. Dabei hat die Bedeutung der Eltern abgenommen, während das restliche soziale Umfeld wichtiger geworden ist. Doch die generelle Richtung der freudschen Theorie scheint sich zu bestätigen. Unsere Identität ist keine fest gefügte Angelegenheit, kein substanzielles Ding, mit dem wir auf die Welt kommen, sondern im Gegenteil, ein ständiger Prozess, der von äußeren Einflüssen geformt wird und dessen wichtigste Weichenstellungen in der frühen Kindheit ablaufen.

Aus dieser Sichtweise ergibt sich auch die grundsätzliche Idee der freudschen Heilungsmethode. Um die Identität eines Analysanden, der mit sich und seinem Leben unglücklich ist, zu modifizieren, geht man im analytischen Prozess zurück in die Vergangenheit, um dort nachträglich Weichenstellungen zu ändern. Man versucht also, die eigene Geschichte umzuschreiben, neu zu deuten oder sogar neu zu erfinden.

Dieser Impuls, die Geschichte neu zu denken, wird in der Philosophie des 20. Jahrhundert sehr wichtig sein. Martin Heidegger wird mit seiner Analyse der Seins-Geschichte etwas Ähnliches versuchen. Zurückzugehen an bestimmte entscheidende Orte der Denkgeschichte, um dort dann Sichtweisen neu zu definieren. Schade nur, dass er sich einer Sprache befleißigt, die keiner versteht. Deswegen ist seine Philosophie für viele auch eher eine Verdunklungsangelegenheit. Aber gerade das Dunkle und Raunende kommt ja gut an. Es vermittelt einem zwar einerseits das ungute Gefühl, man hätte selber keine Ahnung, aber andererseits die schöne Gewissheit, es gäbe immerhin Agenten der Einsicht. Nach dem Motto: Ich verstehe die Welt zwar nicht, aber in Todtnauberg sitzt Martin Heidegger und der begreift sie. Und zwar so allumfassend, dass er schon in den 1950er-Jahren zusammen mit seinem Kollegen Jaspers über ein Thema ganz besonders besorgt nachdenkt. Globalisierung!

Damals sind es allerdings noch nicht die weltweiten Finanzmärkte, die uns heute in Atem halten. Nein, es geht um die Möglichkeit der globalen Zerstörung. Durch die Erfindung der Atombombe war ein uralter Wunschtraum der Menschheit endlich in den Bereich des Machbaren gerückt. Man konnte die Erde jetzt sprengen. Sicher, nicht den Planeten aus der Umlaufbahn, aber immerhin konnte man die Biosphäre verdampfen lassen. Jahrtausendelang hatte man das Ende der Welt erwartet, verkündet, befürchtet, erhofft. Aber die rotierende Schweinerei wollte einfach nicht enden. Jetzt konnte man das tatsächlich selbst in die Hand nehmen. Und das Beste daran war, dass die ewig in Ost und West und Nord und Süd gespaltene Menschheit endlich zusammenrücken würde. Alle Unterschiede könnten durch den großen Knall aufgehoben werden, alle könnten gemeinsam in das große Nichts eingehen. Das hatte noch keine Politik hinbekommen. Wie Sie wissen, wurde bislang nichts draus. Und doch – allein schon die Tatsache der prinzipiellen Möglichkeit der totalen Vernichtung scheint wie ein Bild für das Verschwinden der Wirklichkeit in der Postmoderne zu sein. Von jetzt an »nichtet« das Nichts.

12]

Wenn modern die Post abgeht

Als der junge vielversprechende Student Max Planck am Ende des 19. Jahrhunderts sein Physikstudium beginnen will, raten ihm wohlmeinende väterliche Freunde, er solle doch bitte seinen frischen scharfen Intellekt auf ein anderes Themengebiet lenken. Die Physik sei im Prinzip abgeschlossen und verstanden; nur noch ein paar Fleißaufgaben zu machen, um einige winzige Unstimmigkeiten im System zu korrigieren, die aber eigentlich niemandem ernsthaft Kopfzerbrechen bereiteten. Er, Planck, solle sich doch bitte an eine größere Herausforderung wagen. Aber der zeigt sich störrisch, studiert unter dem Augenrollen der klugen Mentoren doch Physik und begründet mit seinen Forschungen über die Hohlraumstrahlung die Quantenphysik, die das newtonsche Weltbild auf den Kopf stellt und das Potenzial zur Weltvernichtung freisetzt.

Denn die Materie verhält sich auf der Mikroebene höchst eigenartig; man kann fast sagen – unartig; oder zumindest so gar nicht mehr materieartig. So ändern sich zum Beispiel die Energieniveaus der Elektronen, wenn ihnen Energie zu oder abgeführt wird, nicht stetig, wie wir das aus unserer Alltagserfahrung gewohnt sind, sondern sprunghaft. So ist ein Elektron zum Beispiel erst da und dann dort, ohne aber je »dazwischen« gewesen zu sein. Das ist so, als würden Sie nicht zum Haus hinausgehen, wie Sie das gewohnt sind, sondern als wären Sie da, wo Sie jetzt sind und auf einmal vor der Haustüre, aber ohne den Raum dazwischen je betreten zu haben. Kein Wunder, dass die Physiker ob dieser Ergebnisse zunächst recht betreten waren.

Dann stellte sich auch noch heraus, dass die Atome, aus denen die Welt zusammengeklebt ist, hauptsächlich aus nichts bestehen. Aus leerem Raum. Man könnte sich fast wie Büchners Woyzeck vorkommen, der Angst vor den Löchern im Boden der Welt hat, in die er zu fallen fürchtet. Doch es wird noch merkwürdiger werden. Die Quantenphysiker werden feststellen, dass sich nicht nur Licht sowohl als Welle wie auch als Teilchen beschreiben lässt, nein, auch die feste Materie verhält sich unter bestimmten Bedingungen wie ein Welle. Je nachdem wie man die Welt beobachtet, ändert sie anscheinend ihren Charakter. Das ist doch charakterlos von der Welt. Sicher, was konnte man anderes von ihr erwarten. Doch ab jetzt war eines klar – man hat überhaupt keine Ahnung mehr, was die Welt im Innersten zusammenhält.

Dennoch – das, wovon man keine Ahnung hat, kann man aber in der Folge, mittels der Formeln der Quantenphysik, immer exakter berechnen. Die überaus seltsamen

Vorgänge im irren Liliput der Protonen, Neutronen und Elektronen lassen sich allerdings nicht mehr völlig exakt vorhersagen, sondern »nur noch« in der Sprache der Wahrscheinlichkeit beschreiben. Die kleinsten Teile sind nicht wie in der newtonschen Physik determiniert, sondern verfügen über seltsame Freiräume. Also wenn Ihnen zum Beispiel in unserer schönen Newtonwelt, in der wir ja zum Glück wohnen, ein Stein auf den Kopf fällt, dann kann man, wenn man weiß, wie schwer der Stein ist (sagen wir 1 Kilo) und aus welcher Höhe er kam (sagen wir 10 Meter), ganz genau berechnen, welchen Schaden er hinterlässt, wenn er auf Ihren Schädel auftrifft (schlimmer Schaden). In der winzigen Quantenwelt (in der es freilich weder Steine noch Köpfe gibt) könnte man nur sagen, dass der »Stein« vielleicht ein bestimmtes Gewicht hat; der »Stein« würde auch nicht unbedingt »fallen«, sondern wäre mal da oder auch mal nicht da und auch diese Frage nach der Anwesenheit des »Steins« wäre nur in Begriffen der Wahrscheinlichkeit darzustellen. Und Sie hätten auch vielleicht keinen Kopf. Die Welt im Kleinen besteht also nicht mehr aus Objekten, sondern aus seltsamen verwirrenden virtuellen Zuständen.

Je genauer man hinschaut, desto mehr wird offenbar: Es gibt gar keine Materie. Sie verschwindet unter dem Blick der Forscher. Deswegen wird auch der Blick selbst zum Problem. Der Physiker Werner Heisenberg erdenkt die sogenannte »Unschärferelation«, die besagt, je genauer ich über die Energie eines Teilchens Bescheid weiß, desto ungenauer kann ich den Ort bestimmen.

Wie kommt Herr Heisenberg da jetzt drauf? Also: Wenn ich den Ort eines Teilchens bestimmen will, dann muss ich es mit anderen Teilchen beschießen (weil die Teilchen eben zu klein sind, um da mit einem Lineal anzukommen). Aus deren Ablenkung kann ich dann rückwirkend den Ort bestimmen.

Freilich habe ich aber durch den erfolgreichen Beschuss auch ungewollter Weise den Impuls des zu ortenden Teilchens verändert, weil ich es ja getroffen haben muss, um den Ort zu bestimmen. Man hat also durch die Beobachtung des Ortes die Energie des Teilchens verändert. Das ist so, als würden Sie auf der Autobahn fahren und wüssten, Sie bewegten sich mit einer Geschwindigkeit von 100 km/h, aber Sie hätten keine Ahnung in welche Richtung. Oder aber Sie wüssten die Richtung, dann aber wäre unklar wie schnell Sie sind. Klar, dass man bei solchen Bedingungen nie einen Dunst hat, wann man ankommt.

Aber diese Unschärfe ist nicht nur ein Problem, das Physiker im Laboratorium haben, es ist ein der Materie innewohnendes Gesetz, was nun wiederum die durchaus merkwürdige Folge hat, dass, wenn man leeren Raum bestaunt, nämlicher Raum ab einer gewissen Genauigkeit der Beobachtung aufhört, leer zu sein. Aufgrund der der Welt innewohnenden Unschärfe gibt es im leeren Raum im Größenbereich, in dem Quantenphänomene wirksam werden, allerlei Tätigkeit, die da eigentlich gar nicht sein dürfte. Die Leere oszilliert munter und rege vor sich hin. Aus dem Nichts werden Teilchen erzeugt, die sich aber sogleich wieder auflösen und ins Nichts zurückfallen. Sozusagen ein äußerst volles quirliges Nichts. Das hängt alles von der Entfernung ab. Schaut man mit einigem Abstand auf das Vakuum des Alls, dann ist da nichts. Sieht man genauer hin, ist da doch etwas. Blickt man mit einigem Abstand auf etwas, dann ist es da (zum Beispiel das Buch, das Sie in Händen halten), sieht man aber genauer hin, dann verschwindet die Materie zugunsten von merkwürdigen virtuellen Zuständen.

Die heutigen Quantenphysiker, die weltweit am Quantencomputer schrauben und versuchen, Quantenteleportation zu betreiben, nutzen dabei einen der verblüffendsten und vielleicht sogar verstörendsten Effekte der kleinen Welt. Nämlich das, was Einstein als »spukhafte Fernwirkung« bezeichnet. Zwei miteinander »verschränkte« Zwillingsteilchen (was das genau bedeutet, lassen Sie sich bitte von einem Physiker erklären, aber nehmen Sie zur Sicherheit ein Ersatzgehirn mit, falls Ihr altes platzen sollte) haben gemeinsam gewisse Eigenschaften. So weit noch kein Problem. Aber da ist es schon, das böse Wort. »Weit« hat jetzt plötzlich keine Bedeutung mehr. Wenn man nämlich die Zwillingsteilchen trennt (das eine befindet sich jetzt im Labor und das andere kreist gut gelaunt um das Zentrum einer weit entfernten Galaxie) und die Eigenschaften des einen Teilchenbruders im Labor verändert, dann verändert auch das galaktische Teilchen auf die exakt gleiche Weise seine Eigenschaften. Und das sofort. Die Lichtgeschwindigkeit, ansonsten die absolute Obergrenze für Informationsübertragung in der Welt, hat hier keine Bedeutung.

Und warum nicht? Wieso hat die räumliche Entfernung hier keine Bedeutung? Wie kann es sein, dass sich zwei Dinge so verhalten als wären sie nicht getrennt, obgleich sie es sind? Was zum Henker ist dann das Innere der Welt? Der österreichische Physiker Anton Zeilinger raunt es nur verhalten, weil man es sich kaum laut zu sagen traut. Aber was von der Materie im Kleinen am Ende übrig bleibt, ist Information. Die Welt besteht aus Beziehungen. Da muss man schlucken. Unsere schöne harte, weiche, heiße, kalte, eckige, schwabbelige, zitternde und gleitende Welt der Materie besteht in ihrem Inneren aus einem Begriff? Was hätte sich der alte Platon über dieses Ergebnis gefreut. Und gleich angemerkt: Hab ich ja immer gesagt.

Doch das bedeutet freilich auch, unser Konzept von Raum muss überdacht werden. Wenn Teilchen unabhängig von ihrer Verortung in der Welt ohne Zeitverlust interagieren können, dann könnte man fast meinen, wir wären immer noch im Urknall, im Anfangszustand der Welt, in dem alles in einem ausdehnungslosen Punkt zusammengebacken war. Ja, und genau so ist es auch.

Der Urknall knallt immer noch

Zu Einsteins Zeiten glaubte man noch, das gesamte Universum wäre das, was wir heute als unsere Milchstraße bezeichnen. Doch durch immer bessere Beobachtungsgeräte wurde bald klar, dass unsere Milchstraße nur eines von Abermillionen Sternensystemen ist, die sich auch noch mit wachsender Geschwindigkeit voneinander wegbewegen. Stellt sich nur die Frage: Wo wollen die denn alle hin? Oder anders – von wo fliegen die denn weg?

Die Antwort liegt auf dem Hirn, sie fliehen vor ihrem Ursprung. Denkt man die Vorwärtsbewegung (wobei vorwärts und rückwärts im All freilich total sinnlose Begriffe sind) der Galaxien zurück, dann kommt man unweigerlich zurück zum Ursprung aller Dinge. Dem Urzustand, in dem alles, was da anwest, zusammensortiert ward in einem Punkt ohne Komma. Am Anfang war die Singularität, die totale Gleichheit und nicht das Chaos. Will sagen: Regal und Bücher waren eins. Auch das sie umgebende Haus und die das Haus umgebende Welt. Alles eine Suppe. Nein, Suppe stimmt auch nicht. Suppe klingt nach zusammengematscht, unterschiedliches Gemüse wild durcheinander. In der Ursingularität war aber alles ohne Unterschiede. Mitsamt Raum und Zeit. Deswegen ergibt es auch keinen Sinn die Frage zu stellen, was vor dem Urknall gewesen sein soll. Denn da war vorher noch nicht erfunden. Auch ist der Knall in nichts hineingeknallt, er ist schlicht ins Nichts geknallt. Weil der Raum, glaubt man den Physikern, auch erst mit dem Urknall entstanden ist.

Von außen betrachtet wäre die Raumzeit, in der wir uns befinden, also gar nicht so unterschiedlich zu vorher. Wir sind sozusagen immer noch im Urknall, nur hat der seine innere Struktur auf interessante Art und Weise verändert. Aber diesen Blick kann freilich keiner einnehmen, weil es kein Außen der Raumzeit gibt. Ach ja, und geknallt hat ebenfalls nichts, weil es noch kein Medium gab, das Schall hätte übertragen können. Und selbst wenn, vom Entstehungslärm der Welt konnte sich noch niemand belästigt fühlen, immerhin war ja keiner dabei. Gut, die Substanz, aus der wir bestehen, war freilich schon dabei, weil ja alles, was existiert, im Anfangszustand eins war. Aber da war noch nicht einmal die Materie aus der reinen Energie ausgeflockt und bis zum ersten Beschwerdebrief sollte es noch 13.7 Milliarden Jahre dauern.

Diesen Urzustand der Welt können Sie sich jetzt beim besten Willen nicht vorstellen? Ja, Jacques Derrida hat schon zu Recht darauf hingewiesen, dass man sich Einheit nicht vorstellen kann. Wer eins denkt, muss immer schon Nicht-eins mitdenken, da alles erst auf dem Hintergrund der eigenen Verneinung gedacht werden kann. Und schon ist man zu zweit. Objekt. Hintergrund. Objekt ohne Hintergrund geht nicht. Die Ursingularität ist also prinzipiell undenkbar, weil darin auch der Hintergrund der Objekte verschluckt ist.

Dennoch, auch wenn Raum und Zeit als in der Anfangssingularität enthalten gedacht werden müssen – man kann es nicht lassen die Frage zu stellen, was denn nun wirklich vor dem Urknall gewesen sein soll. Aber das ist eine unphysikalische Frage, die aus dem Bereich der Sprache kommt. An Zeit gebundene Wesen wie unsereiner, die zu jeder Wirkung gern eine passende Ursache hätten, damit man die beiden schön mit einem »erledigt«-Häkchen versehen kann, können nimmermehr einen Anfang ohne ein Davor begreifen.

Wir fassen zusammen: Im Inneren der Materie finden wir einen Begriff. Das erinnert an Platon. Das kosmische Große und Ganze war dereinst ein ausdehnungsloser Punkt, in dem es keine Unterschiede gab und der dann aus nicht genau geklärten Umständen seine innere Struktur verändert hat. Was an Parmenides erinnert. Und insgesamt erinnert die Unvereinbarkeit der einsteinschen Sicht des kosmisch Großen (die vollkommen deterministisch ist) mit der Sicht der Quantenmechaniker (deren Welt eine der Möglichkeiten ist), an die Unvereinbarkeit von Spinoza mit Fichte. Wir sehen, wir sind viel weiter, kommen aber einfach nicht vom Fleck. Denn unter sämtlichen Revolutionen des Weltbildes schimmern dann doch wieder Reste der überholten Weltbilder von anno dazumal durch.

Die Geschichte verschwindet, Revolution wird Evolution

Das ist in der Welt der Politik genauso. Zu Beginn des 20. Jahrhunderts erfreuen sich Revolutionen aller Art großer Beliebtheit. Revolutionäre Massen marschieren auf Rom, Berlin, Peking, Moskau, Ankara etc. Man erobert die Welt zwar inzwischen mit Panzern. Aber politische Umwälzungen müssen ergangen werden.

Mit zunehmender Dauer des Jahrhunderts allerdings kommen politische Revolutionen mehr und mehr außer Mode. Denn die Welt tendiert auch nach einem Umsturz in bestürzender Geschwindigkeit dazu, wieder ganz und gar bestürzend ähnliche Unterdrückungsapparaturen einzurichten, wie die, gegen die man zunächst revoltiert hatte. Nur mit anderem Personal in den Funktionärsposten. Manchmal nicht einmal das. Da geschultes Fachpersonal für Folter, Mord und Bespitzelung auch nicht endlos zur Verfügung steht, behilft man sich in der mittleren Funktionsträgerebene oft mit denen, die man vorab erbittert (und meist zu Recht) bekämpft hatte. Nur die Uniformen werden gewechselt und selbstverständlich die Ideologien.

Ja, die ganze Systemwechselei ist am Ende schon recht desillusionierend. Denn die totalitären Systeme zur Menschheitsbeglückung ähneln sich schlussendlich so sehr, dass die politische Linke mit Recht behaupten kann, George Orwells geniale Fabel »Farm der Tiere« und sein immer noch absolut lesenswerter Roman »1984« seien eine satirische Analyse des Faschismus. Und die politische Rechte kann mit Recht sagen, es seien satirische Analysen des real existierenden Kommunismus. Beides stimmt. Denn was Orwell aufzeigt, ist nichts anderes als eine Analyse des totalitären Systems überhaupt. Welche Farbe es hat, ist gleichgültig.

Es scheint also so zu sein, dass von dem Treiben der Menschheit, das nachträglich gern als Geschichte bezeichnet wird, am Ende der genauen Analyse nur die zugrunde liegenden Strukturen übrig bleiben. Strukturen aber brauchen keine Menschen. Im Gegenteil. Strukturen erzeugen Menschen so, wie sie für ihre Erfüllung notwendig sind. Die agierenden Personen sind dabei in ihrem Handeln natürlich nicht frei und im Wesen austauschbar.

Und schon befinden wir uns mitten in der System-theorie. Die aber besagt nichts anderes als dass man sämtliche Vorfälle in der Welt der Materie wie auch in der Welt des Geistigen als Eigenschaften von komplexen Systemen begreifen kann. Wobei die Systemgrenzen im-mer willkürlich sind. Doch je nach dem, wo man sie setzt (die Grenzen), erscheinen Sinneinheiten.

Die wichtigste Frage, die man an ein System stellen kann, ist, wie komplex es ist. Unser Gehirn zum Bei-spiel ist hochkomplex. Es gibt in der bekannten Welt nichts Komplexeres als unser Lieblingsorgan. Die He-rausgehobenheit des Geistes, der ja eine Funktion der Komplexität unseres Hirns darstellt, ist also eine Folge der Vielfältigkeit der im Hirn vorhandenen Kombina-tionsmöglichkeiten. Daraus folgt: Quantität wird Quali-tät. Je mehr, von was auch immer, desto komplizierter kann es werden, desto mehr Kombinationsmöglich-keiten werden geschaffen. Der Unterschied zwischen lebender und toter Materie wäre so betrachtet kein Wesensunterschied, sondern nur noch ein Unterschied hinsichtlich der Komplexität der inneren Struktur.

Die Systemgrenze auf dem Planeten Erde kann man dann zum Beispiel auch einfach an der Grenze der At-mosphäre ziehen und so den ganzen Planeten (oder ge-nauer dessen Biosphäre) als komplexes lebendes System betrachten. Dem kann man dann, wenn man will, auch noch einen Namen geben, wie es der Biophysiker James Lovelock getan hat. Gaia, die große Mutti aus der grie-chischen Mythologie. Die Idee dahinter: Hat Mutti erst einmal einen Namen, fällt es uns vielleicht ein bisschen schwerer, uns destruktiv zu verhalten. Weil wir ja damit nicht nur unsere Lebensgrundlagen vernichten, sondern auch noch der guten Gaia wehtun.

Gut, hat nicht so ganz funktioniert. Die Folgen stehen täglich in der Zeitung. Der Planet leidet unter Muttis herzigen lieben Kleinen. Sie kennen ja sicher den alten Witz zum Thema: Treffen sich zwei Planeten. Sagt der eine: Du siehst ja furchtbar aus. Der andere: Ja, ich hab Menschen. Wieder der eine: Ach, das geht von allein vorbei.

Nur, diese Sichtweise, die die Erde als Lebewesen beschreibt und die Menschen als deren Befall, bringt einen ja auch nicht weiter. Zwar ist die Betrachtungsweise, sich selbst als das Symptom einer planetaren Gleichgewichtsstörung zu begreifen, nicht ohne Originalität, aber ist sie nicht allzu protestantisch? Die Erde reagiert allergisch auf den lästigen Menschenbefall und die allergischen Reaktionen sind Klimaerwärmung und Ozonloch? Muss die Welt jetzt Antihistamine schlucken? Wo ist noch gleich der Mund der Welt? Und überhaupt. Warum sollte der Klimawandel oder das Waldsterben ein Symptom sein, unter dem die Erde leidet? Darunter leiden doch nur Menschen.

Tatsächlich geht die Gaia-Hypothese ja davon aus, dass dort Leben ist, wo die Komplexität eine bestimmte Grenze überschreitet. Wir Menschen aber wären dann die komplexeste Hervorbringung unserer Wirtsmutti Gaia. Aber wenn Komplexität der Wert ist, mit dem gemessen wird, dann müsste Gaia total auf uns abfahren. Wir wären, mitsamt unseren ungesunden Erzeugnissen

wie Megastädten und Flugverkehr, die größte Komplexi-
tätsanballung und damit auch die größte Zusammen-
ballung von Prozessbeschleunigung. Wir sind Gaias
Kokain. Ihr Speed. Der ganze Planet muss in die Betty-
Ford-Klinik. Doch die garstigen Entzugsschmerzen wird
dann wohl doch nicht Gaia auszuhalten haben, die werden schon wir verspüren. Denn die Komplexität der
Welt, die wir durch unsere Zivilisation verursacht haben,
ist mittlerweile so unübersichtlich geworden, dass im
Moment nur eines klar zu sein scheint: Wir steuern diese Prozesse nicht. Gaia vermutlich auch nicht. Es sieht
so aus, als wäre die Kommandobrücke der Zivilisation
unbesetzt. Ja, nicht einmal vorhanden.

Kleiner Einschub Erdöl

Direkt proportional zum immer höheren Energiever-
brauch (durch Ausbeutung der fossilen Rohstoffe) explodiert im 20. Jahrhundert die Welt in jeder Hinsicht. War
angeblich Goethe der letzte umfassend gelehrte Mitmensch in Deutschland, der sich auf der Höhe jeder
Wissenschaft seiner Zeit befand, kann es Universalisten
ab dann nur noch unter mutigster Weglassung des über-
wiegenden Großteils des zu wissenden geben. Tatsächlich verstehen auch die besten Wissenschaftler heute
nur immer winzigere Teilgebiete ihrer jeweiligen Zunft.
Denn das Wissen steigert sich exponentiell. Ebenso wei-
tet sich die Durchdringung des Alltags mit Hochtechnologie in der westlichen Welt immer mehr aus. Technik,

die ebenfalls nur noch von Experten verstanden wird. Und so nutzen wir zwar alle Computer, Handy und Palm, aber keiner weiß mehr, wie die Dinger funktionieren und kaum einer nimmt sich die Zeit, seine Geräte tatsächlich in all ihren Möglichkeiten zu begreifen und zu nutzen; sind sie doch meist schon veraltet, wenn sie zum ersten Mal auf dem Produktionsband liegen.

Vor allem aber explodiert die Weltbevölkerung. Derzeit liegt nämliche angeblich bei 6.7 Milliarden Individuen – aber wer weiß das schon so genau? Wir sind inzwischen so viele, dass wir in unserer Anzahl nur noch zu schätzen sind. All the lonely people – wer kann sie je gezählt haben? Tendenz weiter steigend.

Solange die Energiezufuhr weiter bestehen bleibt, werden diese Entwicklungen anhalten. Sollten die fossilen Brennstoffe demnächst wirklich wegbrechen, weiß keiner so genau, was dann passiert. Aber man ahnt – lustig wird das Nachrichtengucken dann nicht mehr sein. Der Autor Michel Houellebecq nennt in seinem Zukunftsroman »Die Möglichkeit einer Insel« das Kommende euphemistisch »große Verringerung«. Wenn man sich jetzt noch vor Augen führt, dass unser Lieblingsplanet Erde, ohne dass er durch die Nutzung von fossilen Energien zu ständiger Höchstleistung getrieben wird, höchstens eineinhalb Milliarden Menschen zu ernähren imstande ist, dann dürfte die »Verringerung« schon eher dramatisch ausfallen. Dumm nur, dass wir vermutlich schon acht oder zehn Milliarden sein werden, wenn uns Öl und Gas ausgehen. Das wird hässlich. Sehr hässlich. Und es kommt einem auch so dermaßen beschämend blöde vor. War doch immerhin schon nach kürzester Zeit klar, dass die Öl- und Gasvorkommen, gebildet vor Millionen Jahren aus der grünen Tonne der Saurier, endlich sind. Schließlich konnte man schon vor Jahrzehnten kompetent abschätzen, dass die Phase der Zivilisationsanheizung durch Saurier-Reste nur etwa 150 Jahre gut gehen würde. Doch die sind jetzt dann demnächst rum, ohne dass sich etwas Entscheidendes auf dem Energiesektor getan hätte.

Da merkt man wieder mal, dass der Homo sapiens sapiens zwar angeblich über die Gabe verfügt, seine Zukunft herbeizuphantasieren und planvoll zu handeln, diese Gabe aber einfach nicht nutzt. Oder liegt es daran, dass Quantität und Qualität doch nicht so verschieden sind, wie es immer heißt? Aber bei einer bestimmten Quantität von Einflussfaktoren – also wenn ein gewisser Grad an Unübersichtlichkeit erreicht ist – scheint es mit der Planerei ein Ende zu haben. Sicher, wir können uns vornehmen, ein Mammut in die Enge zu treiben. Oder auch, unseren Sitznachbarn zu piesacken. Wir können uns mehr oder minder erfolgreich vornehmen, den Hochzeitstag nicht zu vergessen und wir können uns ausmalen, was passiert, wenn wir uns mit einem Hammer selbst auf den Kopf hauen, um dann kompetent zu entscheiden, selbiges doch besser bleiben zu lassen. Aber gemeinsam als Großgruppe Entscheidungen für Jahrzehnte entfernte Zukünfte zu fällen und die Weichen für eine vernünftige globale Entwicklung zu stellen, das scheinen wir nicht auf dem Schirm zu haben. Nicht einmal dann, wenn das Ziel der Weichenstellung von vermutlich allen Individuen geteilt wird, wie etwa das, die Zivilisation zu erhalten und fortzuentwickeln. Da entscheidet keiner mehr, da nehmen die Dinge einfach ihren Lauf. Aus dem Homo Faber ist der Homo Infacultas geworden. Der überforderte Mensch.

Einschub Ende

Willkommen in der Prothesenwelt der Cyborgs

Wir erinnern uns: Unser Leben ist das Ergebnis eines offenen, ungesteuerten, mechanischen Prozesses, den wir als Evolution bezeichnen. Unser Wohl und Wehe hängt davon ab, wie gut wir in unsere, von uns selbst mehr oder weniger unwissentlich modifizierten ökologischen Nischen passen. Wobei sich ökologische Systeme im Prinzip immer als offene Systeme erweisen und letztlich doch nichts anders sind als enorme Stoffwechselapparate des ständigen Fressens und Gefressenwerdens. Unbegreiflich komplexe Verdauungstrakte eines ständigen Kreislaufs von Werden und Vergehen – oder anders: Wie leben nicht nur am Arsch, sondern sogar im Arsch der Welt. Wie? Da wollen Sie nicht leben? Pech, das interessiert Ihre Zellstruktur leider herzlich wenig. Denn die hat Sie richtig gut im Griff.

Ja, wir sind die erschöpften Geschöpfe unserer DNS. Und damit sind auch die Produkte unseres Geistes letztlich Ausdruck derselben. Nehmen Sie zum Beispiel eine Stadt. Betrachtet aus einer gedachten, nichtmenschlichen »Vogelperspektive« ist eine Stadt doch so etwas Ähnliches wie ein Korallenriff: ein komplexer Auswuchs der Evolution, erzeugt durch unsere symbiotische Beziehung zur Technik. Die kann ja nun nicht mehr als etwas von uns Abgetrenntes betrachtet werden, sondern ist genuin menschlich und damit ebenfalls Ausdruck der DNS und also etwas Biologisches. Die Biologie mit ihrer Mastertheorie von der Evolution wird so zur Leitwissenschaft der Moderne. Und die Technik ein Teil des Lebendigen. Oder wir ein Teil der toten Technik – wie man's nimmt.

Wenn jetzt aber die Technik Ausdruck unserer DNS ist, und wir ja ständig an der Technik herumschrauben, dann muss das doch auch umgekehrt gehen. Also dass wir mit der Technik oder die mit uns dann an unserer DNS herumschraubt. Ist doch eine feine Sache, das Betriebssystem des Lebendigen zu manipulieren. Sicher, das hatte man schon seit Jahrtausenden getan, mittelbar durch die Geschichte, die die jeweiligen ökologischen Nischen der Individuen mal so, mal so veränderte und auch direkter durch Zucht. Aber nun konnte man direkt in das Erbmaterial eingreifen, um ... ja um was zu tun? Das heimliche Versprechen der Gentechniker ist: uns zu den Göttern zu machen, die wir dereinst angebetet haben. Unsterblich (oder zumindest extrem langlebig). Immer jung, schön und clever.

Alles Störende soll aus der schönen neuen Welt natürlich auch subtrahiert werden. So sah der Autor mit großem Interesse einen weiß bekittelten Herrn, seines Zeichens eine Art Meta-Gynäkologe, der in seinem Laboratorium stand und verkündete, er könne demnächst (das war vor etwa zwei Jahren) die gesamte Ontogenese des Embryos extra-uterin vornehmen. Nachdem man eine solche Nachricht gehört und wieder davon abgelassen hat, »Hurra! Endlich!« zu jubeln, da fragt sich der kritische Mensch freilich schon: Und warum? Da gab es doch etwas in den letzten Jahrtausenden, das ganz gut funktioniert hat? Was war es gleich? Das Böse? Das Dunkle, Verschlingende? Nein – die Frau. Das war's. Deren körperliche Ausstattung ist doch bislang recht geeignet gewesen, um die Leibesfrucht auszutragen. Was will der Mann also, wenn er den gesamten Vorgang von Zeugung bis zur Geburt in seinem Labor durchführt? Macht er das nur, weil es eben geht? Kann sein. Aber tatsächlich schafft er die Notwendigkeit ab, Frauen zu brauchen. Die Art kann jetzt ohne Frauen erhalten werden. Und damit freilich auch ohne Männer. Die braucht man ja, ohne Frauen, auch nicht mehr.

Kurz: Das Geschlecht kann abgeschafft werden. Und damit kann nun tatsächlich mutig Neuland betreten werden. Möglicherweise wären ja geschlechtslose Vernunftwesen deutlich besser gelaunt als unsereiner. Vielleicht werden Post-Menschen der Zukunft tatsächlich rationalere, klügere Entscheidungen treffen. Oder sie wollen immer unbewusst mit einem Labor schlafen und Wissenschaftler töten. Kann auch sein, das sehen wir dann.

In der sogenannten Postmoderne verflüssigen sich nicht nur die Geschlechterrollen, auch der Körper generell wird modifizierbar und damit austauschbar. Durch Tattoos, Brandings und vor allem Bodybuilding lassen sich die durch den Zufall der Zeugung gewordenen Körper der Individuen, je nach Mode und Zeitgeist, gestalten. Wem das jetzt noch nicht reicht, der kann sich von Medizinern nach Bedarf Teile entfernen oder neue einsetzen lassen. Und die Prothesen werden immer besser und verschmelzen unmerklich mit den Körpern, um ihre Defizite auszugleichen. Die bekannteste Prothese ist die Kontaktlinse. Die Kurzsichtigkeit wird behoben mittels einer kleinen transparenten Plastikschicht, die auf dem Auge so selbstverständlich liegt, als ob sie die Evolution dorthin verbracht hätte. Was sie freilich auch hat, denn wie oben schon angemerkt, sind die Produkte des Geistes ebenso Ausdruck der DNS wie der die Doppelhelix umschließende Körper.

Durch die immer besseren Prothesen wird die Schnittstelle zwischen Innen und Außen jetzt allerdings immer unklarer. Der mittlerweile mögliche direkte Anschluss von Computern an Nervensysteme, wie beim Kochlerimplantat, das den geschädigten Innenohrknochen ersetzt und direkt mit dem Hörnerv verdrahtet ist, oder computergesteuerte Armprothesen, die ebenfalls direkt mit dem Nervensystem verbunden sind und so, nach einiger Übung durch intentionale Akte, durch den Willen bewegt werden können, heben die traditionelle Trennung von Körper und Technik auf. Der folgerichtige Schritt in der Zukunft sind Geistesprothesen, die direkt an uns angeschlossen werden. Waren die bislang doch immer noch klar außerhalb des Körpers, in Form von

Büchern, Zetteln, Computerfestplatten, könnten sie schon in Bälde direkt an unseren Geist angeschlossen, neue Daseinsformen ermöglichen. Der Cyborg als nächste Stufe der Evolution des Menschen.

Hier passiert (wenn die Entwicklung tatsächlich in diese Richtung weitergehen sollte) etwas Epochales. Denn war die Technik bislang doch immer ein Ausdruck des Inneren, der Welt des Geistes, hineingebaut in die Welt des Außen, so kann man jetzt (und in Zukunft möglicherweise in verstärktem Maße) wieder von außen in den Geist zurückbauen. Da verschwimmen die Grenzen zwischen Innen und Außen immer mehr. Die Vorstellung von einer schönen und überzeitlichen Seele könnte sich zwischen Neuroimplantaten und grauer Hirnmasse einfach in nichts auflösen. Zugunsten von kühlem Materialismus.

Die Welt verschwindet

Alles im 20. Jahrhundert scheint sich zu verflüssigen. Gegenstände und Begriffe werden zu zähflüssigen wabernden Einheiten, die ihre »ontische Beständigkeit« verlieren, klagt der deutsche Düsterphilosoph Martin Heidegger. Kunstwerke verlören im Zeitalter ihrer technischen Reproduzierbarkeit ihre »Aura«, moniert das Vorbild aller linken Intellektuellen, Walter Benjamin. Die Dinge erscheinen den Denkern immer weniger Substanz zu haben. Sie sind zunehmend ohne Dauer, weil die Welt, die sie anfüllen, immer virtueller wird.

Nehmen Sie zum Beispiel Ihr Handy. Sie haben vermutlich eines, denn fast jeder Mitmensch der westlichen Hemisphäre ist mittlerweile mit einem ausgestattet. Das Wesen des Handys ist es, möglichst schnell ausgetauscht zu werden gegen ein neueres Modell. Und dieses Wissen um die totale Austauschbarkeit macht das Objekt an sich zu einem fast virtuellen Gegenstand. Sicher, immer noch stehen irgendwelche Gegenstände im Weg herum, man kann sich daran stoßen und blaue Flecken holen, doch ihre Bedeutung als aktueller Gegenstand schwindet. Früher hatten die Dinge wenigstens noch die Möglichkeit, dereinst mal Antiquitäten zu werden, heute werden sie Müll. So lange sie aber noch in Benutzung sind, (ein Zeitraum, der immer kürzer wird) erfüllen die Gegenstände um uns herum immer mehr die Funktion von Platzhaltern ihrer selbst. Eine Entwicklung, bei der die DDR tatsächlich mal so was war wie ein Trendsetter.

So erzählte Heiner Müller einmal in einem Interview, in der DDR seien die sozialistischen Plattenbau-Wohnungen dergestalt gebaut gewesen, dass man die Möbel immer nur an die dafür vorgesehenen Plätze stellen konnte. So musste im Schlafzimmer das Bett in jeder Wohnung am gleichen Ort stehen. Ein Statiker, so Herr Müller, habe einmal durchgerechnet, »wenn die da alle gleichzeitig gefickt hätten, dann wäre das Haus eingestürzt.« Man sieht, Gleichmacherei hat auch ihre Nachteile. Deswegen war der Sozialismus wohl eine Fehlkonstruktion – auf der einen Seite die Gleichschaltung der Arbeiterklasse so weit treiben, dass man nicht mal bei der Wohnungseinrichtung individuell sein kann, aber dann nicht dafür Sorge tragen, dass das Haus stehen bleibt, wenn alle gleichzeitig durch die Betten springen. Funktionäre denken eben immer zu kurz. Doch auch da ist der Begriff ja schon bezeichnend – »Funktionäre«. Die müssen funktionieren, nichts weiter.

In unseren Wohnungen des real existierenden Kapitalismus sind wir, was das Individuelle angeht, freilich auch nicht recht viel flexibler als im einstigen Paradies der Arbeiter und Bauern. Wir können zwischen Ikea und Segmüller wählen; doch auch unsere Wohnungen sind genormt. Es ist so, als ob in einer leeren Wohnung schon die platonische Version der Sitzgruppe stünde, die dann nur noch vom jeweiligen Mieter in ihrer jeweiligen Form durch Konsum realisiert werden muss. Die Sitzgruppe als Idee, als Begriff steht schon in der Wohnung bevor einer einzieht. Der Bewohner darf nur noch die Farbe und die haptischen Eigenschaften der Polster bestimmen.

Ein eindrückliches Bild für die Auflösung des Beständigen in der modernen Welt, findet der Filmemacher James Cameron in »Terminator II – Tag der Abrechnung«.

Ein böser Cyborg aus der Zukunft soll einen Teenager terminieren, weil nämlicher in der Zukunft dazu ausersehen ist, den Aufstand der Menschheit gegen das Regiment böser Maschinen anzuführen. Der jugendliche Held wiederum versucht zusammen mit einem guten Cyborg aus der Zukunft, den gesamten Aufstand der Maschinen aufzuhalten. Die Zukunft soll also so oder so verhindert werden. Wer dächte da nicht sogleich an Wal-

Abb. 19] Nein, so sehe ich nicht aus. Der T 1000 kann jegliche Form annehmen.

ter Benjamins Engel der Geschichte, der rückwärts in die Vergangenheit blickt und immer zurück will, um unschöne Entwicklungen aufzuhalten und zu ändern, doch dabei immer versagen muss, weil der Wind des Fortschritts ihn immer weiter Richtung Zukunft pustet.

Doch der eigentliche Angriff auf die ontische Beständigkeit bei T 2 (so wird »Terminator 2« liebevoll von den Fans genannt) findet nicht über die Zeitverknotungen der haarsträubenden Story statt, auch nicht mittels der von Schwarzenegger (er spielt den guten Cyborg aus der Zukunft) erwirkten Zerstörungen, sondern über die Fähigkeit des bösen Cyborgs, seinen quecksilberartigen Körper in jede nur erdenkliche Form fließen zu lassen. Deswegen ist er auch nicht totzukriegen. Wenn man auf ihn schießt, dann hat er halt da, wo man ihn getroffen hat, ein Loch. Doch die ihm zugrunde liegende Struktur bleibt davon unberührt und deswegen kann er sich sogleich wieder in die gewünschte Form zurückpraktizieren.

Will sagen: Die Hochtechnologie der Zukunft verflüssigt alles Beständige hin zu seiner bloßen Möglichkeit. Damit wird auch die Welt der Materie im Wesen virtuell. Anstatt von Dingen sind wir mehr und mehr umgeben von geisterhaften Möglichkeiten. Die Performance-Künstlerin und Poetin Laurie Anderson findet in ihrem Song »Big Science« die passenden Worte, um den modernen Wirklichkeitsverlust auf den Punkt zu bringen, und zwar mittels einer Wegbeschreibung:

Hey Pal! How do I get to town from here? And he said: Well just take a right where they're going to build that new shopping mall, go straight past where they're going to put in the freeway, take a left at what's going to be the new sports center, and keep going until you hit the place where they're thinking of building that drive-in bank. You can't miss it. And I said: This must be the place.

Hey Kumpel! Wie komme ich von hier aus in die Stadt? Und er sagte: Da fahren Sie rechts, wo man das neue Einkaufzentrum bauen will, lassen die Stelle links liegen, wo die neue Schnellstraße geplant wird, fahren dann links an der Stelle, wo man das neue Sportzentrum bauen wird und dann geradeaus bis zu dem Ort, an dem man darüber nachdenkt eine Drive-in-Bank zu bauen. Sie können es nicht verfehlen. Und ich sagte: Das muss es sein.

Recht viel virtueller als »Thinking of building a drive-in bank« geht es nun wirklich nicht. Da wird der Ort zum Unort, an dem sich nichts Festes mehr befindet. Die beständige Materie wird abgelöst von einem Szenario, einem Planspiel. Da, wo man über eine Drive-in-Bank nachdenkt, wird der Ort zu einem Möglichkeitsraum. Und wir leben nun in einer Welt, die überall verplant ist. Wo man auch hinsieht, der planende Blick der menschlichen Brüder und Schwestern war schon da. Und was nicht passt, wird passend gemacht, ganz nach dem Motto: Anything goes.

I think we should put some mountains here. Otherwise the character is gonna fall off of. And how about stairs?

... dichtet Frau Anderson weiter. Wir passen uns die Welt an, die ökologische Nische wird nach Feng-Shui-Gesichtspunkten eingerichtet. Und da draußen ist kein Gott (mehr), der uns ob unserer Hybris bestrafen würde. Allerdings ist da draußen ein Ökosystem, das uns ob unserer Hybris bestrafen könnte. Denn die Welt braucht uns nicht. Wir sie schon. Aber das bemerkt man freilich nur, wenn man seine Grenzen kennt. Und wenn man den Blick nach draußen, auf das geheimnisvolle »Ding an sich« in dem wir leben, noch nicht gänzlich verlernt hat. Wir aber haben die Welt so sehr umgebaut, so sehr unsere Neurosen in die Wirklichkeit eingebaut, dass wir nur noch in den Spiegel sehen.

Schachteln in Schachteln in Schachteln

Von Kant hatten wir gelernt, dass wir das »Ding an sich« nicht erkennen können und dass die Wahrnehmung immer nur die nach außen gestülpte Konstruktion der eigenen Innenwelt darstellt. Und werden wir ob dessen bescheiden? Im Gegenteil. Wir machen uns die Welt zum willigen Objekt unseres Willens, bauen unser Innen nach außen. Verschmelzen mittels technischer Geräte mit der von uns gestalteten Umwelt. Und dann fangen wir auch noch an, in Computern die Welt als Simulation, die in Echtzeit interagiert, nachzubauen.

Wer mit einer Cyberbrille vor dem Kopf in eine virtuelle Welt eintaucht, glaubt sich in der Wirklichkeit, ist aber tatsächlich in einer Simulation. Jetzt ist aber schon die Wahrnehmung der Wirklichkeit eine Simulation. Nämlich des Geistes. Die Wahrnehmung der simulierten Wirklichkeit ist also eine Simulation der Simulation. Eine Schachtel in einer Schachtel in einer Schachtel ...

Ist das am Ende ein Bild für die Welt? Wenn ja, dann war das evolutionsselige Aufstiegsbild am Anfang des Buches vielleicht doch zu optimistisch? Dann gibt es keinen Fortschritt, nur Verpuppungen. Hat man eine Hülse abgeworfen, glaubt man sich in einem größeren Raum.

Abb. 20] Am Ende steckt man doch immer irgendwo drin …

Man atmet Freiheit. Doch schon bald merkt man, es ist nur ein größerer Knast als vorher. Wobei größer freilich relativ ist. Und da es kein letztgültiges Kriterium für die Bestimmung der »richtigen« Dimension gibt, ist jedes Daseinsgefängnis so groß oder so klein wie die Insassen das eben empfinden. Entscheiden Sie selbst.

13]

Sinn! Los!

Gibt es denn jetzt einen »Sinn des Lebens«? Auf diese Frage muss man zwei Antworten geben, je nachdem aus welcher Richtung die Frage gestellt wird. Nämlich erstens ein eindeutiges »Nein!«, wenn man mit Sinn einen von außen gegebenen allgemeinen Sinn der Existenz meint, den man herausfinden kann, um dann immer bei allem richtigzuliegen und ein quasi kosmisch erfülltes Leben zu haben. Und zweitens ein ebenso eindeutiges »Ja«, wenn man einen selbst erzeugten, von innen kommenden Sinn meint, der dann allerdings keine allgemein verbindliche Qualität hat. Oder wie der kluge Heinz von Förster schon gesagt hat: Es gibt grundsätzlich zwei Möglichkeiten, die Welt zu sehen. Einmal so, als ob man darin ist und einmal so, als würde man wie durch ein Schlüsselloch in sie hineinsehen, während man sozusagen vor der Tür steht. Beide Sichtweisen haben ihre Berechtigung. Je nachdem, für welche Variante man sich entscheidet, hat das einschneidende Konsequenzen.

Um also dem Sinn des Lebens zu Leibe zu rücken muss man zunächst noch einmal etwas weiter ausholen. Wobei sich sogleich die Frage stellt, ob denn ein Sinn einen Leib hat? Um der Antwort etwas vorzugreifen, wenn es denn eine gibt, die etwas taugt, dann nur mit Leib. Leiblose Antworten können meines Erachtens die Sinnfrage nicht zureichend klären.

Kommen wir zunächst einmal zum »Nein!« Das Leben hat keinen Sinn. Warum nicht? Inwiefern nicht? Stellen Sie sich doch jetzt einmal die Welt ohne sich vor. Das ist nicht ganz einfach, weil es nicht geht. Man kann sich einfach nicht aus der Welt wegdenken, denn sobald Sie sich etwas vorstellen, steht das Vorgestellte schon vor Ihnen. Damit es aber vor Ihnen stehen kann, müssen Sie dahinter stehen und schon sind Sie anwesend. Die eigene Abwesenheit gedanklich hinzukriegen ist also schwierig. Aber ein bissel was geht immer. Stellen Sie sich vielleicht einfach die Zeit vor Ihrer Geburt vor. Wenn Sie katholisch sind, von mir aus auch die Zeit vor Ihrer Zeugung. Sehen Sie vor Ihrem geistigen Auge die Welt ohne sich darin. Niemand denkt an Sie. Sie sind noch nicht einmal geplant. Die Menschen gehen ihren üblichen Tätigkeiten des Mordens, Raubens und Brandschatzens nach (oder gehen auch mal zur Arbeit) und keiner vermisst Sie, was ja auch nicht geht, weil niemand weiß, dass Sie überhaupt jemals da sein werden. Sie befinden sich also in genau dem Zustand, in dem Sie sich wieder befinden werden, wenn Sie dereinst hingeschieden und nach einiger Zeit vergessen sind. Sie sind nicht da. Nicht einmal als Idee.

Und jetzt versuchen Sie, sich auch noch vorzustellen – obwohl das, wie oben schon angemerkt, nicht richtig geht –, dass auch Ihr geistiges Auge weg wäre. Man kann da so eine Art von Trick verwenden, den sich die Phänomenologen ausgedacht haben, um sich selbst aus der Gleichung des Daseins herauszuixen. Nämlich sich in »epoche« stellen. Das bedeutet, man soll sich, obschon man weiß, dass man nicht auf sich verzichten kann, um Dinge überhaupt wahrzunehmen, in seiner Gesamtheit sozusagen in die Ecke stellen, in eine Warteposition und sich dort einfach mal nicht beachten. Nach dem Motto: Ich weiß, dass ich da bin, mit all meinen Meinungen und Vorurteilen, Gefühlen und Verwirrungen etc., aber ich tue jetzt mal so, als wäre es nicht so.

Wenn Sie sich jetzt also erfolgreich die Welt ohne sich selbst darin ausmalen und darüber hinaus auch noch ein klein wenig hinbekommen, sich vorzustellen, dass auch das Ich, das sich die Welt ohne sich vorstellen soll, weg ist, dann sollte Sie ein Gefühl kühlen Grusels beschleichen. Denn das wäre jetzt ein Vorausempfinden des Zustandes, den man allgemein als Tod bezeichnet. An sich sollte uns dieser Zustand recht vertraut sein, waren wir doch alle die längste Zeit, die das All existiert tot. Also schlicht nicht da. Wir westen nicht an, sondern ab und nach einer kurzen Zeitspanne des Anwesens verwesen wir dann wieder für länger.

Und doch, man kann sich nur schlecht daran gewöhnen. Sich aus der Welt wegzudenken ist schlicht eine herbe Beleidigung für unser Ich, das immerhin einen latenten Ewigkeitsanspruch hat. Den wiederum hat es aber nur, weil es sich eben selbst nicht wegdenken kann. Aus der Unfähigkeit, sich selbst als nicht anwesend zu denken, kommt die Vorstellung der eigenen Immer-Anwesenheit.

Aber falls Sie es doch ein wenig geschafft haben, sich aus der Welt gedanklich zu entfernen, dann stellen Sie sich bitte jetzt vor, der Rest wäre auch weg. Also nicht der Rest der Welt, denn das Nichts kann man sich nun wirklich überhaupt nicht vorstellen, sondern nur der Rest der Menschheit. Vielleicht entfernen Sie, weil Sie schon dabei sind, auch den Rest der Tierheit. Und auf die öden Stauden, die überall herumwuchern, können wir dann auch verzichten.

Denken wir uns einfach auf unsere Erde als nämliche noch jung war, vor etwas mehr als vier Milliarden Jahren. Der Planet glüht noch. Wüste vulkanische Aktivität allerorten. Noch kein Anzeichen von Leben in Sicht. Im Moment kann man sich noch nicht einmal vorstellen, dass es überhaupt jemals Leben geben könnte. Alles was hier passiert, ist einfach banal physikalisch. Bewegungsgesetze lassen Meteore auf die Erde stürzen. Druck baut sich unterirdisch auf, führt zu Eruptionen. Gestein entsteht, schmilzt und vergeht wieder. Die enorme Hitze aus dem Erdinneren kämpft gegen einen Jahrtausende lang währenden Dauerregen, Eiskometen stürzen auf die Erde, kühlen sie nach und nach ab und es füllen sich die Ozeane. All das vollzieht sich völlig mechanisch.

Suchen Sie sich nun zwischen den Lavaströmen ein halbwegs sicheres Plätzchen und vergessen Sie, dass Sie jetzt eigentlich noch nicht atmen können, weil die At-mosphäre noch hochtoxisch ist, holen Sie tief Luft und rufen Sie: »Hallo! Ist da wer?!« In dem Lärm der um Sie herum revoltierenden Welt kann Sie freilich keiner hören. Obgleich der Lärm der Erde im Urzustand gar kein Lärm ist, sondern eine große Stille. Denn auch die Schallwellen, die überall durch den Kampf von Lava und Wasser erzeugt werden, haben nur eine materielle Qualität. Niemand hört Sie. Es gibt noch nicht einmal die Ahnung der Idee, dass irgendwann einmal jemand durch Explosionen belästigt werden könnte. Hier west keine Absicht. Niemand fühlt. Niemand ist da. Die enormen Zeiträume (Jahrtausende währender Regen!) sind völlig bedeutungslos, weil niemand da ist, der sie empfindet. Hier gibt es keinen Willen, keine Liebe, keinen Schmerz, keine Sehnsucht, keine Freiheit und keinen Sinn. *Keine Bedeutung.* Die Erde ist ein wüstes Land und weiß es nicht. Die Gleichgültigkeit, die hier herrscht, ist namenlos, denn es ist ja nicht einmal jemand da, der Gleichgültigkeit empfinden könnte. Es gibt keine Worte, um die Abwesenheit von Geist und Seele in dieser Welt zu beschreiben.

Was wäre, wenn die Situation heute im Wesen *dieselbe wäre*? Tatsächlich hat sich die Materie, aus der wir bestehen – aus der das Buch besteht, das Sie in Händen halten, aus der der Sessel besteht, in dem Sie sitzen, aus dem die Mauern gemacht sind, die Sie schützend umgeben, und aus der der Kaffee besteht, den Sie verstoffwechseln, nicht verändert. Es ist das genau gleiche Zeug, das vor vier Milliarden Jahren als sinnloses Chaos auf der jungen Erde vor sich hin explodierte. Es hat sich nur neu kombiniert. Also, »nur« ist gut. Da ist schon allerhand Erstaunliches geschehen – zugegeben. Aber in seiner Substanz ist es immer noch das genau gleiche Grundmaterial.

Um den Gedanken noch ein wenig zu erhellen, kehren wir vielleicht in unserer Phantasie noch einmal in die Vergangenheit zurück. Nur diesmal reisen wir nicht ganz so weit. Gehen wir nur 70 Millionen Jahre zurück. Die Erde ist inzwischen über und über bevölkert von komplexen Lebewesen. Die auffälligsten von ihnen sind riesengroß, haben lange Zähne und fressen sich bei jeder sich bietenden Gelegenheit gegenseitig auf. Sie ahnen nicht, dass sie Millionen Jahre später von Steven Spielberg als Hauptfiguren für einige Hollywood-Blockbuster gecastet werden. Es wäre ihnen wohl auch total gleichgültig. Immer noch ist die Welt, obwohl sie von Leben nur so wimmelt, frei von allem, was für uns Sinn gebend wäre. Es regiert die kalte Mechanik von Fressen und Gefressenwerden. Hier gibt es keine Liebe, kein Mitleid, keine Sehnsucht, keinen Neid, keinen Hass und keine Zeit, denn Tiere leben immer nur im Jetzt. Nur die Intentionalität, die gibt es schon. Jäger nähern sich ihrer Beute mit der Absicht, sie zu zerfleischen. Beute horcht angstvoll auf die Zeichen von herannahender Gefahr. Aber ein Ich gibt es nicht, alles ist nur pure Existenz. Jagd- und Fluchtfähigkeiten sind die Parameter der Evolution in einem Millionen Jahre andauernden Rüstungswettkampf zwischen gepanzerter Beute und panzerknackenden Jägern. Alles folgt einer Mechanik, aber die ist blind. Obwohl die Evolution einer inneren sich selbst erzeugenden Systematik folgt, ist sie doch absichtslos. Kontingent. Dinge passieren einfach und haben dann Folgen. Und selbst, wenn ein Kometeneinschlag dann vor 65 Millionen Jahren 90 Prozent der Lebewesen auf der Erde den Garaus macht, dann ist das nicht bedauerlich. Es gibt bedauerlich noch nicht, weil all das, war unser Leben ausmacht, noch nicht vorhanden ist. Es passiert einfach. Ohne Grund.

Gut, es gibt schon eine Ursache für den Kometeneinschlag. Der Spiralarm der Galaxie, in dem wir wohnen, ist zu jener Zeit durch einen dichten, mit Materie angefüllten Bereich gekommen. Dabei gab es Geschubse und Gestoße in der Oortschen Wolke, die unser Sonnensystem begrenzt, und Steine sind in Bewegung gekommen, die wiederum auf die Erde gestürzt sind. Aber diese Ursache ist auch keine Ur-Ursache. Denn man könnte die Bewegung dieses vernichtenden Kometen vor 65 Millionen Jahren noch weiter zurückverfolgen. Zurück bis zur Bildung der Galaxien und die wiederum zurück zur Entstehung der Materie und also zurück zum Urknall. Damit wäre aber nichts gesagt – außer vielleicht, dass der Komet eingeschlagen ist, weil es die Welt gibt. Wobei man jetzt bemerken könnte, dass der Komet ja immer noch existiert. Denn dass ein Komet ein Komet ist, ist ja nur unsere Sichtweise.

Tatsächlich ist die Materie des Himmelskörpers immer noch da, als ein Teil der Erde. Der Materie selbst aber ist es egal, wo sie ist. Und wie man sie nennt. Es ist halt Materie in Materie eingeschlagen und dabei wurde Materie durch die Wucht des Aufpralls verändert. Erhitzt. In andere Aggregatzustände versetzt. Und herumlaufende Materie, die gerade andere Fluchtmaterie fressen wollte, wurde verdampft.

Wie geht es jetzt weiter? Zufälligerweise bringt die Evolution vor ca. drei Millionen Jahren Lebewesen hervor, die zwar körperlich so defizitär sind, dass sie sofort ausgemendelt werden müssten. Aber diese Primaten wissen sich zu helfen. Sie entwickeln technische Hilfsmittel auf zwei völlig unterschiedlichen Ebenen, die ihren Fortbestand im Dasein garantieren. Zum Ersten: Sie haben ein Innenleben. Was wiederum eine Folge der Entwicklung der Sprache ist. Denn seit sie eine Sprache erfunden haben, können sie nicht nur besser miteinander kommunizieren, sie können jetzt auch endlose innere Monologe halten und sich so mit der Zeit ein Selbst und eine eigene Geschichte erarbeiten, die sie sich dann selber und gegenseitig erzählen. Doch von außen betrachtet sind diese inneren Zustände nichts anderes als weitere, noch komplexere Parameter des Überlebens in einer feindlichen Umwelt.

Diese neuen, komplexeren Affen werden in den nächsten paar 10 000 Jahren alle Lebensräume besetzen und umgestalten, die der Planet zu bieten hat. Denn ihr Inneres wird nicht nur vielgestaltiger, es bekommt mit der technischen Entwicklung gleichzeitig auch ein sichtbares Außen, das erst langsam, dann immer schneller den gesamten Planeten verändern wird. Doch immer noch ist dieses Innen nur ein Ableger einer inzwischen fast unfassbar komplex gewordenen Materie. Das was wir als Geist wahrnehmen – unsere schöne Seele – ist von

Außen betrachtet nichts anderes als eine Möglichkeit, im Prozess der Evolution Anpassung und Arterhaltung zu garantieren. Unsere technischen Entwicklungen, die wir benötigen, um unser Überleben zu garantieren, sind so gesehen nicht von der sie umgebenden Natur abgetrennt. Ein Häusermeer wie New York ist auf keine Weise unnatürlich, sondern, im Gegenteil, ebenso ein Teil der sich erbarmungs- und absichtslos vollziehenden Evolution wie das Great Barrier Reef von der Küste Australiens. Das von uns nur deswegen als etwas wesentlich anderes als eine Stadt betrachtet wird, weil wir uns für etwas Besseres als Korallenpolypen halten.

Den Sinn loswerden

So betrachtet sind wir also ebenso wie unser Geist und dessen technische und künstlerische Erzeugnisse Produkte einer blinden und sinnbefreiten Evolution. Und unser sinnsuchendes Ego ist ein Instrument zur Komplexitätsvergrößerung, das bei den ablaufenden Prozessen als kybernetisches Modul dient. Das Ich ist so betrachtet »nur« eine komplexe Geist-Maschine, die die Möglichkeiten des evolutiven Prozesses erhöht. Aber Sinn an sich, einen Sinn des Prozesses, gibt es immer noch keinen.

Um diesem Gedanken der generellen Sinnlosigkeit des Lebens (Stichwort: Was soll die ganze Atmerei eigentlich – bitte mit weinerlicher Stimme vortragen!) näher zu kommen, muss man für einen Moment verdrängen, dass wir allüberall Sinn sehen. Meist in Form von Zwecken oder Ursachen. Alles um uns herum erfüllt in unserer Wahrnehmung einen Zweck, hat eine Ursache oder ist selbst Ursache für irgendetwas. Das muss so sein, denn unser Verstand funktioniert nun mal so. Nehmen Sie diese Tatsache einfach als Ausdruck der generellen Paranoia, die unseren Geist beherrscht. Darüber hinaus tendieren wir eben dazu, »Zweck« und »Ursache« mit »Sinn« zu verwechseln. Wenn man sich zum Beispiel einen rülpsenden Elch als Klingelton fürs Handy herunterlädt, dann hat das zweifellos einen Zweck, nämlich Geldverdienen (also für den, bei dem Sie diesen urwüchsigen Klang kaufen), und auch zweifellos eine Ursache, nämlich Blödheit (in diesem Fall Ihre), aber eben immer noch keinen Sinn.

Aber brauchen wir überhaupt einen Sinn?

Stellen Sie sich doch einfach einmal vor wir hätten einen, einen Sinn. Einen allgemein anerkannten und erkannten. Einen Lebenssinn, von dessen Existenz jeder weiß. Denn nur, wenn ein Sinn vollkommen evident wäre, wäre er auch ein allgemeiner, für jeden verstehbarer Sinn. Ein Sinn, über den man nicht diskutieren müsste. Über den es keinen Streit gäbe. Nur Einigkeit.

Da gibt es jetzt meiner Ansicht nach drei Möglichkeiten:

Erstens: Die Antwort auf die Frage nach dem Sinn der Existenz wäre so, wie Douglas Adams sie in »Per Anhalter durch die Galaxis« gibt. Nämlich so etwas wie »42«. Also eine sinnlose Antwort, weil sie einem nichts sagt. Dann wüsste man nur, es gibt eine Antwort, die aber nicht weiterhilft. Friedrich Dürrenmatt hatte sich ein ähnliches Szenario erdacht. Man stelle sich vor, eines Tages würden die Computer, sozusagen als nächster Schritt in der Evolution, gescheiter als ihre Schöpfer. Also Computer, die von anderen Computer erdacht und gebaut wären und die sich längst von ihren menschlichen Wurzeln befreit hätten. Und diese hoch entwickelten Denkmaschinen wären tatsächlich in der Lage, die großen letzten Daseinsfragen abschließend zu klären. Käme es so, folgert Dürrenmatt, wären dann wir Menschen, als zurückgebliebene Relikte der Evolution des Geistes, ebenso wenig in der Lage, diese Antworten zu begreifen, wie es einem Königspudel gelänge, die Kategorienlehre von Kant zu verstehen.

Zweitens: Stellen wir uns vor, eine der Religionen hätte recht. Es gibt Gott, darüber besteht auch kein Zweifel, weil er sich ständig, auch für jeden noch so skeptischen Menschen, unmissverständlich offenbart. Und der Sinn des Lebens wäre, Gott zu lieben und seine Gebote zu achten. Auch die Gebote wären klar und bedürften keiner weiteren Erklärung und Auslegung. Dann würde es nicht lange dauern, bis einer fragt: Und warum gibt es Gott? Was ist sein Sinn? Dann hätte man die Frage also nur verschoben auf die nächste Ebene. Denn es wird immer weiter gefragt, weil wir Menschen eben so sind. Wenn uns die Physiker heute sagen, die Welt sei aus einer alles umfassenden Singularität entstanden, die sich dann explosiv ausgebreitet habe, um bei dieser Gelegenheit Raum, Zeit und Materie zu erzeugen; Fragen wie »und was war vor dem Urknall?« ergäben demnach keinen Sinn, weil davor habe es ja noch nicht einmal die Zeit gegeben. Und wo keine Zeit, da auch kein Davor. Wenn uns die Physiker also mit dieser Einsicht belabern, dann leuchtet uns das schon irgendwie ein – aber wir fragen trotzdem: »Und was war vor dem Urknall?« Das fragen sich übrigens auch heimlich die Physiker, obwohl das verboten ist. Aber so sind wir eben.

Und drittens: Es gibt einen Sinn und alle Fragen sind geklärt. Auch die Fragen, die sich aus den Antworten auf die Fragen ergeben, sind geklärt. Alles ist völlig transparent und transzendent. Die Welt ist vollkommen verstehbar und wird von uns vollkommen verstanden. Dann gibt es auch keine Frage darüber, was wir zu tun oder zu lassen haben. Was am nächsten Tag kommt, was ich im nächsten Jahr mache, wann ich ende und warum und ob in China gerade ein Sack Reis umfällt, was auch dort niemanden aufregt, weil das auch dort jedem klar gewesen ist, dass der Sack umfällt. Alles ist offensichtlich. Das Leben fraglos. Dann aber braucht man es nicht zu leben. So ein Leben bräuchte einen nicht mehr. Bräuchte überhaupt keine Subjekte. Wenn die Welt insgesamt, also auch jeder für sich und alle anderen vollkommen objektiv geworden sind, dann erfüllte man nur noch modulhaft das offensichtlich gewordene Fatum. Und so ein Leben wäre nach menschlichen Maßstäben, weil wir ja nun mal Subjekte sind, die zwar nach Objektivität streben, aber sie nie erreichen können, völlig sinnlos. Der totale Sinn wäre die totale Sinnlosigkeit. Man hätte wieder das Niveau von Ich-losen Pflanzen erreicht. Man erfüllte sein fragloses Leben so stupide und leer wie ein

Computerchip. Ohne Bedeutung. Ohne Schmerzen. Ohne Sinn. Das könnte man auch einfacher haben, indem man sich kurzerhand das Gehirn mittels einer Schusswaffe aus der Schädeldecke hinauspraktiziert.

So gesehen lebt sich das Leben ohne Sinn, zumindest ohne allgemeingültigen tieferen Lebenssinn, doch gar nicht so schlecht. Sicher – schon schlecht mitunter. Aber wenigstens ist es ein Leben. All den metaphysisch inspirierten Sinnsuchern aber ist möglicherweise gar nicht klar, was für ein Horror es wäre, da anzukommen, wo sie immer so verzweifelt und leidenschaftlich hindrängen.

Wir fassen zusammen: Man kann die Welt von innen her betrachten und kommt dann zu Begriffen wie Seele, Gott und Himmel. Und man kann begründet meinen, dass der Tod vielleicht doch nicht das Ende darstellt. Diese Sichtweise, die der böse Friedrich Nietzsche als die Weltsicht der »Hinterweltler« bezeichnet, scheint dann am Ende doch eine zu sein, die sich metaphysischen Trost im Irgendwann erhofft. Es ist die Hoffnung nach einer Auflösung des Rätsels, das Welt heißt, die Sehnsucht nach dem spirituellen Jackpot.

Der andere Blick, der von außen auf das Ich schaut, der erzwingt kühlen Materialismus. Doch wenn am Ende alle Konzepte von »Sinn, dann ...« auf nichts hinauslaufen und doch nur schäbige Trostphantasien sind, ist es dann nicht besser sich auf die Erde einzulassen? Auf die physische Welt und den Körper.

Was bleibt, ist dann der kleine Sinn des Lebens. Der selbst gemachte. Der, der sich in der Vergänglichkeit be-

gründet und der jeden Tag neu erfunden oder wieder-
belebt werden muss. Die Frau lieben. Oder den Mann. Je
nach Geschlecht und Neigung. Ein Haus bauen, in das es
nicht hineinregnet. Kunst erzeugen, um sich und andere
zu erbauen. Und vielleicht darüber nachdenken, wie das
mit dem Weltfrieden hinzubekommen ist und ob und
wie man allgemeine Gerechtigkeit erzeugen könnte. Was
da jetzt jeweils für einen das Richtige ist, da bekommt
man den verlässlichsten Rat von seinem eigenen Körper.
Der reagiert auf das Leben, das man führt. Deswegen
sollte man ihm lauschen. Macht Ihnen Ihre Arbeit Sod-
brennen oder Sie fühlen ein Würgen im Hals, wenn Sie
Ihren Lebensabschnittspartner beim Essen zusehen –
dann ziehen Sie die Konsequenzen. Der Körper hat im
Gegenteil zum Verstand einen entscheidenden Vorteil:
Er lügt nicht. Und deswegen kann man sich bei der
Suche danach, was denn nun das eigene Leben sinnhaft
erscheinen lässt, immer auf ihn verlassen. Oder auf sie.
Die Körperin.

14]

Ungreifbare Begriffe

Zeit

… existiert so an sich nicht, sondern ist eine soziale Vereinbarung der Menschen. Wenn Sie also keine haben, dann machen Sie mit Ihrem Leben einen neuen Deal aus.

In der Physik zumindest muss die Zeit keine bestimmte Richtung haben. Was das aber genau bedeutet, wissen die Physiker nicht. Auch Einstein war ja der Meinung, dass es Zeit als solche nicht gibt, weil er sie bekanntlich in seiner Theorie in »Entfernung« umgedeutet hat. Zeit wird bei Einstein geometrisch. Ob das jetzt bedeutet, dass Sie sich Ihre Falten nur einbilden? Leider nein. Das bedeutet nur, dass Sie auf die Entfernung schöner sind. Und im Übrigen wird alles in der Welt regiert vom zweiten Hauptsatz der Thermodynamik und jener gibt dann doch so etwas wie eine Zeitrichtung vor, in dem er sagt: Alles versucht in den Zustand seiner geringsten Energie zu kommen. Oder einfacher – Venedig versinkt. Da kann man nix machen.

Außer vielleicht zu versuchen, die Vergänglichkeit insgesamt zu bejahen, denn ohne sie ergäbe nichts, also wirklich überhaupt nichts, in unserem Leben irgendeinen Sinn.

Raum

... scheint an sich jede Menge vorhanden zu sein. Wenn man zum Beispiel in die Innenstädte schaut, dann steht er zwar leer, aber man darf da nicht wohnen, weil das Büroräume sind. Es gibt so viele leere Büroräume in den Innenstädten, dass man schon fast vermuten könnte, die Büroraumwelt wäre in sich gekrümmt. Das bedeutet, wenn man ein Büro betritt, dann geht man von dort für immer nur in andere Büros. Büros in Büros verschachtelt, Gänge, die zu immer neuen Gängen führen, dann wieder Büros. Nur ab und zu eine Kaffeeküche. Wer da hineingeht, kommt nie wieder heraus. Kein Wunder eigentlich, dass sie leer stehen.

Wahrheit

Der Autor geht davon aus, dass es sie gibt. Nämlich als Summe der tatsächlich stattgefunden habenden Tatsachen. Die Welt ist alles, was auf ihr irgendwann mal der Fall war. Eigentlich muss doch jedem Augenblick der

Vergangenheit ein ganz bestimmter, wohldefinierter Zustand der Welt zuzuweisen sein. Doch zu rekonstruieren ist der im Nachhinein freilich nicht mehr. Da die Wirklichkeit prinzipiell nicht erkennbar ist, gehen schon Sekunden nach einem Ereignis die Meinungen darüber, was jetzt gerade passiert ist, auseinander. Das kommt wohl daher, dass jeder die Wirklichkeit aus einem anderen Blickwinkel sieht; nämlich jeweils aus seinem eigenen. Und da zwei nie gemeinsam denselben Blickwinkel haben können, denn dazu müssten sie ja zum Beispiel ein Augenpaar gemeinsam nutzen, kommt es ständig zu Streit; übrigens sogar unter am Kopf zusammengewachsenen siamesischen Zwillingen. Aber für Streitfragen bei der Wahrheitsfindung gibt es ja Gerichte. Da wird die Wahrheit dann zur Verhandlungssache. Gute Händler haben da die besten Chancen auf Wahrheitsfindung. Denn am Ende wird die Wahrheit immer zum Geschäft.

Wirklichkeit

Mit der verhält es sich an sich so wie bei der Wahrheit. Auch hier glaubt der Autor fest an deren Existenz. Auch wenn die nicht wirklich auszumachen ist. Gern sagt man in diesem Zusammenhang so Sachen wie: Wirklich ist das, was wirkt. Aber außer, dass das gut klingt, kommt man damit auch nicht weiter. Insgesamt scheint es so zu sein, dass eigentlich jede Methode, die Wirklichkeit zu beschreiben, ihren Wert hat. Man kann die Wirklichkeit mit völlig unterschiedlichen Paradigmen jeweils sowohl angemessen als auch gewinnbringend beschreiben. Zum Beispiel ausgehend von dem Begriff »Ich« oder »Geist« oder »Sein« oder »System« oder »Macht« oder »Gott« oder was immer. Die einzige Forderung ist, dass die jeweilige Theorie, die man über die Wirklichkeit aufstellt, in sich logisch ist.

Das Interessante ist aber, dass man bei jeder Theorie am Ende das herausbekommt, mit dem man am Anfang hineingegangen ist. Man setzt sich Axiome und bekommt die dann als Ergebnis wieder raus. Wer also zum Beispiel behauptet, die Welt habe eine sprachliche Struktur, der denkt und denkt und denkt und bekommt dann schlussendlich heraus: Die Welt hat eine sprachliche Struktur. Das geht auch mit jeder anderen Grundannahme. Man denkt also immer nur im Kreis. Oder, »geheideggert« ausgedrückt, jedes Denken ist ein Rundgang durch das Sein. Klingt schon besser, gell? Also, alle unterschiedlichen Sichtweisen über die Wirklichkeit widersprechen sich, sind tautologisch und haben trotzdem ihre Berechtigung. Es ist, als würde man über das ominöse »Ding an sich« immer Netze darüberwerfen. Die bringen je nach ihrer Beschaffenheit bestimmte Anteile der Welt zum Vorschein. Aber nie die ganze.

Freiheit

… ist der komplementäre Begriff zur Gerechtigkeit. An sich sollte man meinen, die beiden schlössen einander aus. Je mehr Gerechtigkeit desto weniger Freiheit. Und umgekehrt. Aber das stimmt so nicht. Jedes Prinzip für sich genommen führt ins Verderben. Totale Gerechtigkeit führt zu einer unmenschlichen Diktatur. Totale Regellosigkeit zu Anarchie. Da fühlt man sich dann so frei wie auf den Straßen von Bagdad.

Das hat schon der kluge Friedrich Dürrenmatt genau erkannt. Gerechtigkeit ist ein metaphysischer Begriff, der muss verstanden werden. Und Freiheit ist ein existenzieller Begriff, der muss empfunden werden. Aber Gefühl und Verstand in Einklang zu bringen, das ist etwa so einfach wie Kontakt mit seinem inneren Kind aufzunehmen, während man mit dem Flugzeug abstürzt. Die abendländische Zivilisation versucht seit über 2000 Jahren Kopf und Gefühl zusammenzukriegen. Bislang ohne dauerhaften Erfolg. Denn immer wenn etwas ordentlich zu Ende gedacht ist, fühlt man sich schlecht. Wenn man sich aber dauerhaft gut fühlt, merkt man, dass man verblödet ist.

Quantität

… und Qualität sind nicht voneinander zu trennen. Das wusste schon Albert Camus. Der meinte das freilich hauptsächlich hinsichtlich der Frage, ob auch ein qualitativ minderes Leben (Strafgefangener, Unterdrückter, Angestellter bei Lidl) lebenswert sei. Seine Antwort: Auf jeden Fall. Wenn es ja nur ein Leben gibt, muss man alles, was man bekommen kann, auskosten. Und wenn es übel ist, dann muss man eben das Übel auskosten.

Doch auch in anderer Hinsicht hat im 20. Jahrhundert Quantität das Leben qualitativ verändert. Die Überbevölkerung stellt uns, zusammen mit der Ökologie, die Hausaufgabe unserer Zeit. Allein schon die enorme Quantität der Mitmenschen, die sich auf dem Planeten tummeln, erzeugt eine andere Lebensqualität. Prinzipiell kann man feststellen: Je mehr wir sind, desto mehr geht es mit der Lebensqualität bergab. Wachsende Anzahl erzeugt sinkende Qualität. In fast jeder Hinsicht. Politisch werden jedwede Freiheiten in Zukunft immer schwerer durchzusetzen sein, da allein schon die große Anzahl der Menschen drakonische Gesetze erfordern wird.

Doch damit nicht genug. Da wir jetzt schon zu viele und alsbald viel zu viele sind, wird es zu biologisch bedingten Verringerungen kommen. Bei der Welternährungsorganisation wollen die Experten errechnet haben, dass die weltweit erzeugten Nahrungsmittel ohne den massiven Einsatz von fossilen Brennstoffen bei der Nahrungsmittelerzeugung (Dünger wird aus Erdöl gemacht. Landwirtschaftliche Großproduktion ist extrem energieaufwendig) nur für etwa 1.5 Milliarden Menschen reichen. Da wir, bis es so weit ist, dass uns die fossilen Rohstoffe endgültig ausgehen, wohl weit mehr als acht Milliarden sind, kann man sich das Debakel, das auf uns zukommt, in etwa vorstellen. Oder besser – eigentlich nicht.

Schon die Millionen Toten der Kriege, Hungersnöte und Genozide des 20. Jahrhunderts sind letztlich nicht zu begreifen. Man ist damit emotional überfordert. In diesem Jahrhundert aber werden nicht Millionen sterben, es werden Milliarden sein. Dazu kann niemand eine Haltung einnehmen. Es gibt keine. Nur eins ist klar. Unsere Zivilisation, die auf Würde, Menschenrechten und »the pursuit of happyness« beruht, wird, konfrontiert mit Milliarden Todesopfern, nicht aufrechtzuerhalten sein.

Meine Empfehlung für alle diejenigen, die ihre geistige Gesundheit behalten wollen – schauen Sie einfach die nächsten hundert Jahre keine Nachrichten.

Politik

… ist immer ein Problem und wird es bleiben. Allein schon wegen dem politischen Personal. Das muss nämlich, um den Job überhaupt machen zu können, über zwei Eigenschaften verfügen. Zum einen muss ein/-e Politiker/-in eine fast schon grenzenlose Selbstbegeisterung aufbringen. Die Eitelkeit muss so gewaltig sein, dass einem völlig egal ist, dass einen die meisten Mitmenschen total Scheiße finden. Und zweitens braucht das politische Personal, überhaupt alle Funktionäre, eine Rossnatur. Man muss einen Wahlkampf durchhalten können und bei Marathonsitzungen auch um 5 Uhr früh noch davon überzeugt sein, dass man recht hat. Letztlich eine Frage der Konstitution. Nur wer das schafft, wird in der Welt der Politik erfolgreich. Nicht etwa die Klügsten oder Besten oder gar die Anständigsten.

Und darüber hinaus hat die Demokratie, das wusste schon Platon, die Eigenschaft, nicht die Besten an die

Spitze zu bringen, sondern die Mittelmäßigsten – die man am ehesten als kleinsten gemeinsamen Nenner durchdrücken kann. Daher die Dürftigkeit in den Reihen der Staatenlenker. Doch auf der anderen Seite, wir sollten langsam so weit sein, dass wir keine Helden mehr brauchen und dass wir uns unsere Vorbilder woanders als in der Welt der Politik suchen. Denn immer, wenn wir zu sehr begeistert von unseren politischen Führern sind, dann laufen die Gefahr, sich für den Führer zu halten.

Babylon

… ist ja seit den Tagen der Bibel, bis zu den Gangsta-Rappern von heute, der Inbegriff alles Verdorbenen, Dekadenten und Schlechten. Da muss eine Ehrenrettung her. Das schlimme Image von Babylon stammt aus der Zeit der Babylonischen Gefangenschaft der Juden. Damals ging es den Juden in Babylon so dermaßen *gut*, dass man zu vergessen drohte, dass man ja das auserwählte Volk ist und im Gelobten Land zu Hause. Babylon war der Hort der Bildung, Literatur und Wissenschaft. Ein Inbegriff der Hochkultur. Großartige Architekten schufen die hippsten Gebäude ihrer Zeit. Der Handel blühte. Und die gefangenen Juden konnten in der transparenten Hierarchie Babylons bis ganz nach oben aufsteigen. Deswegen musste die Stadt schlechtgemacht werden, um die Sehnsucht nach dem öden Felsen Jerusalem hochzuhalten.

Dieser Propagandafeldzug war so erfolgreich, dass wir Babylon bis heute mit Sprachverwirrung und Gottes Zorn in Verbindung bringen. Dabei lebten derzeit erstmals in der Weltgeschichte mehr Menschen in Städten als auf dem Land. Die Zukunft passierte also in Babylon. Dort wurde entschieden, ob wir aus der Evolution gemendelt werden oder nicht. Ich glaube an die Stadt. An ihre Energie. An ihre Kraft, unterschiedliche Menschen und Kulturen zu neuen Elementen zusammenzuschmieden wie Sonnen, die in sich die schweren Elemente erbrüten. Wenn ein neuer Weltethos entstehen konnte, dann dort.

Noch einmal Gott

Ebenso sehr, wie wir Gott nicht begreifen, wäre er, wenn es ihn (oder sie) denn wirklich gäbe, nicht in der Lage, uns zu verstehen. Denn das Leben der Sterblichen ist nur auszuhalten durch die Tatsache, dass ihr Leben und ihr Tun endlich ist. Martin Heidegger hat ein langes und schwer verständliches Hauptwerk geschrieben, nur um herauszubekommen, dass der Sinn des Seins in dessen Zeitlichkeit verborgen liegt. Oder anders: Nur was nicht von Dauer ist, ist auszuhalten. Das Ewige ist sinnlos. Die Ewigkeit ist von göttlicher Gleichgültigkeit. Allein die Tatsache der Endlichkeit verleiht unserem Handeln einen Sinn und gibt uns eine beständige emotionale Perspektive. Die Melancholie. Die ewigen Götter wüssten mit Gefühlen wie Angst, Wut, Liebe und Trauer nichts anzufangen, sind doch alle diese Emotionen an die Zeit gekettet. Wer aber frei von Zeit ist, kann auch nicht empfinden. Das Ich fühlt, weil es vergänglich ist und muss deswegen immer (wenn auch manchmal verdeckt) an seiner eigenen Zerstörung arbeiten. Je näher es der Vergänglichkeit kommt, desto intensiver fühlt es sich.

Und dieses lebendige Selbstgefühl wird durch den Gegensatz der Dualität Leben/Tod erzeugt. Ein ewig währendes Sein wäre ohne Perspektive des Todes und damit ohne Gegensatz – und deshalb für ein Ich schlicht unerträglich. Unerträglich sinnlos. Also wäre ein ewiges Wesen wohl als einziges Wesen in der Welt wirklich in der Hölle (zumindest dann, wenn es uns tatsächlich ähnlich sein und also mit einem Ich ausgestattet sein sollte). Das würde dann auch die der Schöpfung inhärente Grausamkeit erklären. Der Schöpfer hätte uns dann aus Rache eine grausame unverständliche Mistwelt erdacht, damit er in seinem endlosen Schmerz wenigstens nicht allein ist. Und müsste uns doch immer beneiden, um unsere Fragilität. Wir können so viel intensiv erleben, weil wir uns beenden können und müssen. Kein Wunder, dass ich überhaupt keine Veranlassung sehe, das Rauchen aufzuhören.

Humor

… hilft, das Problem Leben zu bewältigen. Was macht Humor? Der Autor Dürrenmatt gibt folgende Antwort: Humor schafft Abstand. Und aus der Entfernung sieht eben alles schöner aus, auch man selbst. Und um zu sich selbst Abstand einzunehmen, wo man sich doch ansonsten immer so nah ist, braucht man Humor. Man soll sich, rät Dürrenmatt, selbst zur Komödie machen. Besonders dann, wenn es einem übel ergeht, dann sollte man sich lustig finden. Die Frage aber ist, rätselt Dürrenmatt in einem seiner letzten Gespräche, ob man sich selbst liebt, wenn man Abstand zu sich hat? Vielleicht nicht so sehr. Aber dann muss man eben eine Fernbeziehung mit sich selber haben. Das klappt bei anderen doch auch oft gut, weil man sich ja leicht gernhaben kann, solange man sich kaum begegnet.

Zufall

… bestimmt unser Dasein total. Der Zufall ist wie seine Brüder, der Einfall, der Unfall und der Anfall, nicht kontrollierbar. Er kommt sozusagen von außen an unser Leben heran und wirbelt es durch. Man kann sich gegen den Zufall und seine Brüder kaum schützen, aber immerhin haben die wenigstens Las Vegas, die Börse, Lotto und Versicherungen möglich gemacht. Alles hat eben seinen Nutzen.

Wahrscheinlichkeit

… ist der Versuch, dem Zufall Herr zu werden. Hier wird der Zufall berechnet, was im Prinzip auch geht.

Aber es bleibt alles sehr seltsam. So werden Sie wahrscheinlich heute nicht sterben, sondern eher demnächst. Je weiter die Zeit aber fortschreitet, desto wahrscheinlicher ist es für Sie, dass Sie dahinscheiden werden.

Was dafür aber extrem unwahrscheinlich ist: dass Sie jetzt diesen Text hier lesen. Schon weil es so dermaßen unwahrscheinlich ist, dass Sie geboren worden sind. Nicht nur die Tatsache, dass dazu erst Ihre Eltern geboren werden mussten, was auch unwahrscheinlich war, sondern auch noch deren Eltern und deren Großeltern und so weiter. Und dann musste dazu auch noch eine Evolution stattfinden, die es uns Primaten überhaupt möglich gemacht hat zu erscheinen. Dazu wiederum musste ein Riesenmeteor oder ein Megavulkanausbruch, die Expertenmeinungen gehen da auseinander, erst einmal die Dinosaurier auslöschen, doch davor musste das Leben überhaupt erst mal entstehen und davor aber das Sonnensystem und davor die Sterne, damit es überhaupt schwerere Elemente gibt als Wasserstoff und Helium und davor der Urknall und davor, wer weiß was. Alles nur, damit Sie geboren werden konnten und bislang am Leben geblieben sind und jetzt dasitzen und mein Buch lesen. Total unwahrscheinlich. Aber erfreulich. Ich würde Ihnen jetzt gern zuwinken. Ich winke. Ehrlich. Zwischen »ich winke« und »ehrlich« habe ich kurz gewinkt. Sehen Sie sich doch kurz um, ob wer zusieht und winken mir zurück. Ich würde mich freuen. Danke.

PIPER

Tobias Hürter, Max Rauner
Die verrückte Welt der
Paralleluniversen

Wo leben wir eigentlich? Und wenn ja, wie oft?
272 Seiten mit Illustrationen von Vitali Konstantinov.
Klappenbroschur

Kein Witz: Unser Universum ist nur eines von unendlich
vielen, und jeder Mensch hat Doppelgänger in anderen
Welten. Unendlich viele, manche gleichen uns bis aufs Atom.
Das behaupten seriöse Physiker, und sie meinen es ernst.
Bisher spielten Philosophen, Schriftsteller und Regisseure
mit der Idee der Vielen Welten, jetzt erobert sie die Kosmologie – und könnte die größte wissenschaftliche Revolution
seit der kopernikanischen Wende auslösen. Tobias Hürter
und Max Rauner berichten live von der Entstehung eines
neuen Weltbilds. Und sie gehen der Frage nach, was das für
jeden von uns bedeuten könnte: Wer sind wir, wenn wir nicht
mehr einzigartig sind? Werden wir unsere Doppelgänger
jemals kennenlernen? Ist das Multiversum das Weltbild der
Postmoderne? Gibt es noch einen Platz für Gott?

01/1819/01/R

PIPER

Harald Lesch, Harald Zaun

Die kürzeste Geschichte allen Lebens

Eine Reportage über 13,7 Milliarden Jahre Werden und
Vergehen. 240 Seiten. Gebunden

Je mehr die Wissenschaft über die kleinsten Zusammenhänge
und Teilchen unserer Existenz herausfindet, desto dringen-
der stellt sich die Frage: Wo kommt das alles her? Wie und
warum konnte dieses fabelhafte Universum entstehen?
In einer rasanten Zeitreise erzählen Lesch und Zaun die großen Momente der 13,7 Milliarden Jahre alten Geschichte
allen Lebens. Sie vollziehen das unerhörte Zusammenwirken
der Gegebenheiten nach, die zur Entstehung von Galaxien,
Sternen und Planeten, zur Entfaltung des Lebens und schließlich zur Ausbildung des menschlichen Bewusstseins führ-
ten. Ihre Naturgeschichte ist spektakulär und doch das Gegenteil eines Schöpfungsmärchens: die kürzeste wissenschaftliche Reportage unserer Entwicklung vom Urknall bis zum
Homo sapiens sapiens.

01/1728/01/R

PIPER

Julian Baggini, Jeremy Stangroom
Der kleine Denkverführer

Philosophische Spiele. Aus dem Englischen von Sonja Hauser.
176 Seiten. Piper Taschenbuch

Ist das, was Sie glauben, schlüssig? Oder ist es vielmehr
ein Durcheinander von Widersprüchen? Können Sie den
logischen Fehler in einer Diskussion benennen, selbst wenn
er sich hartnäckig vor Ihnen versteckt? Und wie verhalten
Sie sich, wenn Ihre Moralvorstellungen auf dem Prüfstand
stehen? Dieses Buch enthält zahlreiche unterhaltsame Auf-
gaben, die offenbaren, was Sie wirklich denken – und das
wird möglicherweise nicht mehr Ihren früheren Ansichten
entsprechen. Begeben Sie sich auf eine spannende und
amüsante Entdeckungsreise zu Ihrem bisher unbekannten
denkenden Ich!

»Ein großartiges Buch, das einen wirklich über Dinge
nachdenken lässt!«
Publishing News

01/1814/01/R